근대시의 모더니티와 종교적 상상력

지은이 유성호(柳成浩, Yoo, Sung-Ho)는 1964년 경기 여주에서 출생하였다. 연세대학교 국어국문학과 및 동대학원 국어국문학과를 졸업하였다(문학박사). 1999년 서울신문 신춘문예 평론부문에 당선되었고, 대산창작기금(2001), 김달진문학상(2002), 편운문학상(2007) 등을 수상하였다. 현재 한양대학교 인문과학대학 국어국문학과 교수로 재직중이다. 지은 책으로『한국 현대시의 형상과 논리』(1997), 『상징의 숲을 가로질러』(1999),『침묵의 파문』(2002),『한국 시의 과잉과 결핍』(2005),『현대시 교육론』(2006) 등이 있다.

근대시의 모더니티와 종교적 상상력

2008년 2월 20일 1판 1쇄 인쇄
2008년 2월 25일 1판 1쇄 발행

지은이 _ 유성호
펴낸이 _ 박성모
펴낸곳 _ 소명출판
등록 _ 제13-522호
주소 _ 137-878 서울시 서초구 서초동 1621-18 (란빌딩 1층)
대표전화 _ (02) 585-7840
팩시밀리 _ (02) 585-7848

somyong@korea.com | www.somyong.co.kr

값 17,000원
ISBN 978-89-5626-293-2 93810

근대시의 모더니티와 종교적 상상력

The modernity and religious imagination of Korean modern poetry

유성호

소명출판

대학 캠퍼스에 들어와 부족하나마 한국문학에 대한 열정과 경험들을 쌓아온 지 올해로 꼭 25년이 된다. 돌이켜보면 생각이나 감각에서 상전벽해의 단층이 느껴진다. 수줍은 문청(文靑)의 마음속에 자리잡고 있던 낭만적 몽상과 초월 심리 그리고 거의 최초라 부를 만한 대(對)사회적 반응의 생각과 감각들은, 이제 숱한 굴곡과 변형을 치른 채 이렇게 왜소하게 내 안에 남아 있다. 생각해보면 나의 문학 편력은 '창작'과 '비평'을 하루에도 수없이 오간 욕망의 균열들, 과거적 유산과 현재적 지형을 섭렵하려는 의욕 과잉의 진자 운동들, 자발적 난독(亂讀)과 반(半)자율적 글쓰기의 노역이 가지는 아슬아슬한 불균형 사이에서 이루어졌다. 아직 잘 보이지는 않지만 더 가보는 수밖에 없겠다. 다만 그 생각과 감각의 축적이 일정한 비평적 견해로 정치(精緻)하게 수렴되어가길 바랄 뿐이다.

이 책은 그동안 여러 관심의 경로를 따라 쓴 근대시의 유산에 관한 비평적 관심의 결과들이다. 크게 구분해보면 근대문학이 성취해온 모더니티에 관련된 글들과 이른바 '종교적 상상력'에 연루된 시적 성취에 대한 글들이라고 할 수 있겠다.

먼저 제1부에 배치된 글들은, 한국 근대시의 역사 가운데 근대성에 관한 관심을 펴 보인 시적 지향 혹은 시인들의 시세계에 대한 관심을 모은 결과이다. '근대성(모더니티)' 논의는, 그것이 텍스트 분석의 차원이었든 리얼리즘 미학이 일정하게 견지했던 전망에 대한 대체 담론의 차원이었든 한 시대의 메타적 정점에 위치해 있었다. 물론 이는 지난 시대의 지식인들이 가졌던 단순하고 명료한 도식에 대한 일정한 자기 반성을 내포하는 것이었고, 그 결과 단순성과 명료성보다는 복합성과 불투명성을 핵심으로 하는 해석과 평가의 장이 마련되기도 하였다. 이러한 감각에 기초하여 몇몇 시인과 비평가들을 대상으로 그 실물 감각과 역사적 의미를 살펴보았다.

근대 초기로부터 윤극영, 임화, 박팔양, 박용철, 김기림 등에 이르는 대상들을 살폈는데, 시인론이나 비평가론의 뼈대를 기본적으로 유지하면서 그들의 근대 인식과 실천적 형상 속에 깃들여 있는 근대적 속성을 탐색한 결과라 할 것이다. 이를 통해 한국 근대문학사 속에 나타난 프로문학, 아동문학, 모더니즘 문학, 순수 문학의 여러 시적 자장이 경험될 수 있었으면 한다.

제2부의 글들은 이런저런 종교적 경험이나 구상을 시세계로 옮긴 시인들에 관한 에세이를 모았다. 종교적 상상력은 일상적이고 세속적인 자아를 뛰어넘는 어떤 초월적 존재에 대한 열망과 세속적 인간으로서의 현세적 욕망의 실현 의지와 두루 연결된다. 전자가 인간이 숙명적으로 갖는 물리적 한계를 극복하려는 초월 의지와 관련된다면, 후자는 인간 사회에서의 윤리적 갱신 의지와 맞물린다. 영원성에 대한 추구, 신성의 지상적 복원에 대한 의지, 영성에 대한 내밀한 감각, 사랑의 구현, 모든 불가시적 세계에 대한 견자(見者)로서의 역할 등도 그 중요한 몫이다. 원래 시와 종교가 언어적 형식에서 매우 밀접한 구조적 상동 관계를 형성한다는 점에서, 근대시의 형성 과정에서 종교적 상상력은 매우 중요한 테마가 된다고 할 수 있다. 김소월, 정지용, 윤동주, 김현승, 김

달진, 서정주, 박목월, 박두진 등의 시세계에서 그 흔적을 살폈다. 박팔
양과 서정주를 다룬 글은 애초에 발표했던 것을 보완하여 수록함을 밝
힌다.

2008년 2월
유성호

제1부
근대시와 모더니티

제1장

식민지 시대 한국 시의 근대성

근대 초기와 1930년대 모더니즘을 중심으로

1. '근대성' 논의의 지형

최근까지 우리 학계에 뜨거운 쟁점으로 대두되었던 이른바 '근대성 (모더니티)' 논의는, 그것이 텍스트 분석의 차원이었든 아니면 그동안의 리얼리즘 미학이 일정하게 견지했던 전망에 대한 대체 담론의 차원이 었든, 이제 논의의 정점을 지나 새로운 논의의 틀을 만들기 위한 잠복 기에 접어든 감이 없지 않다. 예상치 못했던 현실 사회주의의 급작스런 해체와 이완은, 사회주의적 자장 안에서 문학의 실천적 국면을 고민했던 많은 이들로 하여금 보다 원론적이고 근원적인 범주에 대해 천착하게끔 만들었는데, '근대성' 논의는 그 가운데 가장 대표적인 사례라고 할 수 있다. 물론 이는 지난 시대의 지식인들이 가졌던 단순하고 명료한 도식에 대한 일정한 자기 반성을 내포하는 것이었다. 그 결과 이제 우리 시대는 단순성과 명료성에서 복합성과 불투명성을 핵심으로 하는 인식과 해석의 장으로 편입되어가고 있다.

이러한 일정한 자기 반성과 대안적 사유 방식의 마련이라는 두 마리 토끼가 이를테면 '근대성' 논의의 장(場) 안에서 뛰놀고 있었던 셈이다. 하지만 '근대' 혹은 '근대성'이라는 개념 및 범주가 워낙 모호하고 광범위한 데다가, 그것을 해석하고 평가하는 이에 따라 그 편차도 여간 큰 게 아니어서, '근대성' 논의는 하나 하나씩 원론적 탐색을 진행해가기보다는 일정 정도 논쟁의 형식을 띠면서 전개되었고, 또 저마다의 논리적 근거를 통해 각론으로 펼쳐지기도 했다.

물론 우리가 보편적으로 합의하면서 사용하고 있는 '근대(近代)'라는 범칭(汎稱)은, 정치적으로는 '국민 국가(nation-state)'를 전제로 하고 사회 경제적으로는 자본주의적 생산 양식을 지향하는 일련의 의식적·물리적 시스템을 가리키는 개념이다. 그리고 거기서 나아가 인간의 의식 및 사유 체계를 전일적으로 규율하는 일정한 사회적 시스템의 실체도 포함하는 개념일 것이다. 또 오해의 소지가 있는 입장이기는 하지만, "오늘날에는 전 세계의 모든 사람들이 함께 하는 생생한 경험 — 공간과 시간의 경험, 자아와 타자의 경험, 삶의 가능성과 모험의 경험 — 방식이 존재"[1]한다면서 그 경험의 실체 모두를 '근대성'으로 포함하려는 견해에 비추어볼 때, 우리의 현재에 거대한 그늘을 드리운 '근대'의 의미망은 매우 큰 것이 아닐 수 없다. 따라서 그것은 자본주의적 생산 양식이 지배하는 시대라는 평면적인 규정을 넘어서, 자본주의적 제(諸) 기획과 그에 저항하는 온갖 비(非)자본주의적 기획 사이의 치열한 경쟁의 역사[2]로도 규정될 수 있는 것이다.

물론 지금 국제 사회에서 연쇄적으로 일어나고 있는 탈냉전 현상과 세계화 논리로 말미암아 위로는 WTO와 같은 범지구적 차원의 조직이

---

1) M. 버먼, 윤호병 외역, 『현대성의 경험』, 현대미학사, 1994, 12면.
2) 하정일, 「20세기 한국문학과 근대성」, 『20세기 한국문학과 근대성의 변증법』, 소명 출판, 2000, 169면.

강화되고 아래로는 지역간 직접 교류가 활발해지면서, '국민 국가'는 해체 단계에 접어든 것이 아니냐는 포스트 모던 성향의 분석 경향이 없지 않은 것이 사실이다. 하지만 최근에는 이런 현상을 '국민 국가'의 해체 단계가 아니라 체질 강화적 측면으로 보는 해석이 힘을 얻고 있다. 다만 과거에는 '국민 국가'만이 국가 사이의 교섭 주체였던 데 비해서, 이제는 교섭 진행 과정이 다변화되고 있을 뿐이라는 것이다.

그런 점에서 우리 시대는 '근대 이후'가 아니라 근대의 '절정'인 동시에 근대의 가장 화려한 '황혼'인 후기 근대이다. 최근 서양에서조차 거의 완성 단계에 접어든 '근대'를 스스로 회의하고 성찰하는 신화 해체 작업을 행하고 있다는 것은, 고전적인 '좌 / 우' '진보 / 보수'의 경계선마저 회의와 재구축의 대상으로 삼는 경향과 함께, 서구적 근대의 '절정'과 '황혼'을 동시에 표상하는 대표적인 현상이다. 그런 점에서 '근대'는 서구적 합리성의 숙주(宿主)이기도 했지만, '근대 이후'를 기획하는 이들에게는 서구적 근대가 관철해온 이러저러한 역기능들에 대한 반성적 성찰의 계기를 제공하는 과녁이기도 했던 것이다. 이러한 반성적 회의와 재구축의 사례들은 식민지와 분단 체제에서 '근대'를 맞이하고 살아간 우리에게도 시사하는 바 적지 않다.

특히 포스트 모던 담론에 지나친 인식론적 상대주의와 정치적 무정부주의의 위험이 도사리고 있다는 비판을 행한 하버마스의 견해나 앤소니 기든스와 울리히 벡의 이른바 '성찰적 근대성'은 우리의 근대 인식에 복합적이고 의미있는 준거를 제공하고 있다. 이들의 견해에 따르면, 현재 겪고 있는 '근대'의 위기는 근대 사회 질서의 해체로부터 시작된 것이 아니라, '근대성'의 결과들이 보다 더 급진화되고 보편화된 것에서 비롯된 것이다. 그들은 이러한 상황을 '후기' 혹은 '제2의' 근대성으로 이해하고, 과거의 '해방의 정치'와 새로운 '삶의 정치'의 적극적인 결합을 모색하고 있다. 이들이 행하는 '근대' 안에서의 '근대' 극복 논리는 식민지와 분단이라는 왜곡된 조건 속에서 근대를 맞이하고 육화한 우리에게는 매우 아픈 성찰을 제공하고 있는데, 그 까닭은 우리가 한 번도 근대성의 효율성을 회의하지 않고 맹목적인 근대 추종의 역사만을 이어왔기 때문이다.

또한 알랭 투렌의 견해도 참조할 만한데, 그는 현재의 서구 사회가 포스트 모던 사회가 아니라 의사 결정 과정을 독점하는 기술 관료 집단과 이로부터 소외된 민중 계급의 첨예한 갈등이 프로그램화된 사회라고 보고 있다. 이 프로그램화된 탈(脫)산업 사회에서 비판적 사유의 해방적 잠재력은 여전히 유효하며, 타락한 도구적 이성을 회복시킬 수 있는 새로운 '주체'의 구성은 지금의 '근대성'이 마주하고 있는 실천적 과제라는 것이다.

결국 이들이 꾀하고 있는 과제들, 이를테면 '근대성'에 내장된 억압적 성격은 극복하고 거부하되 그 해방적 성격은 비판적으로 계승함으로써 위기에 직면한 '근대성'을 새롭게 재구성하려는 의도들은 우리에게 시사하는 바 크다고 할 수 있다. 우리가 최근 들어 '근대'를 다시 탐색하고 다시 성찰하고자 하는 이유가 바로 여기에 있다. 그 점에서 우리의 근대문학, 특히 근대 초기와 1930년대에 창작되었던 근대시의 세계는 우리 문학의 근대성 구현 정도를 가늠하는 중요한 척도가 아닐 수 없다. 그러나 근대성의 '해방적' 기능과 '삶의 정치'적 성격을 고려할 때 이 시기의 역동성은 그 자체로 '근대성'을 온전하게 구현한 것이라고 보기는 어려울 것이다. 중세적 질곡에서 벗어나기 시작한 근대 초기의 시에서는 근대적 주체를 발견하고 설정하는 방식으로서 '근대성'의 징후에 한껏 다가갔지만 그것이 세계의 총체성에 대한 인식을 기획하고 실천하는 비판적 주체에는 현저하게 미달하는 것이었으며, 1930년대의 역사적 모더니즘의 경우는 미적 근대성의 한편을 세련되게 형상화하는 데 그 역할이 한정되었고 식민지 근대를 거부하고 거기에 저항하는 미적 주체에 의한 해방의 근대성과 미적 저항이 부족했던 것은 사실이기 때문이다.

이 글에서는 이같이 우리의 근대시에 나타난 '근대성'의 불구적 국면들 이를테면 근대적 주체의 형성 과정과 그것의 비판적 주체에의 미달 과정 그리고 미적 근대성의 불철저하고 표피적인 수용 과정에 대한 반성적 검토를 통하여 한국 근대시의 역사적 성격의 한 측면을 밝혀보려 한다.

2. 근대 초기의 시 – 근대적 주체의 형성과 그 한계

우리가 흔히 '근대 계몽기'라고 부르는 이 첨예한 문학사적 이행기는 우리 시사에서 가장 역동적인 체질 개선이 이루어졌던 시간대가 아닐 수 없다. 우리가 서정시의 '근대성'을 형태적으로는 고전 시가의 율격적 구속을 거부하고 새로운 시대의 호흡에 맞는 새로운 율동을 창출해내는 것으로 보고, 내용적으로는 개체적 경험과 감성의 자유로운 발로를 억압하는 규범적 관습과 제도를 타파하면서 아울러 역사적 추이에 대한 균형적인 시적 인식을 확보하는 것3)이라고 할 때, 이 시기는 이러한 전환기적 징후를 가장 풍요롭게 표출한 문제적 시기라고 할 수 있다. 이와 같이 근대 초기에 이루어진 전이적(轉移的) 성격은 우리 근대시 연구에서 매우 강렬한 학문적인 관심을 초래하고 있는데, 그것이 바로 이 시기(1905~1919)에 씌어진 시편들에 나타난 '근대적 주체'의 성격에 관한 것이다.

'근대적 주체'의 형성 과정과 그 성격을 중심으로 근대 초기를 이해할 경우, 우리는 이 시기를 바라보는 전혀 새로운 지형도를 얻을 수 있다.

---

3) 윤영천, 「근대 서정시의 확립과 낭만주의」, 『민족문학사강좌』 하(민족문학사연구소 편), 창작과비평사, 1995, 79면.

먼저 그것은 고전 시가와 근대 자유시 사이의 교량적 매개항을 '신체시'라는 과도적 양식으로 설정하려는 시사적 관행과의 결별을 가져온다. 이 시기의 시적 선편을 쥐었던 육당 시학은 형식에서의 새로움을 보이기는 했지만, 근대 자유시에 이르는 장르 의식까지는 가지지 못한 '근대적 주체'의 미달 양식이다. 그래서 육당의 준(準)정형시인 '신체시'는 근대 자유시로 나아가는 발전적 순기능을 했다기보다는 자연스런 발전 경로를 상당 부분 억압한 역기능의 측면이 더 많았다고 할 수 있다.

또 다른 하나는 1919년 동경 유학생들의 문예지였던 『창조(創造)』로 근대 자유시의 기원을 확정하려는 비역사적 태도의 수정으로 나타난다. 『창조』 이전에 『태서문예신보(泰西文藝新報)』나 『학지광(學之光)』은 물론, 근대적 주체의 서정에 기반을 둔 자유로운 율격의 서정시가 왕성하게 이 시기를 수놓았다는 것을 밝힘으로써, 이 시기가 근대 자유시의 결여태가 아니라 풍부한 가능태였다는 사실이 일반화되기에 이른 것이다.

그러나 이러한 시사적 재인식에도 불구하고 우리는, 이 시기에 형성되고 착근되는 '근대적 주체'가 1920년대의 시인인 만해나 소월, 상화와 갖는 차별성에 주목하지 않을 수 없다. 그것이 바로 이 시기의 '근대성'이 내장하고 있는 상대적 불구성이며, 식민지 근대가 열리는 시기에 우리 서정시가 가지지 않을 수 없었던 미학적 한계인 것이다. 육당 시학을 '서정'의 차원으로 극복했다는 안서 김억의 경우도 이러한 '근대적 주체'에 대한 새로운 의식을 내용과 형식의 유기적 연관성에 대한 철저한 탐색으로까지 이어가지 못했다[4]는 해석이 근대 자유시의 형성 과정에서 이제는 보편적인 합의에 이르렀다고 할 수 있다.

> "死의 恐怖, 苦痛, 死의 逸樂"을 뒤에 맞즈며
> 가랴느니, 그래도,
> "살지 아니하면 아니된다!" 바램의 標대로 가지 아니할슈 업나니 대개 이는

---

4) 정한모, 「한국 현대시 연구의 반성」, 『현대시』 1집, 문학세계사, 1984, 39면.

죽음은 暗黑, 悲哀, 苦痛, 絶望, 戀愛, 煩悶, 孤獨, 寂寞을 超越하야
意識의 空虛, 온갖의 忘却, 無反應의 靜止, 無抵抗의 漠漠世界로써니,
오오 生의 欲望! "살지 아니하면 아니된다!"
죽음과 맛나는 그 刹那, 그 瞬中, 아아 '生'의 實在, 眞存在를 알기만 하면
살랴는 것이, 온갖 萬物의 바래는 바의 깃븐 웃음이여라.
靈魂! 내 가슴에 잇느냐? 업느냐?

— 김억, 「내의 가슴」 중에서

　이 작품의 시적 주체는 현실 세계를 매우 냉혹한 세계로 파악하고 그
로부터 억압받는 내면적 상황을 밀폐된 '찰나(刹那)'로 퇴행시키고 있다.
시적 주체가 반복하여 강조하고 있는 '살지 아니하면 아니된다'는 명제
는 사실상, 정서적으로 근접해 있는 '죽음'에 대한 이끌림을 역설적으로
표현한 것이다. 이 같은 비관주의적 인식과 자기 분열의 양상[5]은 '근대
적 주체'가 자기 인식과 세계 인식을 동시에 통합하는 국면과는 매우
다른 것이다. 이는 세계의 일방적인 폭력에 대해 수세적으로 그 질서를
승인하고 퇴행하는 주체의 모습으로 시가 점철되어 있기 때문이다. 이
는 중세적 질서를 그대로 승인하고 시의 표면에서 개성적 자아를 소거
했던 중세 시가와는 정반대의 역(逆)편향이라고 할 수 있다. 이러한 양
상은 1920년대 초기 감상주의 시편에서도 이어져 '근대적 주체'의 결여
형식으로서 감정 과잉의 현상을 낳게 된다.
　결국 근대성에서 핵심이 되는 것은 '주체'의 문제인데, 우리가 말하
는 '근대성'의 함의에는 근대적 인간이 자신에 대한 인식과 실천의 자
율성을 획득하고 거기에서 확보된 에너지로 세계를 이해하고 전유한다
는 기획이 포함되어 있는 것이다. 이때 인간은 기존의 전통과 영향력으
로부터 벗어나 인간의 이성과 의지로써 자유롭게 자신은 물론 세계를
인식하려는 주체로서의 인간이다. 이 자율적 존재로서의 인간은 독자적

---

5) 정우택, 「한국 근대 자유시 형성과정과 그 성격」, 성균관대 박사논문, 1998, 136~137면.

인 자기 정체성을 갖게 되고 여기에서 근대의 가장 종요로운 가치인 개인의 '자유'가 생성되는 것이다. 그 '자유'를 근간으로 하는 '근대적 주체'의 사유나 행동의 범주가 바로 근대성의 한 핵심이 된다. 우리 근대시는 이러한 '근대적 주체'의 내부에서 발화적 양식을 취하는 것이다.

그러나 중세적 사유와 미의식으로부터 벗어나려는 활발한 운동 과정으로서 근대시 형성 과정이 갖는 의미가, 중세적 규범으로부터의 자유나 경험의 개별성과 정(情)의 긍정, 개아(個我)의 욕구 및 일상적 삶 자체의 가치 추구 등과 같은 탈(脫)중세 지향의 심화와 더불어 그들을 유기적으로 통합한 삶과 세계의 전체상에로 나아가야 할 역사적 국면에 놓여 있었다6)는 점을 감안한다면, 안서의 이러한 개인적 차원의 영탄 또한 앞서 말한 1920년대의 시인들의 선구적 맹아 역할을 했다고 보아도 좋을 것이다. 그와 같은 관점에서 우리는 개인적 서정의 발로와 기존의 율격으로부터의 해방 자체가 근대성의 핵심적 지표가 되는 것은 아니라는 사실에 주목하여, 진정한 '근대적 주체'의 정립 과정이 바로 근대성의 획득 과정임을 인정할 수 있는 것이다.

그럴 경우 우리는 이 시기를 이해하는 데 '개화가사 → 창가 → 신체시 → 근대 자유시'라는 형식 중심의 편의적 도식이나, 또 '근대성'의 획득 자체가 시의 역사적 발전의 징표인 듯이 이해하는 편향에 대한 극복의 가능성을 갖게 된다. 이 또한 서구의 발전 모델을 추수하는 무매개적 발전 사관의 흔적이기 때문이다. 따라서 우리는 우리 시가 근대성을 획득해가는 과정에 대해 강력한 연역형 이념형을 상정할 것이 아니라, '근대적 주체'의 다양하고도 미세한 차이에 따라 편제되는 철저하게 복합적인 현상을 투시해야 한다. 그럴 경우 '계몽에서 서정으로' 또는 '정형시에서 자유시로'의 '내용 / 형식' 분리론에 의거한 발전 도식이 가지고 있는 치명적인 단선성(單線性)을 극복할 수 있을 것이다.7)

---

6) 김흥규, 「부서진 세계 안의 자유와 절망」, 『전환기의 동아시아 문학』(임형택 · 최원식 편), 창작과비평사, 1985, 205~206면.

이러한 복합성을 견지할 때, 최소월, 김여제, 현상윤에서 황석우, 주요한으로 이어지는 우리 시의 '근대적 주체'의 성립 과정 및 그들끼리의 혼돈 양상을 이해할 수 있게 된다.

南國의 바다 가을 날은
아즉도 따뜻한 볏을 沙汀에 흘니도다
저젓다 말넛다 하는 물 입술의 자최에
납흘납흘 아득이는 흰나뷔
봄 아지랭이에 게으른 꿈을 보는 듯.

(…중략…)

珊瑚珠 시골에 들너오는
먼 潮水의 香내에 醉하여
金바람의 압수레에 부듸처
허엿케 이러나는 적은 물결을
前에 놀던 꽃으로만 역여
납흘납흘 춤추며
天涯먼곳 無限한 波濤로.

아아! 나뷔여, 나의 적은 나뷔여
"너 홀로 어대로 가는가.
너 가는 것은 滅亡이라.

---

7) 오성호는 근대시 형성 과정을 근대적 주체와 계몽적 이성의 심화와 전진 그리고 왜곡과 후퇴가 동시적으로 일어나는 과정으로 보고, 그것을 동경 유학생들의 신원과 정서, 당대의 제도 등을 통해서, 그리고 구술적 전통에서 문자문학의 주류로 재편되는 문학 제도의 흐름을 통해서 찾고 있다. 이 논의는 '계몽'과 '서정'을 대척적으로 바라보아 전자에서 후자로 단선적으로 발전해간 것이 근대시의 흐름인 것처럼 설명해왔던 종래의 발전모델에서 한 걸음 더 나아간 복합적 시선의 논의여서 주목을 요한다. 오성호, 「근대 시문학사 기술의 문제점과 앞으로의 기술 방안」, 『현대문학이론연구』 8집, 현대문학이론학회, 1997.

바다는 하날과 갓치 길매
暴惡한 波濤는
너의 藝術을 파뭇으려 할지라.
무섭지 안이한가 나뷔어
검은 海藻에 숨은 고래는
너를 덤석 삼키려,
기다렷다 벌컥 이러나는 큰 물결은
너를 散散 바숴려"

— 최소월, 「潮에 蝶」 중에서

소월 최승구의 이 같은 작품이 함의하는 것은, 말할 것도 없이, 근대
적 주체의 자기 인식과 가치 판단이 세계를 인식하고 판단하는 기준으
로 개입하고 있다는 사실이다. 자기 인식과 세계 인식을 동시에 행하고
있는 이 시기 최상급의 시편이라고 할 수 있다. "납흘납흘 아득이는 흰
나뷔"와 "暴惡(포악)한 波濤(파도)"는 바로 흉포하고 황폐한 세계에 내던
져진 '주체'의 내면과 '외계'의 상황을 그대로 은유하고 있다. 연약한
나비가 파도에 휩쓸릴 개연성을 안고도 물결을 넘어 "납흘납흘 춤추며
/ 天涯(천애)먼곳 無限(무한)한 波濤(파도)로" 가려는 의지를 보이는 대목
에서 근대 초기의 시적 주체들이 견지했던 '근대적 주체'로서의 가능성
과 한계를 동시에 보인다. 자신의 의지와 심미안으로 세계를 이해하고
전유하려는 안목이 가능성이라면, 철저하게 비관적인 세계 수용으로 일
관되어 있다는 것이 한계이다.

이 시기에 활발하게 창작되는 창가나 신체시 그리고 자유시를 통틀
어 그것의 중심은 민족주의적 열정에 있었다고 할 수 있다. 식민지의
갈등과 위협이 철저하게 가시화되고 깊어지는 시점에서 그러한 열정이
'근대적 주체'의 개화보다는 그것의 유보와 함께 또 하나의 집단적 경
험으로 해소하는 역기능을 가져다주었다는 것은 기억할 만하다. 그것의
역사적 실상이 바로, 1920년대에 대타적 영역을 거느린 채 펼쳐졌던 프

로문학과 민족주의 문학이었던 것이다.

3. 1930년대의 모더니즘시 – 미적 근대성의 방법적 수용

　1930년대는, 잘 알려져 있듯이, 식민지 근대가 '경성'이라는 공간을 중심으로 왜곡된 형태나마 화려하게 개화한 일종의 자본주의적 난숙기 (爛熟期)라고 할 수 있다. 이 시기의 시사적 지형은 1920년대에 줄곧 경험했던 프로문학과 민족주의 문학의 동시적 지양이라는 요청에 의해 펼쳐지게 된다. 그 핵심에 선 이들이 바로 『시문학』과 '구인회'를 구성했던 일군의 순수 서정시인들 혹은 모더니스트들이었다. 특히 후자는 세계적 동시성으로서의 모더니즘을 자신들의 미학 혹은 방법으로 받아들여 식민지 근대에서 '미적 근대성'의 영역을 일구려는 의지와 노력을 보여준다.

　원래 '미적 근대성'은 근본적으로 반(反)부르주아적 태도를 띠면서 부르주아의 가치 척도를 혐오하고 폭동, 무정부주의, 묵시록에서 자기 은폐에 이르는 극도로 다변화된 수단을 통해 자신의 역겨움을 표현하는 일련의 미적 개념이다. 따라서 '미적 근대성'을 규정하는 것은 그것의 긍정적인 열망들보다는 부르주아 근대성 이를테면 진보의 원리, 과학과 기술의 활용 가능성에 대한 신뢰, 측정할 수 없는 시간, 돈으로 계산 가능한 시간에 대한 관심, 이성 숭배, 추상적인 인본주의 틀 안에서 정의된 자유의 이상 등 문명의 핵심적 가치로 보존되고 증진되어온 근대성에 대한 철저한 거부 및 부정적 열정이라 할 수 있다.

　따라서 그것은 19세기 전반기 서구 사회에서 문명사의 한 단계에 속하는 것으로서의 근대성과 미적 개념으로서의 근대성이 분화된 이후

이 두 가지 근대성 사이에 화해 불가능한 균열이 생기게 되었을 때, 후자의 성격을 띠었다. 전자가 부르주아 계급에 의해 주도된 과학과 기술의 진보, 산업 혁명, 그리고 자본주의에 의해 야기된 광범위한 사회 경제적 변화의 산물임에 비해 후자는 부르주아 근대성에 대한 철저한 거부 및 소멸적 열정으로 특징지어지는 것이었기 때문이다. 그래서 '미적 근대성'이란 그것이 비록 문학의 자율적 존재 형식에 대한 승인 위에서 발원한 개념일지라도, 자본주의의 구조적 심화가 이러한 자율성을 근본에서부터 억압하면서부터 일련의 저항적 맥락을 띠게 된 것이다.

그런 점에서 모더니즘은 '미적 근대성'과 비슷한 개념이기는 하지만, 그보다는 훨씬 제한된 의미를 지니게 되는 개념이다. 그것은 19세기 말엽에서 20세기 전반에 걸쳐 서구 예술을 풍미한 전위적이고 실험적인 예술 운동에 한정되는 것이기 때문이다. 따라서 르네상스 때부터 시작되었다 해도 과언이 아닌 '근대성'과 비교해 볼 때 역사적 모더니즘은 기껏해야 반세기 정도의 역사를 지니고 있을 뿐이다.[8]

그러나 우리의 1930년대 모더니즘은 근대성의 보편성과 식민지 현실의 특수성이 그 안에 변증법적으로 매개되어야 한다는 당위적 명제를 충족시키지 못한 것이었다. 그래서 서구 이론과의 대비를 통해서 한국의 모더니즘을 옹호 또는 평가 절하했던 원전 확인형의 연구나 작품에 나타난 기법을 중시하여 그 의의를 부각시키는 기법 중시형 연구[9]보다는, '보편성 / 특수성' '미적 저항 / 순응'을 당대의 미적 주체들이 어떻게 그려나갔는가를 탐색하는 것이 훨씬 더 이 시기를 현재화하는 안목이 된다. 그 자료가 되는 목록이 바로 '구인회'나 그 구성원들인데, 정지용, 김광균, 김기림 등이 그들이다.

우선 정지용은 감각적인 충실성과 선명한 이미지 구축을 제1의 모토

---

8) M. 칼리니스쿠, 이영욱 역, 『모더니티의 다섯 얼굴』, 시각과언어, 1993, 53~54면.
9) 박헌호, 「'구인회'를 어떻게 볼 것인가」, 『근대문학과 구인회』(상허문학회), 깊은샘, 1996, 33면.

로 내건 서구 모더니즘의 한국적 적자(嫡子)이다. 그러나 그는 다소 거칠게 알려져 있듯이, 선명한 회화적 기법으로 일관한 감각주의자는 아니다. 거기에 그는 우리의 전통적 정서, 이를테면 '향수'라든가 '천진성' 혹은 '무욕(無慾)'의 철학 등을 결합시킨 일종의 '정신 지향적' 시인이었기 때문이다.

시를 구축하는 형식적 원리는 가장 감각적·서구적·근대적이었던 데 비해, 그 안에 담긴 시적 주제나 정조는 가장 정신적·동양적·전근대적인 것이었다는 점에 정지용의 남다른 특색이 있다. 이 점에서 그는 서구 취향으로 경도되어버린 김기림이나, 언어로 그림을 그려 거기에 감상성과 상실 의식을 짙게 채색한 김광균과는 다른 경지를 보여준 셈이다. 그는 전통적 정서가 가질 수 있는 감상 과잉의 가능성을 철저하게 배격하면서, 사물 자체의 감각적 실재를 절제된 정서와 결합시켜 파악·표현하려 한 이지적이고 섬세한 의장(意匠)의 시인이었다. 그런 점에서 그의 모더니즘은 철저히 방법적인 것이었고, 그것은 감각과 정신을 높은 형상적 차원에서 통합하는 데서 완성된다. 그 같은 '감각적 실재'와 '절제된 정서' 사이의 균형과 통합을 극명하게 보여주는 대표작이 다음 시편이다.

琉璃에 차고 슬픈것이 어린거린다.
열없이 붙어서서 입김을 흐리우니
길들은양 언날개를 파다거린다.
지우고 보고 지우고 보아도
새까만 밤이 밀려나가고 밀려와 부디치고,
물먹은 별이, 반짝, 寶石처럼 백힌다.
밤에 홀로 琉璃를 닥는것은
외로운 황홀한 심사 이어니,
고흔 肺血管이 찢어진 채로
아아, 늬는 山ㅅ새처럼 날러 갔구나!

— 정지용, 「유리창(琉璃窓) 1」 전문

죽은 아들에 대한 비통한 마음을 모티프로 했다는 이 작품에서도 정지용은 정서와 의식의 흐름을 통어하고 절제하는 서정적 주체의 이지적인 모습을 잘 보여준다. 그럼으로써 이 시는 이 시인을 우리 시의 한 정상으로 올려놓기에 족한 이른바 '절제의 시학'을 드러내 보인 작품이다. "琉璃(유리)에 차고 슬픈 것(자식의 영상)"이 어른거리다가 그것이 나중에 "山ㅅ새"가 되어 날아가는 과정(죽은 자식을 떠나보내는 의식ritual)을 '고요함(靜) → 움직임(動)', '차가움(寒) → 따뜻함(溫)', '참음(忍) → 발산(!)', '결빙(結氷) → 해빙(解氷)'의 과정으로 치밀하게 묘사하고 있는 것이다. 그 사이사이에 입김을 불고 유리를 닦고 눈물을 짓고 황홀해하는 과정을 개입시키면서 그 같은 행위와 눈물이 결국 "寶石(보석)"으로 응결되는 과정을 상상적으로 배치하고 있다. 따라서 이 작품은 지나치게 감상이 과잉되는 경향이나 또 지나치게 정서가 배제되는 사물화의 양편향을 동시에 경계하면서, 서정적 주체의 감각과 의식 그리고 정서의 미세한 변화 과정을 잘 전달해주는 명편(名篇)이다.

이처럼 정지용은 정서의 절제를 가능한 한도까지 밀고나가 먼저 사물 그 자체의 감각을 투명하게 부각시키려 하였고, 그것을 시인의 정신이나 태도와 등가 관계에 배치하고자 했다. 당대의 비평가인 김환태가 "그의 시는 일대 감각의 향연"이라고 한 것이나, 김기림이 "우리 시 속에 현대의 호흡과 맥박을 불어넣은 최초의 시인"으로 그를 평가한 것은 바로 이 대목을 중시한 견해일 것이다. 이처럼 사물 자체의 감각적 충실성을 시에 담은 작품 경향은 「바다」 연작으로 대표되는 그의 초기 시편들을 통해 여러 차례 구체화된 바 있다.

이러한 시세계를 두고 그의 시에 역사 의식이나 현실 지향성이 빈곤하다고 지적하는 것은 매우 타당하다. 또한 그의 시에 나타나는 절제된 정서가, 시인 자신의 생의 형식을 정직하게 드러내지 못하고 미학적 차원에서만 구축되고 있다는 사실도 지적될 수 있다. 그만큼 정지용은 감상 과잉에서도 벗어나 있지만, 역사적 차원의 현실 인식에서도 비껴나 있었던 시인이다. 그러나 그의 초기작 중 「카페 프란스」, 「슬픈 인상화」, 「고향」 등에 시선이 머물게 되면, 작품의 정조나 주제 의식이 소박한 개인적 차원에 그치는 것이 아니라, 집단적 경험에 깊이 매개되어 있음을 알 수 있다. 그는 "남달리 손이 흰"(「카페 프란스」) 식민지 지식인으로서, 그리고 "고향에 고향에 돌아와도 그리던 고향은 아"(「고향」)니었던 실향 의식을 지닌 근대인으로서 매우 구체적인 정서를 표현했던 것이다. 다만 자신의 그러한 정서가 생경하게 노출되는 것을 극도로 혐오하였고, 그에 따라 사물의 감각적 묘사를 우세종으로 배치했던 것뿐이다.

그러나 정지용의 전체 시편들을 우리 근대 문학사의 지평에 놓고 볼 때, 그가 일관되게 추구했던 것은 현실 개입이나 정치 의식이 아니라 그것들로부터의 격절과 초월 혹은 자기 소외였고, 따라서 그는 실천적 열정보다는 심미적 의장과 감각을 중시했던 시인임에 틀림없다. 이러한 현실과의 일정한 격절과 초월은 그가 가톨릭에 귀의한 후 씌어지는 이른바 '신앙 시편'에서도 고스란히 관철된다. 그동안의 연구들에서는 이때의 '신앙 시편'들을 감각 지향의 초기 시편이나 정신 지향의 후기 시편에 비해 뒤떨어지는 세계이자 그 둘 사이를 가르는 깊은 심연으로 규정하고 있는데, 우리는 오히려 그들 사이에 지속적으로 전개되고 있는 '초월' 지향과 '감각' 지향의 일관성을 관찰해야 할 것이다. 따라서 그의 '신앙 시편'은 농밀한 감각 추구와 현실 초월이라는 이 시인의 두 가지 기율이 직접적으로(‘사물'의 매개와 간접화를 통하지 않고) 드러난 사례라고 할 것이다.

따라서 이 같은 궤적으로 진행된 정지용 시의 모더니즘은 그 시적 육체에서 역사와 현실을 유보하고 배제함으로써 얻게 된 방법적인 것이었다고 할 수 있다. 그래서 그는 자신의 감각으로 빚은 새로운 미학지대(美學地帶)를 건설하여 그 안에 자족한 것이다. 이는 현저하게 비판적 이성을 매개로 하는 식민지 근대의 이상적인 '근대적 주체'로서는 매우 아쉬운 점이라고 할 수 있다. 또한 식민지 근대에 대한 총체적 인식과 거부의 열정을 핵심으로 하는 '미적 근대성'의 기율과 그의 시가 많은 부분 어긋나 있는 것도 바로 이 부분이다. 응전과 거부가 아니라 초월과 격절(隔絶)의 모더니즘이 그의 몫이었기 때문이다.

등불 없는 空地에 밤이 나린다
수없이 퍼붓는 거미줄같이
자욱—한 어둠에 숨이 잦으다

내 무슨 오지 않는 幸福을 기다리기에
스산한 밤바람에 입술을 적시고
어느 곳 지향없는 地角을 향하여
한 옛날의 情熱의 창랑한 자최를 그리는 거냐

끝없는 어둔 저으기 마음 서글퍼
긴—하품을 씹는다.

이—내 하나의 信賴할 現實도 없이
무수한 年齡을 落葉같이 띄워보내며
茂盛한 追悔에 그림자마저 갈갈이 찢겨

이 밤 한 줄기 凋落한 敗殘兵되어
주린 이리인양 비인 空地에 홀로 서서
어느 먼—都市의 上弦에 창망히 서면
腐汚한 달빛에 눈물 지운다.

— 김광균, 「공지(空地)」 전문

1920년대 시인들이 보였던 감상과 영탄의 방출이 현실 부정과 환멸의 소산이었듯이 김광균의 비애나 눈물 역시 식민지 현실, 그것도 낯설기 짝이 없는 식민지의 타율적 도시화의 양상에 절망하고 그것을 부정하는 정서에서 유래된 것은 틀림없다. 그런데 이 작품에서는 시적 주체의 심적 고통을 유래케 하는 사회적 역학은 나타나 있지 않다. 다만 일방적인 소외 의식 및 소통 가능한 타자의 부재 그리고 그로부터 유래하는 밀폐감과 내면적 황폐감 등이 감각적 은유를 통해 잘 나타나고 있다.

이 작품의 배경은 도시의 밤이다. 김광균의 시에 나타나는 시간적 배경은 아침은 거의 없고 '오후'나 '황혼' '밤'이 대부분인데, 그것은 그것들이 생성의 시간이 아닌 소멸과 침잠의 시간이기 때문이다. 이러한 '소멸 / 침잠'은 김광균 시의 근본적인 서정적 충동의 모티프이다. 김광균이 딛고 있는 서정적 충동의 근본 모티프가 생성 지향적인 비판 의식보다는 소멸 지향적인 상실 의식이기 때문이다. 따라서 이 작품에는 '어느 곳 지향없는 地角(지각)'을 '追悔(추회)'에 싸여 걷고 있는 '敗殘兵(패잔병)'의 의식 세계가 도시의 '腐汚(부오)'에 오버랩되면서 슬픈 소시민의 초상이 드러나고 있을 뿐이다.

현실은 본질과 가치를 결여하고 훼손과 상실이 가득한 것으로 보일 때 인간의 삶은 이데아를 열망하는 것으로야만 의의와 가치를 가진다는 것이 낭만주의적 세계 인식이라 할 때, 김광균이 찾고자 했던 시적 출구는 그런 태도를 일정하게 갖는다. '지금 여기'가 아닌 익명성으로서의 '먼 저기'를 지향하는 것도 그러한 현실 인식이 배태한 시적 지향의 실체화인 것이다. 이 점이 그의 시를 낭만주의와 절연한 모더니즘으로 일반화할 수 없는 장애가 된다. 그러나 우리는 오히려 1930년대의 경성이라는 도시 공간의 던져준 공허감과 소외 의식 또는 타자 부재와 상실 의식 등이 그의 감각적 은유를 토한 시적 상관물들을 통해 잘 나타나 있다고 말할 수 있다. 이 점에서 명징한 이미지만을 추구했던 이미지즘보다는 비극성과 자전적 화자의 정직성이 잘 드러나 있다고 할 수 있는 것이다.

그러나 이미지가 그 자체로 무슨 내용을 가지는 것이 아니라 무엇인가를 전달하는 도구라는 사실은, 그의 시가 심각한 결여 형식임을 말해 주고 있다. 이미지즘의 창시자인 파운드의 정의에서도 드러나듯이, 이미지는 "한 순간에 지적, 정서적 복합체를 제시하는 어떤 것"10)이기 때문이다. 그런 점에서 김광균의 근대 인식은 지적, 정서적 복합체를 드러내는 것이 아니라 매우 표피적인 것이었고, 부르주아 근대성이 침윤시켜 놓은 각양의 부산물에 대한 미적 저항으로는 미달한 것이다. 그만큼 그의 시는 대상에 대하여 자폐적인 단절감과 상실 의식 그리고 그럼으로써 얻어지는 주체의 초월성을 욕망하고 있는 것이다. 이처럼 '심미적 격절'(정지용)과 '낭만적 상실 의식과 초월'(김광균)로 나타나는 한국 모더니즘은 '이미지'의 선명함과 현실에 대한 부정적 인지(認知)라는 차원에서 멈춰버린다. 이에 비해 김기림은 근대 문명에 대한 표피적 상찬(賞讚)의 논리로 나아간다.

　　푸른 독수리의 忠實하기 짝이 없는 鋼鐵의 傳令아 너는 지금 모-든 들우혜서 ××의 祝祭의 第一列에 參與하기 위하야 모-든 人口속에서 ××의 불길을 치질하기 위하여 큰 나팔을 볼이 미여지게 불며 너의 수만個의 다리는 벌판을 주름잡으며 성큼성큼 뛰여간다.

　　　　　　　　　　　　　　　　　　　　— 김기림, 「오-기차(汽車)여」 중에서

　　移民들을 태운 시컴언 汽車가 갑자기 뛰여들었음으로 瞑想을 주물르고 있던 鋼鐵의 哲學者인 鐵橋가 깜짝 놀라서 투덜거립니다. 다음 驛에서도 汽車는 그의 수수낀 로맨티시즘인 汽笛을 불테지. 그렇지만 移民들의 얼굴은 車窓에서 웃지 않습니다. 汽關車를 버리운 연기가 산냥개처럼 검은 철길을 핥으며 汽車의 뒤를 따라갑니다.

　　　　　　　　　　　　　　　　　　　　　— 김기림 「북행열차」 중에서

　김기림의 근대에 대한 표피적인 인식은 '기차'라는 시적 대상에서 잘 나타난다. 기차는 근대 문명의 상징으로서 '속도'와 '여행'을 동시에 실현시킬 수 있는 대상이라는 점에서 그의 관심이 '기차'로 쏠리고 있는

10) David Perkins, *A History of Modern Poetry*, Cambridge : Harvard University Press, 1976, p.333.

것은 자연스럽다. 곧 근대 문명에서 기차는 "푸른 독수리의 忠實(충실)하기 짝이 없는 鋼鐵(강철)의 傳令(전령)"이다. 이러한 기차에 대한 찬가는 곧 '근대'에 대한 거의 맹목적이고 표피적인 인식의 소산이 아닐 수 없다. 뒤의 작품에서 '기차'는 이민들을 태우고 역으로 돌아오고 있는데, 강철의 철학자인 철교가 다 놀랄 정도로 그것은 매우 경이로운 표상 그 자체인 것이다. 또한 "太陽(태양)보다도 이쁘지 못한詩(시), 太陽(태양)일수가없는 설어운나의詩(시)를 어두운病室(병실)에 켜놓고 太陽(태양)아 네가 오기를 나는 이밤을새여가며 기다린다"(「太陽의 風俗」)라고 노래한 경우에도, 김기림의 문명 인식은 그것을 통해 결국 새로운 시대가 열릴 것이라는 낙관적인 감정을 노출하는 데 주로 바쳐진다.

> 30年代 初期의 詩壇으로 돌아오면 거기서는 또한 이와는 다른 風景의 羅列을 구경할 수 있었다. 즉 그 주위에는 여러 種類의 肥滿症이 汎濫하고 있는 것을 보았다. 우선 너무나 肥滿한 情緖가 있었다. 다음에 過剩된 主題의 橫行이 있었다. 壓倒된 興奮의 暴行이 있었다. 十八世紀的 感情을 오늘도 오히려 十九世紀的인 모양으로 아무렇게나 노래부르는 泰平한 할미새도 있었다. 詩壇의 한 구석에는 李朝五百年의 꿈이 그대로 잠자는 和平한 마을도 있었다. 저 주책없이 늘어놓는 多辯을 들었느냐? 이러한 너무나 肥滿한 病的인 肉體들은 대체 어디서 그들의 脂肪質을 攝取하였던가? 그것은 結局 詩는 一時的 感興의 쓰레배끼에 지나지 않는다는 인습을 骨子로 한 낡은 詩論에서 그 不均衡한 營養을 얻은 것이다.

"너무나 肥滿(비만)한 情緖(정서)"와 "過剩(과잉)된 主題(주제)의 橫行(횡행)" 다시 말하면 감상주의와 편(偏)내용주의를 극복한 지점에서 모더니즘의 생산적 기능은 시작된다고 보는 그의 시각은 이 「午前(오전)의 詩論(시론)」에 잘 나타나는데, 결국 그러한 생각이 그의 시세계의 편향을 낳은 것이다. 그 "不均衡(불균형)한 營養(영양)"을 벗어버리는 적극적인 역할을 자임한 김기림의 모더니즘이 띤 정조는 그래서 명랑성이나 밝은 문명 찬탄으로 이어지고 있는 것이다. 그가 비록 나중에 자신의 시작에 대한 일정한 반성을 행하고는 있지만, 한국적 모더니즘의 선편을 틀어쥔 논객이자 시인으로서 그가 취한 것은 문명의 현란함을 근대의 자기 규정성과 등가의 관계에 놓는 일반화의 오류였던 것이다. 결과적으로 문학 예술은 경제나 다른 토대에 의해 규정되기는 하지만, 과학이 누리는 것보다 한결 폭 넓은 상대적 자율성을 누린다[11]는 점에서 볼 때 그의 모더니즘은 사회와 예술 사이의 이러한 복합적 연관을 사상해버린 채 현실의 압도적인 변화를 소박하게 수용해버린 다소 부박한 것이었다.

우리가 잘 알 듯이, 서양 문예사조에서 모더니즘이란 20세기 초반에 활성화되어, 19세기를 지배한 리얼리즘이나 자연주의의 전통에 대한 반(反)명제로 시작되었다. 그러나 이제 그 모더니즘은 그러한 역사적 실험성과 전위성 혹은 실험 의지를 상당 부분 상실하고, 고급화된 형식 미학의 예술 경향으로 통칭되고 있다. 기원적으로 모더니즘을 자본주의적 근대성에 근거한 예술적 관습에 대한 저항이라고 할 때, 1930년대의 모더니즘시에 나타난 것은 '근대'를 회의하고 비판하는 '미적 근대성'이나 식민지적 특수성에 대한 '내면화된 부정'에까지 이르지 못한 것이었다. 오히려 근대의 외연과 보조를 맞춰가는 궤적이 우세했던 것이다.

그러나 한동안 부르주아의 퇴폐와 개인주의가 반영된 부정적이고 형식주의적이고 외래 추수적인 문학으로 폄하되었던 모더니즘에 대한 정당한 가치 복원과 재인식은 매우 긴요한 것이다.[12] 최근의 모더니즘 논

---

11) A. S. 바즈케즈, 이승훈 역, 「자본주의와 예술의 운명」, 『모더니즘 시론』(이승훈), 문예출판사, 1995, 338면.
12) 문덕수, 『한국모더니즘시연구』(시문학사, 1981)를 시작으로 박인기, 『한국 현대시의 모더니즘 연구』, 단국대 출판부, 1988; 서준섭, 『한국모더니즘문학연구』, 일지사, 1988; 김용직 편, 『모더니즘 연구』, 자유세계, 1993; 한국현대문학연구회 편, 『한국문학과 모더니즘』, 한양출판, 1994; 이승훈, 『모더니즘 시론』, 문예출판사, 1995; 김유중, 『한국 모더니즘 문학의 세계관과 역사의식』, 태학사, 1996; 상허문학회, 『근대문학과 구인회』, 깊은샘, 1996; 문혜원, 『한국 현대시와 모더니즘』, 신구문화사, 1996 등이 잇따랐다.

의는 "오늘날 민족문학의 위축은 그동안 민족문학론이 민족사의 특수한 과제에 대한 문학적 응전의 측면을 지나치게 강조한 나머지 근대성이라는 인류사의 보편적 경험이 제기하는 문제에 적절하게 대응하지 못했던 사실과도 무관하지 않"13)다는 문제의식으로부터 출발하고 있으니까 말이다. 한동안 예술적 심미성으로의 도피로 오인되기도 했던 모더니즘은 브래드베리(Bradbury)의 말대로 "리얼리즘은 삶을 인간화했고 자연주의는 그것을 과학화했으며 모더니즘은 그것을 다원화, 심미화"했다는 적극적인 인식의 대상이 되기 시작한 것이다. 이 안목은 결국 모더니즘이 외면적 실재뿐만 아니라 내면적 실재를, 눈에 보이는 현실뿐만 아니라 보이지 않는 인간의 실재를 보여줌으로써 인간의 삶에 좀더 균형을 꾀한다는 점에서 폭넓은 세계 인식의 성격을 띤다는 점을 주장하고 있는 것이다.14)

결국 우리는 역사적 모더니즘이 기법 지향적인 형식주의가 아니라 '주관적 보편성'에 의해 물적, 정신적 토대가 빈약하기 짝이 없었던 우리 근대에 대한 응전을 그 나름으로 담당해왔던 이념이자 방법이라는 인식을 확산해야 한다. 그럴 경우 우리는 모더니즘을 근대 이후 인간의 삶과 인식을 반영한 인식론이자 표현 방법으로 이해할 수 있게 된다. 그것은 근대의 경험을 미학적으로 재구성하는 이념형이며, 단일한 실체로 파악하기 어려운 포괄적인 개념으로서, 세계의 탈(脫)신비화에 기여하고 언어에 대한 집중적 관심으로 형식미학적 진보에 기여하기도 하였던 것이다.

그러나 우리는 이러한 긍정적 가능성에도 불구하고 우리의 역사에

---

13) 진정석, 「모더니즘의 재인식」, 『창작과비평』, 1997년 여름, 152면. 이 글은 진정석, 「민족문학과 모더니즘」(『민족문학사연구』 11호, 민족문학사학회, 1997)에 이은 작업으로 '리얼리즘 / 모더니즘' 이분법의 인식을 뛰어넘어 양자를 '근대성에 대한 미적 대응'을 기준으로 포괄하는 '광의(廣義)의 모더니즘' 개념을 제시하고 있다.

14) Bradbury, *Modernism*, Penguin Books, 1991, p.99; 이종대, 「근대적 자아의 세계인식」, 『근대문학과 구인회』(상허문학회), 깊은샘, 1996, 52면에서 재인용.

나타났던 모더니즘시가 근대적 주체의 미성숙성, 이를테면 감각적 심미성, 낭만적 비애, 명랑성의 극대화 등의 편향으로 그 육체를 형성하였고, 그래서 그들에게 모더니즘은 세계관이나 인식론 혹은 자기를 규정하고 실천하는 기율이 아니라 다소 방법적인 수용으로 그쳤던 것이라는 사실에 이르게 된다.

4. 식민지 시대 한국 시에 나타난 '근대성'의 성격

우리는 1990년대 중반을 고비로 시의 리얼리즘에 대한 관심이 이른바 우리 문학에서의 '근대성'의 실현과 그 역기능에 대한 심층적 탐구로 급속히 전이되고 있는 중요한 전환기적 경험을 치른 바 있다. 이는 그동안 리얼리즘으로 대표되던 주류 비판 이론에 대한 강력한 자기 반성이며, 하나의 이념형과 대척점에 있는 일체의 미학적 입장을 사문난적(斯文亂賊)으로 취급하곤 했던 경직된 풍조에 대한 반성의 반영이기도 하다. 또한 그것은 과학성과 합리성을 근간으로 하는 비판적·종합적 근대 이성이 실종되고 도구적 이성의 횡행에 따르는 비인간화 현상에 대한 일정한 반성적 화두를 던진 계기가 되었다고 할 수 있다. 따라서 '근대성'에 대한 학문적 천착은 그것의 명암이라는 두 측면에 대한 이중적 탐색의 의미를 띠는 일종의 자기 반영적 논리로 나타난 것이다. 더불어 그것은 동일한 이념형과 문제 의식을 공유했던 집단에서 벗어나 타자와의 대화적 관계를 모색할 수 있게 된 계기도 마련해주었다.

이 같은 논의 과정에는 대개 세 가지의 배경이 있다고 할 수 있다. 하나는 근대 기획이 일정한 내적 모순을 드러내었기 때문에 이를 반성적으로 인식해야 한다는 요청이며, 두 번째는 현실 사회주의가 자본주의적 근대에 대한 진정한 극복이 아니었다는 반성이고, 세 번째는 자본주의적 근대 자체도 어떤 질적인 변화를 경험하고 있다는 진단이다.[15] 그래서 근대성 논의는 '국가주의/세계주의'라는 이분법을 일거에 깨뜨리고 나아가 '리얼리즘/모더니즘'이라는 분법(分法) 역시 부분적으로 무력화했던 것이다.

우리가 살핀 '근대성'은 근대적 주체를 정립하고 그를 통해 세계에 대응하는 부정성의 미학으로 작동한 것이다. 도구적 합리성이 지배하는 사회에서 의사 소통은 비(非)의사 소통을 통해 가능해진다고 볼 때, 모더니즘의 '방해의 미학'[16]으로서의 역할은 시대적인 구분을 넘어선 다소 불온한 성격을 띠기 때문이다. 그러나 우리의 역사적 모더니즘 텍스트들은 이러한 '방해의 미학'과 그리 높은 친연성을 보여주지 못하였다. 아이스테인손의 지적대로 모더니즘을 근대 계몽주의 기획의 계승이면서 동시에 그것에의 반발로 생각할 때, 우리의 그것은 이 같은 양면적 활력의 심각한 결여 형식이었던 것이다. 그렇게 우리 모더니즘은 세계사적 보편성과 한국적 특수성이 어지럽게 얽힌 채로 역동한 역사적 실재이자 현재에도 끊임없이 문학적 경향과 지표에 개입하고 있는 규범이자 사조이자 방법이다.

한국 근대시에 나타난 '근대성' 논의는 이제 새로운 단계에 접어들고 있다. 대개 내용상의 개성 발견 그리고 형식상의 자유시 구현에서 근대성의 징후를 찾아내는 현상 기술적인 단계에서, 그것들이 진정한 '근대성'의 성취에 값하는 것인지에 대한 인식론적, 미학적 탐색이 전개되고 있는 것이다.

우리가 살핀 근대 초기의 시는 그 자체로 '개성'과 '주체적 판단'을 근거로 하는 근대적 주체의 형성 과정을 잘 보여주고 있다. 그러나 시

---

15) 이광호, 「문제는 '근대성'인가」, 『한국문학이란 무엇인가』(이문열 · 권영민 · 이남호 편), 민음사, 1995, 210면.
16) A. 아이스테인손, 임옥희 역, 『모더니즘 문학론』, 현대미학사, 1996, 5장 참조.

대 상황을 총체적으로 바라보는 비판적 주체로서의 정립 과정에는 현저하게 미달한다는 점에서, 이 시기의 시적 주체들은 과도기적 성격에 머문다. 그러나 중세적 형식의 탈피라든가, 세계사적 문명에 대한 감수성 그리고 새로운 주체를 형성하려는 근대적 의욕의 진원지로서 이 시기의 문학사적 몫은 중요한 것이다.

1930년대 모더니즘시는 이미지의 구체성 그리고 리얼리즘에 대한 대타적 자기 인식 그리고 형상화의 세련성 등에서 단연 한국 근대시의 미학적 수준을 올린 케이스이다. 그러나 이들 역시 '경성'으로 대표되는 당시 식민지 근대에 대한 막연한 비판 의식에 머물렀을 뿐, 내면화된 부정이라든가 저항으로 대변되는 '미적 근대성'의 구현에는 이르지 못한 채 식민지 근대에 수세적으로 편입되어갔다고 할 수 있다.

이를 통해 우리는 한국 근대시가 이룬 '근대성'의 함의는 불구적인 것이었고, 그 중심에는 식민지 근대의 중층적 모순이 개입되어 있다고 말할 수 있다. 또한 우리는 근대시에서 미적 주체의 정립과 그것의 현실 대응적 성격이 매우 밀접한 관련이 있음을 알 수 있고, 우리 근대시에 나타난 근대성이 대안적, 저항적 성격보다는 방법적, 체제 친화적 성격이 더 강했다고 말할 수 있다.

제2장
윤극영 문학 연구

1. 모국어의 힘과 아름다움을 보여준 '동요'

한국 근대 문학사에서 '아동(兒童)'을 하나의 독립된 인격체로 보고, 그들을 대상으로 하는 문학 작품이 창작되기 시작한 것은 대략 1900년대 초기부터이다. 독립된 문학의 주체로서 아동의 등장이 근대 문학의 중요로운 지표 가운데 하나라는 점은 그 동안 많은 연구자들이 적극 동의해온 사실이다. 근대적 국민 국가(nation state)가 제도 교육의 중요한 일원으로 아동을 받아들이면서, 다시 말해 아동이 근대적 제도에 의해 "발견"(가라타니 고진, 『일본 근대문학의 기원』)되면서, 아동 문학은 근대 문학에서 매우 중요한 권역으로 등장하게 된다. 한국 근대 문학 초창기의 선구자 중 하나인 최남선이 "우리 대한으로 하여금 소년의 나라로 하라. 그리하려면 능히 이 책임을 감당하도록 그를 교육하라"(「卷頭言」)라는 취지문을 내걸고 최초의 과도기적 아동지 『소년(少年)』(1908)을 창간한 것도 아동의 중요성을 발견한 근대 문학의 한 과정적(過程的) 풍경을 보여주는 획기적인 사건이었다고 할 수 있다.

이러한 초창기 우리 아동 문학의 획기적 발전은 소파 방정환에 의해 이루어진다. 그는 일본 유학중인 1922년에 동화집 『사랑의 선물』을 펴냈고, 1923년에는 『어린이』라는 잡지를 국내에서 간행하여 아동 문학의 대중적 보급에 앞장섰다. 그는 아동 문학을 통해 독립 운동과 문화 운동을 펴나갔으며 우리의 말과 글의 소중함을 세상에 제창하였다. 하지만 이러한 그의 활동은 순수한 의미에서의 문학 활동이 아니라, 근대와 전통 혹은 외세와 자주가 가파르게 길항하던 근대 초기에 민족 운동 내지 독립 운동의 한 방편으로 이루어진 것이었다.

이처럼 우리 근대사에서 아동에 대한 본격적인 독립적 인식은, 방정환이 1923년 5월 1일 서울에서 첫 어린이날 기념식을 거행하고 아동지 『어린이』를 창간함으로써 이루어진다. 종래 비칭·천칭으로 불리던 '애들·애놈'이란 호칭이 '어린이'로 바뀌고, 아동 인권의 역사적 회복을 의미하는 운동이 '어린이날' 제정과 함께 보편화된 것이다. 이러한 아동 문학의 형성기에 주류로 등장한 것이 바로 '동요(童謠)'이다. 애국 독립 운동의 일환이기도 했던 동요 창작 운동은, 방정환과 동시대를 살았던 윤극영·박태준·홍난파·정순철 등을 통해 풍부하고도 세련되게 나타난다. '창가'에 뒤이어 사람들의 입에 오르내린 근대 초기 동요는, 그래서 모국어의 힘과 아름다움을 보여준 가장 첨예한 문학사적 사례라고 할 수 있다. 그 가운데서도 「반달」의 작가 윤극영이 보여준 역량과 열정은 단연 눈부신 것이었다.

2. 윤극영의 생애와 활동

아동 문학가이자 동요 작곡가인 윤극영(尹克榮)은 1903년 서울에서 출생하였다. 교동보통학교를 졸업한 후 경성고보 재학중에 외종형인 소설가 심훈과 함께 3·1운동에 참가하여 민족 의식에 눈뜬 윤극영은, 경성고보를 졸업하고 경성법전에 진학하였으나 뜻이 맞지 않아 그만두고 동경음악학교로 적을 옮겼다. 거기서 처음에는 바이올린을 전공하였으나 곧 성악으로 전공을 바꾸었다. 1923년 3월 방정환과 함께 동경에서 '색동회' 창립을 주도하였고, 그 해 5월 1일을 '어린이날'이 제정하는데 힘썼다.

관동대지진으로 인해 귀국(「관동대지진 목격담」, 『한국일보』, 1982.8.29 참조)한 그는, 아버지가 세워준 음악 연구실 일성당(一聲堂)에서 음악을 공부하면서 「설날」 등의 동요를 만든다. 일성당을 찾아오는 어린이들이 늘어나자 윤극영은 1924년에 한국 최초의 동요 보급 단체이자 소년소녀 합창단인 '다알리아회'를 조직하여 '어린이의 노래, 어린이가 부르는 노래'인 창작 동요를 보급하기 시작하였다. 이 '다알리아회'로부터 훗날 조선의 학교 음악 교육에 크게 기여할 인재들이 생겨나게 된다. 또한 이 장면은 어린이 창작 동요가 윤극영에 의해 우리 근대사에 본격적으로 도입되는 순간이기도 하다.

이 무렵 「설날」, 「반달」을 비롯한 주옥 같은 동요들이 나오기 시작하였으나, 우리 동요는 일제에 의해 금지곡으로 취급되어 학교에서 가르칠 수 없었다. 또한 이를 따르지 않는 교사와 학생들이 처벌받기도 하는 어처구니없는 일도 벌어졌다. 「설날」에 이어 두 번째로 「반달」을 지은 윤극영은 이후 「할미꽃」(박팔양 시), 「소금쟁이」, 「따오기」(이상 한정동 시), 「귀뚜라미」(방정환 시), 「고드름」(유도순 시), 「봄편지」(서덕출 시) 등에 곡을 붙여 '다알리아회'를 통해 보급하게 된다. 당시는 학교에서 우리

말로 된 노래를 부르는 것이 금지되어 있었기 때문에, 윤극영은 10여 곡의 악보를 등사판으로 인쇄하여 서울의 각 보통학교 조선인 교사들에게 부쳤다. 일본인 교장의 눈을 속이기 위해 서류 편으로 우송하였던 것이다. '다알리아회'의 이 같은 활동과 명성은 일본에까지 알려져 1925년 닛도(日東) 레코드 회사의 요청으로 윤극영의 작품 17편이 녹음되는 데까지 이른다.

1926년 간도로 떠난 윤극영은 거기서 교사 생활을 하며 동요 작곡에 전념하게 되는데, 바로 그 해 최초의 동요작곡집인 『반달』을 펴낸다. "고국을 떠나서 북간도에서 새해를 맞이하오니 조선 땅에 계신 어린 동무가 더욱 생각키웁니다. 나같이 조국 밖에서 쓸쓸히 지내는 동무가 많은 것을 잊지 말아주시기 바랍니다"(「지상 연하장」, 『어린이』, 1929.1)라는 글도 이 무렵 씌어진다. 1935년 교사 생활을 그만두고 다시 서울로 돌아와 독창회를 열었으나 실패한 후, 그는 그 이듬해 일본으로 다시 건너가 동경 극단 '무랑루주'에서 가수 겸 뮤지컬 제작자로 명성을 날리게 된다. 1940년에 다시 간도로 건너가 '오족협화회'의 일도 맡아 했으나 오히려 한국인 교회를 지켜준 일로 인해 일경의 요시찰 인물이 되기도 하였다.

해방 후 귀국하여 윤극영은 윤석중과 함께 '노래 동우회'를 조직하여 한국적 정서가 가득 담긴 명편들을 많이 작곡하였고, '색동회'를 부활시켜 그 안에서도 중추적인 역할을 하였다. 1956년 이후 다시 시작(詩作)에 몰두하여 많은 작품을 쓴 그는, 1956년에 새싹회가 제정한 제1회 소파상을 수상하였다. 1968년에는 '반달 노래비'가 세워졌고 꾸준한 창작을 지속했던 윤극영은 1988년 노환으로 타계한다. 그 후 1993년 5월 문화체육부가 선정하는 '5월의 문화 인물'로 뽑혔고, 2003년에는 대산문화재단과 민족문학작가회의가 주최하는 '탄생 100주년 문학인 기념 문학제'에 대상 작가로 선정되기도 하였다. 그리고 2004년 '어린이날'을 맞이하여 현대문학사에서 그의 전집 두 권이 문학사의 품에 안기게 되었다.

이 같은 경개(景槪)를 보이는 그의 간단치 않은 생애는 우리에게 두 가지 사실을 알려준다. 하나는 근대 초기라는 시대의 전환기에 그가 동요를 통해 모국어의 지킴이의 역할을 자임했다는 사실이고, 다른 하나는 그가 어려서부터 견고한 민족주의적 속성을 자신의 삶 속에 받아들였다는 사실이다. 그래서 그의 생애는 '동심'과 '민족성'을 동시에 추구하는 것에서 시작되고 완성된 것이라고 말할 수 있을 것이다.

3. 윤극영의 문학 세계

윤극영은 그의 전 생애를 통해 모두 6백여 편의 동요와 동시를 지었으며, 그 밖에도 동화・수필・사회 비평・소설・시나리오 등 다양한 장르의 글을 다수 남겼다. 이처럼 방대한 그의 문학 세계를 우리는 세 갈래로 나누어서 조감(鳥瞰)해 볼 수 있을 것이다.

1) 동요 또는 동시의 세계

우리가 잘 알다시피 동요 또는 동시(童詩)는 세계를 분열과 갈등의 양상으로 표현하지 않고 통합과 친화의 원리로 나타낸다. 그리고 한 발 더 나아가 순수하고 맑은 마음이 궁극적으로 가능하다는 일종의 낙관론에서 그 발상이 비롯되기도 한다. 그렇기 때문에 이른바 '동시적 상상력'은 인간과 세계에 대한 원초적 긍정, 자연에서 발견하는 삶의 순조로운 이치, 통합과 친화의 완결성을 중시하게 마련이다. 윤극영의 동요나 동시도 이러한 세계 긍정과 자연 친화 그리고 통합의 상상력에 토대를 둔 세계이다. 하지만 일제 강점기라는 시대적 배경을 고려해 볼때, 그 같은 친화와 긍정의 세계에는 민족 수난사에 대한 민족주의적 인식이 그 저류에 깔려 있다고 할 수 있을 것이다.

윤극영의 동요 가운데 가장 잘 알려진 대표작으로 우리는 「반달」, 「설날」, 「할미꽃」, 「고기잡이」, 「고드름」, 「따오기」, 「자장가」, 「구름」, 「나란히 나란히」, 「길조심」, 「봄이 와요」 등을 떠올릴 수 있다. 제목만 나열해놓고 보아도 우리 음악사의 한 축을 담당했던 친숙한 노랫말과 멜로디가 연상되지 않을 수 없다. 이러한 그의 동요는 세 마디 또는 다섯 마디 구조의 곡이 많은데, 우리가 노래를 부르면서 느낄 수 있는 것처럼 그의 노래는 당시로는 전혀 새로운 스타일의 동요였기 때문에, 그는 우리나라 작곡가 중에서 '멜로디의 천재'라는 찬사를 받게 된다. 이 동요의 개척 시대에 윤극영은 지금도 우리의 입 속에서 맴도는 창작 동요 「설날」을 쓰게 된다.

> 까치 까치 설날은 어저께고요
> 우리 우리 설날은 오늘이래요
> 곱고 고운 댕기도 내가 드리고
> 새로 사 온 신발도 내가 신어요
>
> 우리 언니 저고리 노랑 저고리
> 우리 동생 저고리 색동 저고리
> 아버지와 어머니 호사하시고
> 우리들의 절 받기 좋아하셔요
>
> 우리 집 뒤뜰에다 널을 놓고서
> 상 들이고 잣 까고 호도 깨면서
> 언니하고 정답게 널을 뛰기가
> 나는 나는 좋아요 참말 좋아요

무서웠던 아버지 순해지시고
우리 우리 내 동생 울지 않아요
이 집 저 집 윷놀이 널뛰는 소리
나는 나는 설날이 참말 좋아요

— 「설날」 전문(『어린이』, 1924.1)

이 작품은 '어제 / 오늘', '까치 / 우리', '댕기 / 구두', '노랑 저고리 / 색동 저고리', '아버지 / 동생' 등의 의미론적 쌍이 대구(對句)를 이루면서 동심의 천진성을 형상화하고 있다. 설날을 축제의 한순간으로 마음 속에서 그리고 있는 동심의 한 풍경이, 하이데거의 말처럼 고향이야말로 "삶의 터전으로서의 공간이며 상처입지 않은 대지"임을 알게 해준다.

본래 시행 구조는 단순한 음악적 자질의 구사가 아니라, 인간 경험이나 정서를 질서화한 것이다. 그 점에서 이 작품은 민족 수난기에 가족 간의 사랑을 통해 민족 정서의 통합에 기여할 수 있는 소리 자질을 담고 있다고 할 수 있을 것이다. 그의 다른 동요 「고기잡이」도 가난 속에서도 밝은 긍정을 잃지 않는 동심을 잘 표현하고 있는데, "고기를 잡으러 바다로 갈가나 / 고기를 잡으러 강으로 갈가나 / 이 병에 가득히 넣어 가지고서 / 라라라라 라라라라 온다나"라는 반복의 규칙성이 그 같은 밝은 마음을 잘 드러내준다. 하지만 그의 대표작은 민족적 우수와 역설적 희망이 아름답게 표현된 다음 작품이라고 해야 할 것이다.

푸른 하늘 은하수 하얀 쪽배엔
계수나무 한 나무 토끼 한 마리
돛대도 아니 달고 삿대도 없이
가기도 잘도 간다
서쪽 나라로

은하수를 건너서 구름 나라로

구름 나라 지나서 어디로 가나
멀리서 반짝반짝 비추이는 건
샛별 등대란다 길을 찾아라

— 「반달」 전문(『동아일보』, 1924.10.20)

　이 작품은 시인이 낮에 뜬 '반달'을 보면서 누이의 죽음과 나라 잃은 식민지 조선을 동시에 순간적으로 떠올려 쓰게 되었다고 한다. 일제 강점기 조선의 운명을 "쪽배"에 담아 희망을 상징하는 "샛별 등대"로 향하게 하는, 희원(希願)이 가득 담긴 민족 동요로서 당시 어른들에게도 널리 불리었다. 그의 동화 「반달 노래」에 의하면, 이 작품은 "다알리아회 어린이들과 함께 주고받던 우리 말 노래의 첫 소리였다"고 한다.

　여기서 '반달'의 상징적 의미는 식민지 조선의 꿈이다. 그것을 "샛별 등대"로 형상화함으로써 윤극영은, 민족의 앞날을 가파른 뱃길로 비유하고, '반달'을 멀리서 비추이는 희망의 이미지로 쓰고 있는 것이다. 훗날 작가는 "저기 샛별이 떴다 치솟는 물결 넘어 멀리 우리들의 등대가 되어다오"(「노래비」, 1968년작)라면서 이 작품의 정서를 표현하고 있다. 이러한 민족적 희망의 메시지는 "동이 터요 무궁화 / 새벽이슬 단장하고 / 하늘 가득 피어나 / 첫눈에 반겨오는 그 얼굴 우리 겨레 꽃 / 오! 우리나라 꽃"(「무궁화」)이라든가 "샘물이 부른다 / 그 소리 들었니 / 연달아 시냇물 / 구슬 지어 나간다 // 강으로 바다로 나드는 물 / 앞당기며 / 우리 다같이 발소리 높이자 / 높이자 // 우리가 가는 곳 / 동이 터 오르고 / 우리가 멈출 때 / 강산이 열린다 // 배우고 익히고 / 씩씩하게 참되게 / 모두 정답게 앞날을 내딛자 / 내딛자"(「소년 행진곡」) 등의 작품에서도 지속적으로 이어지고 있다.

　이처럼 윤극영 초기 동요는 어휘의 질서를 견고하게 갖추고 있으며, 점층과 반복을 주된 레토릭으로 사용하여 우수와 희망을 동시에 담고 있어 대중들의 뇌리에 깊이 각인된 것이다.

산을 타자면
진달래 반기고
냇가를 돌자면
개나리 나선다

푸릇푸릇 버들눈
하늘 바라보지만
꾀꼬리가 들자면
아직 멀었다

지난 밤 꿈에는
산나물을 캤단다
나물을 캐면서
노래도 했단다

바람 싣고 앞 냇강
자주 걸음 치는데
섬에 간 언니의
편지가 왔단다

— 「봄편지」(1964.4.12)

　해방 후 씌어진 이 시편에서도 윤극영은 자연 친화와 밝은 긍정의 정서를 줄곧 표현한다. "너 물길로 돌아왔니 / 나 산길로 질러서 왔다 / 꿈결에 만난 이들 반기어 손잡고 걷는 길 / 철따라 울긋불긋 봄은 한창이다"(「봄」)도 마찬가지이다. 그는 이어서 "몸 튼튼 마음 튼튼 푸른 꿈 안고 / 까마득 안갯길 헤쳐헤쳐 나 간다 / 우리는 작은 탐험대 / 끝에서 끝까지 내 강산 찾아간다"(「탐험대 노래」), "산 넘어 저 마을엔 / 누가 사나 / 할아버지 할머니가 / 거기서 산다 // 물 건너 저 마을엔 / 누가 사나 / 아버지 어머니가 / 거기서 산다 // 할머니는 옛 얘기가 일등 / 어머니는 새 노래가 일등/ 오늘은 어느 쪽을/ 내 먼저 갈까"(「산 넘어 물 건너」) 등의 노래를 통해 민족 의식과 고향 발견이라는 두 가지 주제를 일관되게 축적해간다. 해방 후에도 근대 초기 못지 않은 역량과 열정을 보여준 것이다. 그의 이러한 성취를 두고 다음과 같은 증언이 뒤를 따른다.

> 혹자는 선생의 곡은 애상적이라고 말하나 이는 8·15 이후의 신작을 모르기 때문이다. 나 자신도 8·15 전의 선생의 작품보다 해방 후의 작품을 더 높이 평가한다. 「쌍둥 별」, 「길조심」, 「꽈리」, 「자장가」, 「봄이 와요」 등은 잊을 수 없는 작품이다. 선생의 수법은 악식상으로 볼 때 파격이면서도 극히 자연스럽고 한국적인 정서가 넘쳐흐른다. 혹자는 또한 선생을 단순히 선율 작곡가(?)로만 인정하려 드나 아무리 반주를 잘 붙인들 선율이 아름답지 못해서는 그 진가가 반감된다. 선생은 슈베르트와 같은―선율의 천재라고 해도 과언이 아닐 줄로 안다.
>
> ―나운영, 「외도(外道)와 준도(遵道)」, 『국제신보』, 1954.12.26

"멜로디의 천재"라는 규정은 여기서 비롯되었거니와, 이러한 민족주의적 성격과 선율의 미학이 그를 최고의 동요 작가 혹은 동시인(童詩人)으로 만든 것이다. 따라서 우리는 이처럼 통일된 균제미를 특징으로 하는 그의 아름다운 동요나 동시가 우리 근대 문학에 기여한 바 매우 크며, 윤극영의 문학적 본령도 이 같은 동요나 동시에서 구현되었다고 보아야 할 것이다.

2) 시의 세계

윤극영은 자신의 문학적 본령이라고 할 수 있는 동요나 동시와는 달리, 서정적 주체의 내면적 정서를 자유로운 호흡으로 드러낸 자유시도 상당 분량을 썼다. 120편을 넘는 이 시편들은 모두 1956년 이후 씌어진 것이다. 그는 이때부터 타계할 때까지 지칠 줄 모르고 창작의 에너지를 쏟는다. 그래서 우리는 윤극영이 해방 전에는 주로 동요나 동시 창작에 힘을 썼고, 해방 후인 후기에는 동시와 자유시를 병행하여 썼음을 알 수 있다.

그가 남긴 다수의 시편들은 어떤 통일된 주제로 응집되지는 않는다. 다만 자잘한 일상에서부터 시작하여 자신의 내면을 성찰하는 시편이 많다는 것이 지적될 수 있다. 민족 현실이나 사회적 상황에 대한 응시 보다는, 천진성과 사랑을 지향하는 자신의 내면을 드러낸 작품이 많은 것이다.

여기 가만 내가 숨었다
네가 몰래 나를 찾는다
술래잡기 하는 물에 파랑새가 나들어
그것은 민족 사랑
아니 아니 너구 나구의 새 사랑인데
옛 사랑이다

구름 뒤에 하늘 숨었다
하늘 파고 구름 묻힌다
숨바꼭질 하는 결에 해가 번쩍 나선다
그것은 민족 사랑
아니 아니 너구 나구의 새 사랑인데
옛 사랑이다

비 바람에 하늘이 개고
하늘에서 은비 나리고
먼 山마루에 무지개가 아주 떠있다
그것은 민족 사랑
아니 아니 너구 나구의 옛 사랑인데

새 사랑이다

—「새 사랑」(1957년 12월 19일 창작)

　여기서 '새'와 '옛'의 대위(對位)가 재미있게 나타난다. 결국 '술래잡기'로 비유되고 있는 사랑의 이미지는 '새 사랑'과 '옛 사랑'이 의미론적으로 통합됨으로써 '오래된 신생'이라는 주제를 구현하고 있다. 이처럼 "잽히는 것이 없어 / 世界를 휘돌아 다닌"(「잽히는 것」) 그의 중년 이후의 삶은 "하루 한 줄 / 三百 예순 다섯줄 / 이렇게 엮어온 나의 言語學"(「韻」)이라는 고백처럼 창작의 열정 속에서 이어지고 있다.

　　나는 지금 너희들을 생각하며
　　上가지에 모여앉은 새들을 본다

　　한 바람 일어나면
　　나무가 흔들리고
　　또 한 바람 일어나면
　　나무가 흔들리는 時域에
　　자리 뜬 새들이 하늘을 지저귀며 나무를 에워싼다

　　그리고 어머니가 두 팔을 벌렸을 때
　　새들은 하나같이 어깨 위로 날아들었다

　　고요한 소리 있어
　　앞으로는 나무나 바람들이
　　다시는 이런 일이 없을 거냐고 수상스레 물었다

　　말없이 나는 가슴 갈피에 너희들을 심는다
　　　　　　　　—「어린 넋」 전문(1965년 1월 12일 창작)

　이 작품에서도 윤극영은 자연 현상을 통해 천진한 동심의 속성을 탐색하고 있다. 그 "어린 넋"의 고요한 움직임을 시인은 "가슴 갈피"에 심고 있다. 이러한 동심에 대한 일관된 그의 집념과 사랑이 그로 하여금 일생을 다해서 "극영아! 너는 名目만일 수는 없다"(「克榮아!」)고 스스로에게 외칠 수 있게 해였고, "가난이 나를 울린 적 없지만 / 세정이 가난하여 나를 울렸다"(「가난」)면서 세상을 개탄하게 할 수 있었던 것이다. "사랑은 속삭이다 웃다가 울다가 / 그것이 무거워서 나래 깃을 터는 것 / 감싸며 날다 상처를 입는 것"(「사랑」)이지만 그에게는 숙명에 가까운 역설적 에너지였던 것이다.

3) 산문의 세계―동화, 소설, 시나리오, 수필, 사회 비평, 회고록 등

윤극영이 남긴 동화는 모두 열두 편이다. '동화'가 일정하게 서사를 기반으로 하는 문학이라고 할 때, 윤극영 동화는 그의 동요나 동시가 지향했던 세계의 연장선상에 있다. 그래서 그의 동화 작품들은 서정적인 것이 많다. 그리고 그의 동화는 마지막 부분을 자신이 만든 창작 동요로 끝내고 있을 정도로 그의 문학적 본령이 동요에 있음을 알려준다. 가령 「고드름」이나 「반달 노래」는 그런 형식을 지킨 대표적인 사례일 것이다. 「고드름」은 어린이들의 동심과 '고드름'이라는 자연 현상의 신비로움을 결합시키고 있고, 「사다리」는 아이들의 천진한 시선과 소망을 꿈의 형식으로 보여주고 있고, 「뱀이랑 개구리」는 자연의 신비로운 '수수께끼'를 재미있는 문체 속에 담고 있다. 대부분 자연 현상이나 동물들을 끌어들여 쓴 동화 작품들이 많은데, 그 가운데 「철이와 옥매」는 단연 동화의 본령에 충실한 사례이다. 이 작품은 연탄을 운반하시는 아버지를 돕는 철이와 두부 공장을 차린 엄마의 심부름을 하는 옥매의 우정이 담겨 있는 따뜻한 동화이다. 같은 반 친구들이 놀려도 주인공들이 가족의 가난과 노동을 밝게 긍정하는 따뜻한 성정(性情)이 잘 나타나 있

어, 동화 문학의 본령을 성취하고 있다고 할 것이다.

윤극영이 남긴 소설이나 시나리오는 상대적으로 그리 활발한 외관을 취하고 있지 않다. 소설로는 사랑의 테마를 담은 중편소설 「누구의 祭物(제물)이냐」가 유일하게 남아 있고, 시나리오는 미완성으로 끝난 「벽 없는 동심」이 있을 뿐이다. 그 가운데 「벽 없는 동심」은 전쟁중에 고아가 된 여선생(낭실)과 그의 제자(용이) 그리고 그녀를 사모하는 남자(석준)가 주인공으로 나오는데, 작품 곳곳에 동요를 배치하면서 무구(無垢)한 사랑의 주제를 형상화하고 있다. 제목에서 연상되듯 어린이의 천진한 사랑을 보여주는 작품이라고 할 것이다. 하지만 그의 소설이나 시나리오는 아무래도 그가 본격적인 서사물을 창작한 작가가 아니라는 것을 증명하는 수준에 머물러 있다.

마지막으로 윤극영이라는 작가의 내면의 심연을 들여다볼 수 있는 가장 직접적 자료로 우리는 그의 산문을 들 수 있을 것이다. 그 산문의 세계는 수필, 사회 비평, 회고록 등으로 나뉘어진다.

먼저 윤극영의 수필 세계는 40편 가까운 살가운 작품을 통해 구성된다. 이 작품들을 통해 윤극영은 일상과 역사, 시와 노래를 결합해온 자신의 생의 형식을 깊이 관조하고 성찰한다. 1928년 『어린이』에 실은 「가을 맞은 조용히 볼 것」으로부터 시작하여 자신의 창작 과정을 담담히 담고 있는 「먼 전설」, 「내가 지은 愛唱曲(애창곡)」, 「나의 노래비」, 심훈과의 이야기를 적은 「나는 어른이 됐다」, 「삼보와 나」 등은 한국 근대 문학사의 풍경의 한 축을 이채롭게 재구(再構)하는 데 도움을 줄 수 있는 좋은 사료가 될 것으로 보인다. 또한 「나는 아직 宗敎人이 아니다」와 「행복은 나의 아내」 등은 윤극영의 내면을 들여다볼 수 있는 투명한 창(窓)이기도 하다.

사회 비평 양식의 글은 모두 36편으로서 「어린이 운동의 뒤안길」이나 「무궁화 달기 어린이날」, 「무궁화라는 꽃」 등에서는 특히 '어린이'와 '무궁화'를 상징으로 하는 민족 의식을 보여주고 있다. 또한 「색동회와 그 운동」, 「인간 소파상」 등은 초창기 우리 아동 문학사의 뒤안길을 살필 수 있는 좋은 글이다. 이러한 사회 비평을 통해서도 그는 "童心(동심) 문화야말로 어른들의 戰爭(전쟁)을 지양하는 평화적 使徒(사도)의 역할" (「童心 문화의 創建」)을 할 것임으로 강조함으로써 동심의 회복을 일관되게 촉구하고 있다.

그가 남긴 회고록으로는 두 개의 연재물이 있다. 그 하나는 1973년에 『한국일보』에 연재했던 「나의 이력서」이고, 다른 하나는 1981년부터 1984년까지 『월간 소년』에 연재했던 「내 노래의 발자국」이다. 두 개의 글 모두 윤극영 개인사의 궤적을 회고조로 담고 있지만, 우리는 오히려 한 시대를 숨쉰 한 지식인의 체험을 20세기라는 시대적 망(網) 속에서 관조할 수 있게 된다.

먼저 「나의 이력서」는 연대기적으로 자신이 살아온 삶을 재구성하고 있다. 소년 시절로부터 그야말로 '동심'을 위해 살아온 한평생을 시간 순서대로 쓴 것이다. 대개는 당대의 풍속과 정치 상황 그리고 자신의 성장사를 곳곳에 배치하고 있어, 윤극영 개인의 삶은 물론 한 시대의 전체상을 엿볼 수 있게 해주고 있다. 이 가운데 특별히 주목할 만한 글은 사랑의 도피로 유명한 첫 간도행의 사연을 담은 '사랑과 함께 간도로'와, 일제 말기의 불안했던 정치 상황과 내적 갈등을 담은 '불안한 나날'이다. 앞의 글은 "처자 버리는 자책감으로 잠 못 이루"면서도 "혹한 속의 두만강 빙판 걸으며 눈물"을 흘리며 국경을 사랑하는 사람과 함께 넘은 일을 진솔하게 적고 있고, 뒤의 글은 자신이 '오족협화회(五族協和會)'라는 친일 단체에 불가피하게 들어갈 수밖에 없었던 사실과 다소 반일적(反日的)인 교회를 보호하느라 겪었던 고초를 적고 있어 일제 말기에 제기된 친일 시비의 진상을 스스로 해명하고 있다고 할 수 있다. 가령 이 글은 그의 간도행(行)과 협화회 직책 수행이 그의 민족주의적 아동 문학과 어떻게 연계되고 어긋나는가에 대한 작가 스스로의 고백이라고 할 것이다.

「내 노래의 발자국」은 아동 문예지에 실렸기 때문에 문체가 어린이를 대상으로 하여 쉽게 씌어진 글이다. 자신이 지은 동요들을 중심으로 그 뒤에 숨은 재미있는 에피소드들을 소개해주고 있는데, 이를 통해 우리는 윤극영 동요의 발생론을 엿볼 수 있을 것이다. 그 글의 마지막에서 윤극영은 다음과 같이 말하고 있다.

> 드디어 나는 나의 뒤안길을 뒤돌아보며 자기에게 물었다. 그 속엔 듬뿍 안개가 서려 있었다. 거기서 얼찐거리는 의혹의 거울 무늬가 있었다. 불현듯 그것을 뛰쳐나오는 깜찍한 그림자 하나. ─ 놀랍게도 그것이 나를 반기며 달려오고 있지 않나. 그렇다. 망각이 되살아난 듯 무한 미래의 꿈을 담은 동심의 눈망울 ─ 동녘 하늘에 반짝이는 샛별이었다. 나는 묵묵 손닿지 않는 그것들을 바라보며 눈물지었다. 눈물 눈물……. 아니 그것은 환호의 감격이었다. 내 끝 머리의 원광(圓光)이었다.

마치 유언인 듯 들리는 그의 단단한 목소리는 궁극적으로 자신의 생애가 "동심의 눈망울"을 향한 것이었다고 말하고 있다. 이 고독한 자기 고백은, 오래된 "망각" 속을 뚫고 "동녘 하늘에 반짝이는 샛별"을 바라보며 눈물짓는 것으로 종결된다. 그 "환호의 감격" 속에서 그의 머리에는 "원광(圓光)"이 씌워진다. 그 "원광"이 결국 그의 한평생을 통해 완성된 "동심의 눈망울"의 흔적이 아닐까 한다.

4. 윤극영 문학의 의미

이상 살펴본 개관을 통해 우리는 윤극영의 문학 세계가 그 길이나 넓이 그리고 깊이에서 우리 근대사의 그것과 조응하는 풍부하고도 지속적인 것이었음을 알 수 있었다. 그 동안 우리 역사는 동요나 동시를 일종의 변두리 장르로 취급하여 균형을 잃을 정도의 홀대를 해왔고 문학사에서도 그리 중요하게 다루지 않았다. 하지만 윤극영의 문학 세계를 통해 우리는 우리의 근대 문학이 동요나 동시를 통해 형성되고 발전되었다는 유력한 실증을 갖게 된다. 그 결과 우리가 알게 된 것은, 윤극영에게 주어진 역사적 의미가 사라져가는 모국어를 동요 또는 동시를 통해 지키고 되살린 일이었다는 사실이다. 그 점에서 2004년에 발간된 『윤극영 전집』은 이러한 역사적 조감과 투시를 가능케 하는 풍요로운 1차 자료가 될 것으로 보인다.

윤극영의 대표작인 「반달」은 1920년대 중반 이후에 중국으로 건너가 「小白船(소백선)」이라는 제목으로 널리 불렸다고 한다. 이 노래가 만주의 독립군 활동을 통해 들어갔는지 아니면 중국인들의 자발성에 의해 수입해 들어갔는지는 알 수 없지만, 어쨌든 짧은 시간 동안 이 노래는 중국에서 가장 보편적인 동요의 하나로 자리잡았다고 한다. 이 곡은 중국 소학교 교과서에 실려 있는 것은 물론이요 지금도 웬만한 동요 디스크에 전부 실려 있을 정도로 인지도가 높다고 한다. 식민지 조선의 암울한 현실을 처연하고도 고독한 '반달'의 이미지로 암시한 역사적 맥락을 중국인들이 알 까닭은 없겠지만, 이 곡의 가사와 선율이 가진 본원적 서정이 중국인의 심성에 깊은 공감을 산 것이라고 해도 좋을 것이다.

생각해보면 식민지 시대를 살아간 수많은 이들이 윤극영의 노래 한 곡쯤은 불렀을 것이다. 또한 그의 노래 한 곡 모르고 근대 교육을 통과해온 이도 매우 드물 것이다. 그래서 굴곡 많은 우리 민족사에서 윤극영은 동요 또는 동시를 통해 모국어의 빛을 비춘 "샛별 등대"로 오래도록 우리의 기억 속에 자리하고 있는 것이다.

제3장
비극적 근대시인의 시적 경로
임화의 시

한번도 뚜렷이 불려보지 못한 채,
청년의 아름다운 이름이 땅 속에 묻힐지라도,
지금 우리가 일로부터 만들어질
새 지도의 젊은 畵工의 한 사람이란 건,
얼마나 즐거운 일이냐?

— 임화의 시 「지도(地圖)」에서

1. 근대문학사의 문제적 인물

한국 근대문학사에서 임화(林和, 본명 林仁植, 1908~1953)라는 이름이 그려내는 파상(波狀)은 우리 근대사의 굴곡을 그대로 반영한 착종된 무늬를 이룬다. 물론 임화는, 우리가 잘 알고 있듯이, 식민지 시대와 해방 직후에 걸쳐 활약한 대표적인 시인으로, 평론가로, 문학사가로, 문학운동가로 자신의 이름을 다양하게 수놓은 열정의 인물이다. 그의 이름과 행적이 아직도 끊임없이 당대적 소급이라는 역사적 감각과 현재적 해석이라는 현실안(眼)을 동시에 요구하고 있을 정도로, 그는 범접하기 어려운 넓이와 높이의 문학 세계를 이루었다. 그가 펴낸 『玄海灘(현해탄)』(동광당서점, 1938), 『讚歌(찬가)』(백양당, 1947), 『回想詩集(회상시집)』(건설출판사, 1947) 등의 시집들과, 무려 800쪽이 넘는 광대한 평론집 『文學(문학)의 論理(논리)』(학예사, 1940)는 그 가운데서도 가장 대표적으로 거론되는 그의 문학적 정수(精髓)라 할 것이다. 또 그가 일제 말기에 정력적으로 진행한 문학사 작업은 지금도 우리 비평사에서 가장 높은 성취를 이룬 성과로 평가받고 있다. 그러나 이러한 눈부신 성과에도 불구하고 아직도 그를 바라보는 시각 사이의 낙차(落差)는 실로 아득할 정도로 크다.

우리의 문학사적 유산을 평가하는 안목이 연구자들의 세계관과 정치적 신념에 따라 커다란 편차를 보여온 것은 우리 근대문학 연구사의 진풍경이다. 그동안 민족문학론을 당위적 지향점으로 정초(定礎)하려는 이들에게 임화는 매혹적인 탐구 대상이자 도전과 극복의 대상이었고, 반면 문학의 비정치성과 작품적 완결성을 헤아리려는 감식가들에게 임화는 일정한 매력과 한없는 의구심을 동시에 주는 존재였다. 이러한 미학적 대척점은, 1990년대 들어 본격적으로 그에 대한 연구 성과가 산출되기 시작하면서, 그를 바라보는 양극의 관점을 풍요롭게 낳았다. 말하자면 진보적 문학사를 염두에 두었던 사람들에게 임화의 문학은 중요한 중심적 자료의 역할을 하게 되었고, 순수문학 위주의 작품 탐구에 매진하는 이들에게는 그것이 비판의 대상 또는 문학사에서 결락(缺落)될 수밖에 없는 수상쩍은 영역이 된 것이다.

주지하듯, 우리 사상사에서 '진보'라는 패러다임은 매우 복합적이고 풍요로운 논쟁적 성격을 갖는다. 그에 비해 문학사에 나타난 '진보'는 매우 왜소하고 때로는 그 실체 여부조차 의혹의 대상이 될 때가 적지 않다. 그러나 이처럼 진보적 문학이 빈곤하게 느껴지는 것도, 잘 따져보면, 보수적 시각으로 문학사를 규율하려는 이들의 권력 의지에 의해 비롯된 오래된 착란(錯亂)일 뿐이다. 우리가 시대의 전환기마다 척박하기 이를 데 없는 진보적 민족문학사를 실상에 맞추어 재구(再構)해야 하는 과제를 요청받는 것도 이러한 잘못된 언어 권력의 구도를 교정하려는 학문적 요구에서 나오는 것이다. 그럴 경우 임화와 그의 문학은 다시금 우리의 논의에 중심 요소로 부상할 수밖에 없다.

임화가 쌓아올린 문학적 성채 중에서 가장 풍요로운 논쟁을 불러일으키는 영역은 아마도 그가 남긴 유수한 평론과 문학사 작업일 것이다. 특히 식민지 시대와 해방기에 걸쳐 그가 정력적으로 축적해왔던 문학 운동론과 그에 따른 미학적 논의들은 지금도 꾸준히 논자들의 평가와 주목의 대상이 되고 있다는 점에서 여전히 그는 현재적이다. 그러나 임화는 그 명민하고 치밀한 '논리'에 앞서 정서를 표출하는 강렬한 '파토스'를 생래적으로 지닌 시인으로 기억될 만하다. 우리가 그를 이론가나 사가(史家)보다는 시인으로 읽으려는 이유는 다름아닌 그의 생래적인 시인적 기질과 그에 따른 높은 시적 성취에서 비롯된다. 대개 문학적 형상이 논리적 언어보다 한 사람의 정신이나 세계관 또는 생리를 더욱 생생하게 드러내준다는 점, 그리고 그 중에서도 특히 서정시의 시적 형상이 서정적 주체의 세계관이나 정서가 비교적 직접성을 가지고 드러나 있다는 점에서 임화가 남긴 시편들은 그를 이해하는 데 더없이 좋은 매재(媒材)가 될 수 있다. 따라서 이 글에서는 임화 시의 전개(1926~1953)와 그 변이 양상을 조감하여, 세기의 전환기에 처한 우리 문학사가 그가 남긴 미완의 언어들을 어떤 자양으로 흡수해야 할 것인가에 대해 생각해 보려 한다.

2. 탐색 의지와 '단편서사시'

임화의 등단작은 「무엇 찾니」(1926)라는 짤막한 소품이다. 타자(시 안에서는 '남모르게 홀로 뛰는 혼령')에게 질문을 던지는 형식을 취한 이 작품은, 그의 생애를 뒤로 가로질러, 그의 마지막 작품이 되는 또 하나의 질문의 형식 곧 「너 어느곳에 있느냐」(1953)에 가 닿는다. 다시 말하면 그는 시적 생애의 처음부터 마지막까지 "무엇을 너는 찾느냐/ 너 어느곳에 있느냐"라는 두 가지 질문의 형식을 견지해온 것이다. 이는 30년 가까운 상거(相距)에도 불구하고, 그의 일관된 탐색 의지와 함께 그의 시를 관통하는 어떤 핵심을 암시하고 있다. 이제 그 질문과 응답의 궤적을 따라가 보자.

> 죽은 듯한 밤은 땅과 하날에
> 가만히 덮였고
> 음울한 대긔는 갈사록 컴컴한
> 져 하날 끝에서 땅우를 헤매는데
> 소리없이 자쵸를 감쵸고 나리는 가는 비는
> 고요히 졸고 있는 나무 잎에
> 구슬 같은 눈물을 지워
> 어둔 밤에 헤매면서 우는
> 두견의 슬픈 눈물같이 굴러떨어진다
> 남모르게 홀로 뛰는 혼령아
> 이 어둔 비오는 밤에도 쉬지 않고 날뛰며
> 무엇을 너는 찾느냐?
>
> ― 「무엇 찾니」(『매일신보』, 1926.4.16)[1]

---

1) 이 글에서, 임화의 시는 『너 어느곳에 있느냐』를 제외하고는 신승엽 편, 『임화전집 1−현해탄』(풀빛, 1988)에서 인용함.

시의 정조(情調)는 "음울한 대긔"와 "슬푼(구슬 같은) 눈물"이 환기하듯, 1920년대의 일반적 시 경향이었던 감상적 낭만주의의 외피를 강하게 두르고 있다. 서정적 주체가 처해 있는 "죽은 듯한 밤"이나 "어둔 비오는 밤"도 마찬가지로 내면과 외계를 매개한 심리적 표현일 것이다. 서구 상징파의 세기말 사상을 흉내낸 아류적 소품인 데다, 주체의 방향 상실감이 짙게 채색되어 있어 우수한 형상적 자질을 추출하기는 힘들다. 그러나 우리는 이렇듯 막연하고 불투명한 어떤 '타자'(혼령)에게 말을 거는(결국 자신에게 말을 건네는) 형식으로 짜여져 있는 습작 수준의 작품의 마지막 3행, 곧 "남모르게 홀로 뛰는 혼령아 / 이 어둔 비오는 밤에도 쉬지 않고 날뛰며 / 무엇을 너는 찾느냐?"에 주목한다.

"이 어둔 비오는 밤"이야 말할 것도 없이 외적 상황과 내면의 정황을 동시에 은유하는 감각적 상관물이겠지만, 이러한 상황에서 분주하게("쉬지 않고 날뛰며") 무언가를 찾는 열정과 탐색은 서정적 주체(타자를 통한)의 삶의 기율이 '침잠'이나 '순응'이 아니라, 역동적인 '탐색'과 '질문'의 형식으로 짜여질 것을 암시하는 것이다. 이와 같은 질문의 형식이야말로 그의 마지막 작품인 「너 어느곳에 있느냐」까지 이어지면서, 바로 임화의 운명과 실존을 암시하고 있다. 말하자면 이러한 상징적 사례는, 그의 삶과 시가 끝없는 질문과 탐색으로 이어질 것임을 암시해준다는 뜻이다. 물론 그 탐색의 대상은 일차적으로는 식민지 근대로 일컬어지는 당대의 '현실'이지만, 철학적 문맥에서 볼 때 '진리' 자체의 형식도 띤다. 이렇듯 '현실'과 '진리'를 향한 간단없는 탐색 의지는 그에게 실존적인 것이기도 하지만, 식민지 현실에 대한 그의 자각과 깊이 관련되는 역사적인 것이기도 하다.

주지하듯 임화의 초기 시편은 감상주의로부터 시작하여 당시의 신(新)사조였던 다다이즘의 세례와 결합하는 양상을 빚는다. 다다이즘 역시 한 시대의 질곡을 넘어서려는 전위(前衛)의 한 양식이므로, '조선의 발렌티노'로 불렸던 도시의 아들 임화가 그러한 새로운 사조에 경도된 것은 자연스럽다. 이러한 새로운 사조가 또 하나의 신흥 이념인 마르크스주의와 결합하여 그의 시는 프로시로 전회를 하게 되며, 이로부터 임화 시의 제2기[2]가 펼쳐지는 것이다. 그것은 "세계의 가장 위대한 푸로레타리아의 동모를 / 혁명가의 묘지로 몰아 너었다"고 노래한 「曇(담)-1927」(『예술운동』, 1927.11)로부터 시작되는데, "열아홉살때 家庭(가정)의 破産(파산)과 더불어 그의 平和(평화)한 感傷(감상)의 時代(시대)는 끝이 낮"[3]다는 그의 고백처럼, 보다 더 커다란 어떤 세계로 그가 나아가고 있음을 말해주는 사례이다.

계급 사상에 바탕을 둔 임화의 성숙된 역량은 그의 시적 탐색을, 팔봉(八峰)의 명명대로, '단편서사시(短篇敍事詩)'에 바치게끔 만든다. '단편서사시'는 비록 편의적이고 과도기적인 명칭이지만, 당시로서는 꽤 파장이 큰 창작 방법이자 양식의 이름이기도 하였다. 팔봉이 분석하고 명명한 이 같은 기율은 당대 프로시의 화법과 어조에 두루 걸쳐 작용하였다. 특히 팔봉이 임화의 「우리 오빠와 火爐(화로)」를 보고 감격하여 상찬한 '단편서사시' 양식은, 당시 프로시가 나아가야 할 올바른 대중화의 방향타를 제시한 것으로 평가받았다.

> 눈바람찬 불상한 都市 鍾路 복판의 順伊야
> 너와 나는 지내간 꽃피는 봄에 사랑하는 한 어머니를 눈물나는 가난 속에 여의엇지
> 그리하야 너는 이 밋지못할 얼골 하얀 옵바를 염녀하고 옵바는 너를 근심하는 가난한 그날 속에서도
> 順伊야─너는 네 마음을 둘 미덤성잇는 이나라 靑年을 가젓섯고
> 내 사랑하는 동모는……

---

2) 이 글이 분할하고 있는 임화 시의 변모 시기는 다음과 같다. 제1기는 처녀작으로부터 다다이즘의 실험 시기까지, 제2기는 프로시 곧 단편서사시를 주로 창작하던 시기, 제3기는 1930년대 후반의 시기, 제4기는 해방 직후, 제5기는 『너 어느곳에 있느냐』에 담긴 한국전쟁기이다.
3) 임화, 「어떤 청년의 참회」, 『문장』, 1940.2.

青年의 戀人 勤勞하는 女子 너를 가젓섯다

(…중략…)

자 좃타 바루 鍾路 네거리가 아니냐 —

어서 너와 나는 번개갓치 손을 잡고 또 다음 일 計劃하러 또 남은 동모와
함께 거믄 골목으로 드러가자

네 산아희를 찻고 또 勤勞하는 모—든 女子의 戀人인 勇敢한 靑年을 차즈
러 ……

그리하야 끄니지 안는 새롭은 用意와 계획으로 젊은날을 보내라
— 「네 가리(街里)의 순이(順伊)」(『조선지광』, 1929.1)

시의 화자는 '순이의 오빠'인데 그와 순이는 어머니를 여의고, 순이
의 연인인 청년은 잡혀간다. 그럼에도 불구하고 그들은 "다음 일 計劃
(계획)하러" 그리고 "산아희를 찻고 또 勤勞(근로)하는 모—든 女子(여자)
의 戀人(연인)인 勇敢(용감)한 靑年(청년)을 차즈러" 단호한 의지를 추스른
다. 그러면서 오빠는 순이에게 "끄니지 안는 새롭은 用意(용의)와 계획
으로 젊은날을 보내라"는 권고도 잊지 않는다. 여기서 임화의 '찾는' 의
지는 지속된다. 빼앗긴 동료를 '찾고', 또 새로운 투쟁의 의지를 '찾으려
는' 그의 시선은 엄혹한 외적 상황에서도 포기할 수 없는 진리 탐색의
의지를 노래하고 있는 것이다.

이처럼 서사성을 강화한 서정시의 양식적 확장은 임화의 선편 이래,
박세영, 권환, 손풍산, 김병호 등 수많은 에피고넨을 양산한다. 이와 같
은 '단편서사시'의 광범위한 창작은, 우리 문학사에서 1920년대에 일어
난 감상적 낭만주의의 보편적 감염 이후 거의 처음으로 이루어진 전(全)
문단적인 현상이었다고 할 수 있다. 임화는 이어서 「어머니」, 「病監(병
감)에서 죽은 녀석」, 「다 없어졌는가」, 「양말 속의 편지」, 「제비」, 「우산
받은 요꼬하마의 부두」 등 지속적인 단편서사시 창작에 매진한다. 그러
나 임화는 자기 스스로 이 작품들이 감상적인 감정으로 소시민의 감정

적 흥분을 드러낸 것에 불과하다4)고 비판하면서 자기 시의 자가 수정
을 꾀하게 된다. 물론 카프 내부에서도 권환 등에 의해서 그 감상성이
비판되기는 했으나, 오히려 권환은 창작을 이어가지 못하고 임화의 시
는 지속되었다는 점에서 그 비판은 다분히 메타적인 것이었고, 전술적
인 것이었다. 말하자면, 당대적 사건의 사실적 수용과 프롤레타리아 계
급의 낙관적 전망의 형상화라는 이중적인 요구가 매우 원론적이고 비
현실적인 안목에서 감상성의 과다노출을 비판하게끔 하였던 것이다.

아무튼 '단편서사시'는 독특한 서간체 서술 방법과 배역시(配役詩)적
요소로 인해 '대중화'라는 요구와 리얼리즘시라는 미학적 요구를 동시
에 모색하는 역사적 흔적을 남기게 된다. 그러나 시에 나타나는 인물이
화자의 일방적 진술에 의존하다 보니 성격이 구체화되지 못하였다는
흠과 일정한 감상성의 과잉은 여전히 지적될 만하다. 결국 팔봉의 표현
대로 "야성적 굴강미"를 갖춘 언어로 낭만적 우울과 계급적 울분을 동
시에 형상화한 시 양식으로서 '단편서사시'는 그 과도기적 소임을 다했
다고 할 수 있다.

모든 예술이 주체와 객체의 관계를 인식하는 데 그 존재 의의가 있는
것이라면, 이러한 이중의 인식적 과제 곧 세계에 대한 인식과 예술가(시
인)의 자기 인식이라는 이중의 체계는 예술의 형식과 내용을 규율하게
된다. 이에서 과학이나 이념 일반으로 환원될 수 없는 예술만의 영역이
생겨나는 것이다. 당파성과 인류성의 일치라는 유물론 미학의 토대 위
에서 창작된 임화의 프로시들은 그가 조급하게 찾던 진리(세계에 대한 인

---

4) 임화, 「시인이여! 일보전진하자」, 『조선지광』, 1930.6. 그러나 이러한 자기비판도 나중
에 어느 정도는 수정된다. 임화는 자기 시에 나타났던 감상성이 부르주아시의 잔재를
완전히 청산하지 못한 데서 기인하는 불가피한 것이었으며, 이 같은 낭만주의 잔재로
부터 벗어나기 위한 나중의 노력이 오히려 진정으로 시적인 요소인 감정적, 정서적인
부분을 축출함으로써 시를 말라빠진 목편과 같은 이른바 '뼈다귀시'로 만들었다고 말
한다. 임화, 「33년을 통하여 본 현대조선의 시문학」, 『조선중앙일보』, 1934.1.1~12; 오
성호, 『한국근대시문학연구』, 태학사, 1993, 310~319면 참조.

식)에만 시선을 조급히 고착하여 자기 인식이라는 또 하나의 예술적 축에는 느슨했던 것으로 보인다.

3. 운명에 대한 승인과 비극성의 수락

임화의 내적, 외적 행동의 준거였던 카프가 해소되는 1930년대 후반에 그는 자신의 이론과 창작에서 하나의 전회를 시도하는데, 그것이 '낭만적 정신'으로 대표되는 시의 변모와 문학사 작업이라는 논리의 정치화(精緻化)이다. 여기에는 단순한 '전항(轉向)'이라는 정치적 용어를 무색케 하는, 식민지 파시즘에 맞닥뜨려 고투를 치러내는 지식인의 우울하고도 정직한 내면 세계가 드러나 있다. 그것은 "새 옷을 갈아입으며, / 들창 넘어로 불현듯 / 자유에의 갈망을 느끼랴는 / 나의 마음"(「새 옷을 갈아입으며」)의 문학적 반영으로 나타난 것이다.

서정적 주체의 인식은 이때 "아무 곳으로도 길이 열리지 않는 암흑한 계곡"(「闇黑의 精神」)에서 "깊은 주림과 꺼진 눈자위가 / 밤 하늘보다 오히려 어두워, / 타고 있는 조그만 배가 / 장차 닿을 항구의 이름조차 알 수가 없다"(「다시 인젠 天空에 星座가 있을 필요가 없다」)는 자탄에 이르게 되는데, 여기서 "장차 닿을 항구"라는 것이 전망이나 목적론적 함의를 띠는 것은 말할 것도 없다. 이는 그 스스로도 말하듯이 "새로운 心情(심정)으로 文學(문학)을 다시 시작"[5]할 수밖에 없는 내외적 환경을 은유하는 것이다. 전망은 사라지고 운명에 대한 섬뜩한 감득만이 전면화되는 것이다.

시집 『玄海灘(현해탄)』에는 1934년부터 1937년까지의 시작이 담기는

---

5) 임화, 「어떤 청년의 참회」, 『문장』, 1940.2.

데, 여기서 그는 '현해탄'이라는 바다의 양가적(兩價的) 운명을 노래한다. 물론 그것은 임화 스스로에 대한 이중의 은유이기도 하다. 이 강력한 은유적 상동성은 그의 자기 검색이 결국 '영웅적 비극성'이라는 거대한 파고(波高)의 형상으로 나타날 것임을 암시하기도 한다.

"詩人(시인)의 입에 / 마이크 대신 / 재갈이 물려질 때, / 노래하는 열정이 / 침묵 가운데 / 최후를 의탁할 때"(「바다의 찬가」) 정치와 시 사이에 날카로운 접점이 풍부하고도 구체성있게 형성된다는 것은, 언어라는 것이 근본적으로 이데올로기적 형식임을 인정할 때, 무망한 일이다. 따라서 임화 스스로도 인정하듯이, 이 시기의 시세계가 "未來(미래)를 閉鎖當(폐쇄당)한 人間(인간)의 不可避的(불가피적)으로 當到(당도)하는 感傷主義(감상주의)의 하나일 것"[6]임은 어느 정도 예견된 일인 것이다.

> 예술, 학문, 움직일 수 없는 진리 ……
> 그의 꿈꾸는 사상이 높다랗게 굽이치는 東京,
> 모든 것을 배워 모든 것을 익혀,
> 다시 이 바다 물결 위에 올았을 때,
> 나는 슬픈 고향의 한 밤,
> 횃보다도 밝게 타는 별이 되리라,
> 靑年의 가슴은 바다보다 더 설래었다.
> ──「해협의 로맨티시즘」(『현해탄(玄海灘)』, 1938)

임화에게 '현해탄'은 식민지 지식인의 근대 체험 통로로서의 의미와 그 식민 모국에 저항할 수 있는 신사상(마르크스주의)의 유입 경로의 의미를 동시에 띤다. 그는 바다보다 더 설레는 마음으로 근대의 사상과 문물을 접했지만, 그것은 육당(六堂)의 순진했던 낭만적 계몽주의의 공간(「海에게서 少年에게」)도 아니고, 정지용(鄭芝溶)이 바라본 낯선 근대 체험의 통로(「甲板 우」)만도 아니었다. 여기서 임화는 식민지 조선과 식민지

---

6) 임화, 「진보적 시가의 작금」, 『풍림』, 1937.1.

지식인인 자신을 둘러싼 커다란 운명의 힘을 느끼고 있다. 초기시에 담겼던 감상성도 서사성도 모두 증발시키고 단연 자신의 목소리로, 비극성으로 노래하고 있는 것이다.

이때 그의 "승패란 자고로 싸움의 어찌할 수 없는 운명이 아니냐"(「한 잔 포도주를」)라는 탄식은 일견 수세적인 운명론 또는 순응주의를 연상케 한다. 그러나 그것은 그의 영웅적 행위의 이면을 이루는 역설적 파토스이다. 임화가 "그만 인젠 / 살려고 무사하려든 생각이 / 믿기 어려워 한이 되어 / 몸과 마음이 상할 / 자리를 비어주는 운명이 / 애인처럼 그립다"(「자고 새면」)라고 말하거나 "차라리 나는 / 호화로이 밤 하늘에 흩어지는 / 오색 불꽃에, / 아름다운 운명을 / 배우런다"(「최후의 염원」)라고 말할 때, 심지어 "나는 굴욕마저를 사랑한다"(「너 하나 때문에」)거나 "오오 이 미친 무질서의 광란 가운데서 / 주검의 운명을 우리들의 얼골에 메다치는 암흑 가운데서 / 너는 보는가? 못보는가?"(「闇黑의 精神」) 할 때도 결국 그것은 "아! 그것은 玄海灘이란 바다의 이상한 운명"(「눈물의 해협」)을 바라본 결과였다. 이는 또한 "레알리틔란 決코 一個 죽은 言語가 아니다. 個人과 現實과의 抗爭의 眞實性! 高調된 熱度속에 만드러지는 人間的運命의 迫眞性, 그것을 레알리틔라 부른다"[7]고 할 때의 '운명'과 같은 함의의 것이다.

온갖 타자적 억압으로부터 벗어나려는 그의 인식과 실천이, 이 시기에 이르러 전면적인 자기 원인적 인식을 불러온다는 점은 특기할 만하다. 그가 이 시기에 꿈꾸었던 민족문학의 개념은 민족 의식의 자각과 민족어의 통일적 형상이라는 문화적 조건 없이 성립할 수 없는 '근대문학'으로서의 내포를 띠는데, 그런 의미에서 그가 제창한 '낭만적 정신'이라는 것도 낭만주의의 현실 일탈적 환(幻)의 성격보다는 역사와 현실의 발전에 대한 신뢰의 표현일 것이다. 이때 임화의 시는 "파시즘에 대

---

7) 임화, 「현대문학의 정신적 기축」, 『문학의 논리』, 학예사, 1940, 117면.

항하는 낭만적 화자의 비극적 형식을 서정시로써 수립"[8]한 전범이었다고 할 수 있다.

이 시기의 그의 시편들은 「夜行車 속」 같은 예외적 이야기시도 있지만, 대부분 그가 말하는 '낭만적 정신' 곧 역사주의적 입장에서 인류 사회를 광대한 미래로 인도하는 정신이자 역사의 진보적 발전에 대한 믿음에 바탕을 둔 격정의 어조가 반영된 시편이 대종을 이룬다. 그것은 격정의 형식을 띠지만, 방향 상실의 광기와는 전혀 다른 진보에 대한 신념의 변주인 셈이고, 그간 그가 버려두었던 인간적 인접가치들을 포용해들이는 국량(局量)의 확대를 꾀하는 시적 변신이기도 하다. 비록 서사성의 약화와 비극성의 융기가 나타나지만, "아즉도 양심의 불씨가 꺼지지 않은 조그만 심장"(「闇黑의 精神」)을 부여잡은 채 씌어진 이 시기의 그의 시는 단시적 완결보다는 다변(多辯)의 격정을 드러내는 자의식의 시편들이라고 할 것이다. 여기서 그가 '찾으며' 대결하고 있는 운명의 내질은, 내면과 외계의 관련이라는 그의 근대적 감각을 약여하게 드러내는 것이다. 그와 세계 사이에 놓여있는 아득하고도 불가항력적인 심연을 그는 줄곧 '운명(運命)'[9]이라고 불렀기 때문이다. '밤'의 이미지가 풍기는 온갖 영웅적 비극성에 대한 수락과 추인, 그것이 바로 임화의 『현해탄』을 끊임없이 출렁거리게 하는 원질(原質)이었던 것이다.

미래에 대한 선명한 전망 대신 운명에 대한 승인과 비극성의 수락을 통해 임화 시는 '단편서사시' 시기에 결핍되었던 자기 인식이라는 한 축을 강력하게 구축하게 된다. 어조와 내용에서 나타나는 일관된 소영웅주의는 그 자신의 실존적 층위에서 볼 때 아직도 식지 않는 그의 비상한 열정을 보여주는 것이지만, 역사적으로 볼 때 그것은 "아아, 나는 새 시대의 맥박이 높이 뛰는 이 하늘 아래 살고싶다"(「上陸」)는 원망(願

---

8) 이경훈, 「밤의 시인 임화」, 『어떤 백년, 즐거운 신생』, 하늘연못, 1999, 47면.
9) 임화의 생애와 문학을 '운명'과 '논리'라는 양가적 관계로 풀어가려는 작업은 김윤식, 『임화연구』, 문학사상사, 1989 참조.

望)의 시적 반영이고, 그가 "아직도 / 이 바다 높은 물결 위에 있"(「현해탄」)음을 웅변해주는 것이다.

4. 비극적 근대시인의 초상

해방 직후는 임화는 물론, 우리 문인들에게 혹독한 내적 반성과 통일된 자주적 민족국가 건설이라는 이중적 과제를 부여하였다. 임화는 이때 극단적 친일 문인을 배제한 문단의 좌우통합에 매진하는 발빠른 운동가의 모습을 보인다. 이 속전속결의 몸놀림이야말로 많은 사람들에게 경탄과 의혹을 동시에 안겨주게 된다. 이때 임화는 이른바 '봉황각 모임'(1945.12.31)이라고 불렸던 한 자리에서 자신을 철저하게 반성할 줄 아는 용기의 필요성을 역설하면서 윤리적 선편까지 틀어쥐는데, 임화가 주창한 겸허한 자기 반성은 「9월 12일」이라는 작품을 비롯, 「길」 등에도 지속적으로 그 형상이 나타나게 된다. 거기 나타난 형상은 이른바 '살아남은 자의 부끄러움'이라고 해도 좋을 것이다. 따라서 이 작품들은, 많은 논자들의 회의10)에도 불구하고, 해방이라는 새로운 전기를 맞은 전환기적 지식인이 취해야 할 자기 검색의 한 표본을 제시한 것이다.

---

10) 임화처럼 본질적으로 정치적인 인물이 행하는 자기반성이 문자 그대로 '반성'이나 '자각'의 산물이겠느냐 하는 반론이 그 대종을 이룬다. 임화의 자기반성으로 나타나는 일체의 외적 표지는 일제 식민지 시대의 죄책감으로부터 자유롭지 못했던 순수문학인들을 포용해들이려는 전략의 일환이었다는 시각도 마찬가지 관점에서 도출된다. 아무튼 임화처럼 영리하고 정치 역학에 밝았던 이의 반성적 모습을 하나의 전략적 포즈로 보는 시각은 그를 바라보는 이중적 관점이 존재하는 한 다분히 영속적이 될 것으로 보인다. 이는 식민지 시대에도 마찬가지로서, 같은 프로문학 활동을 했던 동료들로부터도 임화는 "知의 人이라기보다는 才의 人"(윤곤강)이라거나, "才勝薄德"(이동규)이라거나 하는 평가를 받고 있어, 그에 대한 불신의 정서는 매우 일반적이었던 것 같다.

그러나 그것도 잠시, 임화는 남로당의 정강 및 이념에 철저하게 복무하는 이론가로, 또 그것을 실천하는 선동가로 자신의 위상을 견고히 하게 되는데, 이 시기에 집중적으로 창작한 이른바 '선전선동시'들이 그의 활약을 알려준다.

노름꾼과 강도를
잡든 손이
위대한 혁명가의
소매를 쥐려는
욕된 하날에
무슨 旗ㅅ발이
날리고 있느냐

동포여!
一齊이
旗ㅅ발을 내리자

가난한 동포의
주머니를 노리는
외국 商館의
늙은 종들이
廣木과 통조림의
밀매를 의논하는
廢 王宮의
商標를 위하여
우리의 머리 우에
國旗를 날릴
필요가 없다

동포여

―齊이
　　旗ㅅ발을 내리자

　　살인의 자유와
　　약탈의 神聖이
　　晝夜로 방송되는
　　남부조선
　　더러운 하날에
　　무슨 旗ㅅ발이
　　날리고 있느냐

　　동포여
　　―齊이
　　旗ㅅ발을 내리자

　　　　　　　―「기(旗)ㅅ발을 내리자」(『현대일보』, 1946.5.19)

　　임화는 9월 총파업을 다룬 「우리들의 戰區」, 10월 인민항쟁을 다룬
「높은 산봉우리마다」 등에서 이 같은 '선전선동'이라는 시의 현실적, 정
치적 효용가치를 극단까지 밀어붙이는데, 임화의 탐색 의지가 가장 정
치와 이념에 근친성을 보이는 시기가 바로 이때이다. 위 작품 역시 현
실 비판에 이어 '새로운 깃발을 올리자'는 이면의 메시지가 담겨 있는
반어적 표현의 작품이다. 이를 일러 "임화의 선전선동시가 가진 그 단
순성, 짧은 호흡에 담겨 있는 엄청난 폭발력, 금속처럼 날카로운 그 전
투성은 이 부문에 있어서는 그 뒤 아무도 그를 뛰어넘지 못했다고 해도
지나치지 않을 것"11)이라고 상찬하는 시각도 존재한다. 이 시기 그의
시는 한 행의 길이가 현저하게 짧아지면서 비장미의 회복이 두드러지
는데, 시의 호흡은 거칠어지고, 강렬한 정치지향성이 서정성을 폐색하

---

　11) 신경림, 「역사의 격랑 속에 침몰한 혁명시인」, 『신경림의 시인을 찾아서』, 우리교육,
　　　1998, 133면.

고 있는 혐(嫌)이 강하다. 하지만 이러한 전통은 해방 직후의 전위시인 유진오(俞鎭五)와 더불어 1960년대의 신동엽(申東曄), 1980년대의 김남주(金南柱)나 박노해의 시로 이월되어 문학사의 한 줄기를 형성하게 된다.

이후 임화는 남한의 정세가 불리하게 전개되자 월북을 감행하는데, 그 후 그의 언어가 우리 앞에 서는 것은 한국전쟁이 터지자 종군하여 남쪽 전선까지 내려온 경험을 담은 최후의 시집 『너 어느곳에 있느냐』이다.

아직도
이마를 가려
귀밑머리 땋기
수집어 얼굴을 붉히던
너는 지금 이
바람 찬 눈보라속에
무엇을 생각하며
어느곳에 있느냐

머리가 절반 흰
아버지를 생각하며
바람 부는 산정에 있느냐
가슴이 종이처럼 얇아
항상 마음 아프던
엄마를 생각하며
해 저무는 들길에 섰느냐

그렇지 않으면
아침마다 손길 잡고 문을 나서던
너의 어린 동생과
모란꽃 향그럽던
우리 고향집과

이야기 소리 귀에 쟁쟁한
그리운 동무들을 생각하여
어느 먼 곳을 바라보고 있느냐
(…중략…)
사랑하는 나의 아이야

한 밤중 어느
먼 하늘에 바람이 불어
새도록 잦지 않거든
머리가 절반 흰 아버지와
가슴이 종이처럼 얇아
항상 마음 아프던
너의 엄마와
어린 동생이
너를 생각하여
잠 못이루는줄 알어라
　　　　　　─「너 어느곳에 있느냐」(『너 어느곳에 있느냐』, 1951)

이 시는 인민군을 따라 낙동강 전투까지 종군했던 아버지가 다시 인
민군과 함께 후퇴하여 자강도 깊은 산골에서 남쪽에 두고 온 딸(자신의
첫 부인 이귀례와의 사이에서 낳은 딸 혜란)을 부르고 있는 작품이다. 임화 시
의 마지막을 수놓고 있는 이 작품은 그의 첫 작품 「무엇 찾니」에 대한
실존적이고 가장 역사적인 스스로의 대답이 되고 있다는 점에서 극적
이고 운명적인 작품이다. 이 그리움과 애절함의 시편은, 임화 개인에게
는 반동성의 빌미로 처형의 알리바이가 되었겠지만, 우리 근대시 전체
의 지평에서 보면, 한 주체적이고 인간적인 공간에 한국전쟁의 참화를
비껴선 채 '저만치' 피어있는 한 송이 꽃이기도 하다는 점에서 예외적
인 전쟁 시편의 하나가 되기에 족하다.
　　결국 임화가 마지막 '찾고' 있는 것은 딸이다. 딸은 가장 근원적이고

원초적인 혈육이다. 그것은 근대 이전의, 근대를 넘어선 어떤 영역이다. 이 같은 아이러니의 정황, 곧 근대가 그에게 강요한 탐색의 종착역이 '딸'이라는 사실이 임화를 가장 비극적인 근대 시인으로 각인하고 있다. 머리는 이미 반백이고, 힘없이 추레한 중년의 사내 임화가 부르는 이 비가(悲歌)는 한국 근대사의 파행에 찢길 대로 찢긴 근대적 지식인이자 이론가이자 시인의 남김없는 초상일 것이다.

이처럼 그의 시는 초기 감상주의를 벗어나 다다이즘의 실험으로, 프로시 대중화론(단편서사시)의 총아로, 위대한 '낭만정신'의 형상과 운명에 대한 자의식으로, 해방 직후의 선전선동시로, 그리고 마지막 한국전쟁시의 전쟁시들로 일별해 볼 수 있다. 이는 마치 한 사람의 생애의 은유로 비치는데, 마치 신생하는 봄(감상)부터 소멸(반백의 탄식)해가는 겨울까지의 계절의 추이를 은유하는 형상으로 비치기도 한다. 그런 면에서 그는 전형적인 근대시인이었고, 사회주의 조국의 이름으로 처형되기까지 철저하게 근대인으로 살았던 시인이었다.

5. 진보의 전통과 임화

"연파성 불량성"에다가 "모던 보이"(이헌구)였던 문제아이자 "연애박사"(고은)였던 임화. 그가 풍기는 일차적 외관은 근대문명의 세례를 듬뿍 받은 세련된 도시의 아들이다. 당대의 친구이자 만화가였던 안석영(安夕影)이 도스토예프스키의 소설 『죄와 벌』에 나오는 주인공 라스콜리니코프에 그를 비견한 것도 그의 귀족적 외모와 세련된 지적 교양 때문이었을 것이다. 이러한 근대의 소년이 한국 근대사의 우뚝한 사상적, 미학적 총아로 성장하기까지의 과정은 그야말로 파란만장인데, 그것은 선형적

(線形的) 성장사가 아니라 굴곡과 전회의 궤적을 담은 갈등과 극복의 역정이다.

우리는 '임화'라는 문제적 개인을 받아들이는 남북한 문학사의 시각에서, 또한 그가 남긴 문학사적 유산을 처리하는 남북한의 언어에서, 우리 사상사의 진부하기 짝이 없는, 그러나 오래된 불문율처럼 견고한 위상을 틀어쥐고 있는 권력의지를 아직도 보게 된다. 우리가 잘 알듯이, 중앙집권적이고 동일성에 바탕을 둔 절대의 언어는 역사를 지우기 마련이다. 그리고 역사를 지우면서 그것을 한없이 세속적인 추문 속에 가둔다. 지금 우리 문학사에서, 임화는 그러한 추문 속에서 침전하고 있는 그 무엇이다. 이는 물론 척박하기 이를 데 없는 우리의 지적 풍토, 더 나아가 우리의 사상적 토대의 허약성과 깊이 관련되는 것이겠지만, 그의 문학이 언제나 전통과 이식, 운동성과 작품성, 근대와 민족의 문제들 사이에서 심하게 진자 운동했던 역동성을 고려한다면, 부당하기 짝이 없는 홀대임에 틀림없다. 전망의 부재라든가 목적론적 역사관에 대한 일관된 회의가 그 자체로 이미 탈근대적 열정과 매개되어 있는 것이라면, 탈근대적인 문화 코드가 매체권력을 쥐고 있는 것도 임화에 대한 고찰을 뜸하게 하는 원인 중의 하나일 것이다.

그러나 임화가 문제적인 것은, 그의 문학이 천박한 사회학주의의 문학적 번안이 아니라는 데 있고, 더 나아가 그의 언술 행위가 한결같이 이른바 자기입법이라는 공리(axiom)와 깊이 관련되기 때문이다. 따라서 그가 하나의 이념이나 화두를 극한까지 밀어붙여 사상의 경지까지 이르게 하지 못한 것은 사실이지만, 그 좌절과 전회의 형식을 읽어내는 것은 한없이 귀중한 우리 근대문학의 역사화 작업이 될 것이다. 임화만큼 그 야심과 좌절을 동시에 각인시킨 근대문인은 없을 것이니까 말이다.

실물경제를 중시하는 경제논리에 우리의 감각과 지성을 차압당한 이 시대에, 다시금 우리가 임화와 그의 언어적 성과를 주목하는 까닭은 우리 사회가 결여하고 있는 진보에 대한 감각의 발본적 사유와 그것의 역사화에 있다. 장기적 안목의 비전과 새로운 사회 발전의 모델을 탐색하기 위해서도 이러한 진보적이고 근원적인 지적 유산들을 올바로 평가하는 일은 매우 중요한 것이다.

논쟁 과잉의 80년대를 지나 이제 논쟁의 빈곤을 맞고 있는 우리 문학계가, 사회적 상상력을 억압하며 구가하고 있는 모든 밀레니엄 기획들의 동일성 논리를 해체하기 위해서는, 실용성을 상상력으로, 경쟁심리를 인간의 존엄성으로 바꾸는 획기적인 선회가 필요하다. 일상생활의 미세한 혈관까지 침투한 실용주의의 기율을 뒤집어서, 인간적 가치와 이성에 대한 신념을 위주로 하는 진보적 에토스를 복원하는 일이 필요한 것도 그 때문이다. '진보'라는 것이 늘 당대를 사는 개개인의 시야에는 잡히지 않을 만큼 지둔하다는 것이 우리 근현대사의 비극이라면, 임화야말로 그러한 비극을 온몸으로 체현한 시인[12]일 것이다. "나는 뉘우침도 부탁도 아무것도 유언장 위에 적지 않으리라"(「다시 네거리에서」)고 절규했던 임화는 그의 말대로 비극적 영웅의 초상으로 사라진 것이다.

임화를 해석하고 그 결과를 우리 문학사의 전통에 착근시키는 논리야말로 우리 스스로 견지하고 있는 사상적 자의식의 한 바로미터가 될수 있을 것이다. 결국 일관된 낙관주의, 불퇴전의 유토피아니즘, 이상향에 대한 열망 같은 것이 그의 문학을 관통했던 핵심적 자질이라고 할때, 이성중심주의에 바탕을 둔 그의 신념과 논리는 우리가 추구해야 할 새로운 진보적 사유체계에 귀중한 시사가 될 것이다.

원래 '진보'란 것은 인간의 삶이 지금보다는 더 나은 상태로 나아갈수 있다는 믿음의 총체이다. 따라서 더 나은 무엇인가를 향한 열정조차 낡은 시대의 유적(遺跡)으로 받아들이는 이 시대의 지적 무기력과 깊은 역사허무주의의 외피를 벗겨낼 수 있는 힘이 거기에서 생겨날 수 있을 것이다. 전혀 새로운 역사의 기하학을 위해서도, 탐미적 현실 유폐와 효

---

12) 최두석, 『시와 리얼리즘』, 창작과비평사, 1996, 48면.

용론적 경제논리라는 양편향을 극복하고 우리 시대의 진보적 전통을 정초하기 위해서도, 임화라는 혁명시인을 올바로 비판·평가하는 일은, 더없이 중요하다.

그가 우리 문학사에 제출한 민족문학론, 리얼리즘론, 이식문학론, 단편서사시 등의 화두 및 개념은 아직도 미완의 형식으로 현재적 갱신을 꾸준히 요청받고 있다. 그 지적·사상적 과제를 해결하는 일에 우리가 능동적으로 나서는 것이 진정한 문학사의 복원의 주체가 되는 일임을 말해 무엇하랴. 과장과 망각, 상찬과 은폐가 엇갈리는 사상사의 숨가쁜 제로섬 게임(zero sum game)을 종식하여 절맥(絶脈)의 위기에 처한 우리 사상사의 진보적 전통에 대한 예의를 위해서라도,[13] 그 작업은 긴요하다.

---

13) 그런 의미에서 동시대의 한 시인이 갈파한 다음과 같은 발언은 시사적이다. "그러한 意味에서 한 百年後에 조선에도 훌륭한 文學史家가 生誕하야 現代朝鮮의 詩史를 草한다면, 그는 現朝鮮의 詩史우에 彗星처럼 빛나는 林和의 存在를 無視할 수는 없으리라"(윤곤강, 「임화론」, 『풍림』, 1937.4)

제4장
박팔양의 시세계

1. 박팔양의 생애

박팔양(朴八陽)은 1905년 8월 2일 경기도 수원군 안룡면 반정리에서 태어났다. 그의 아버지 박제헌은 당시 양반 관료였기 때문에 박팔양 집 안의 경제적 형편은 그가 이후로 별다른 걱정없이 고등 교육을 받는 데 부족함이 없었을 것이다. 경성 제동공립보통학교를 졸업한 그는 배재고 보에 입학하게 되는데 이 배재 시절은 앞으로 펼쳐질 그의 문학 여정에 아주 중요한 의미를 갖게 된다. 당시 배재고보에는 훗날 카프의 중심 역할을 하게 되는 박영희, 김기진, 송영 등이 재학하고 있었다. 또 당시 작문 교사로 강매(姜邁)라는 학자가 있었는데, 그는 3·1운동을 전후한 시기에 신문, 잡지에 진보적 논설을 다수 발표한 학자로 알려져 있다. 박팔양은 그에게서 많은 정신적·사상적 영향을 받았을 것으로 보인다.

결국 배재 시절은 박팔양으로 하여금 일생 동안 프로 문학의 영향권에서 벗어날 수 없게끔 만든 문학적 원천이자 구속력으로 작용했다고 할 수 있다.

박팔양의 이력 가운데 또 하나 눈여겨 둘 것은 그가 당시 사회주의 운동의 대표적 단체 중의 하나였던 '서울청년회'의 일원이었다는 점이다. 서울청년회는 초기 사회주의 운동사에서 매우 커다란 비중을 차지하고 있던 사상 단체로서 1921년에 결성된 최초의 청년 단체였으며 나중에 파스큘라 그룹에 가장 큰 사상적 영향을 끼치게 된다. 그러한 사실은 1924년 8월에 발생한 평양 사회주의 선전 사건에 김기진이 서울청년회 회원들과 함께 체포되어 이 사건의 중요 인물로 지목되면서 1년의 실형을 받았던 사실이나, "(서울청년회의) 李星泰, 辛日鎔이 나한테 자주 찾아왔던 것은 전혀 개인적인 호감에서나 우정이 아니라 (…중략…) 어떤 공작 내지 영향을 주기 위해서"라는 김기진의 술회를 통해서도 알 수 있다. 이후 박팔양은 1926년 카프에 가담하였으나 1927년 조직 개편이 있기 전 자진 탈퇴한다. 그의 시세계의 변화로 미루어 유추해보면, 이때 그가 딛고 있던 사상적 지반이 프로 문학의 토양에서 자기동일성을 유지하기 어려웠기 때문이었던 것으로 짐작된다.

또한 그의 정신적 요체가 형성되는 데는 정지용·김용준·김화산 등과 함께 등사판 문예동인지 『요람(搖籃)』을 펴낸 사실도 중요한 몫으로 자리한다. 『요람』은 정지용의 발안으로 1921년에 처음 펴낸 문학 청년들의 회람지로서 휘문학교 등사판을 이용하여 여러 호를 제작하는 중에 '프롤레타리아 문학 특집'이라는 제호로 책을 만들다가 일경 경무국에 압수 당하기도 한다. 나아가 1927년 10월에 박팔양은 유완희·김동환·안석주·김기진 등과 함께 '조선전위기자동맹'에 참여하기도 한다.

1930년대를 지나면서 주목해야 할 사실은 중앙일보 기자 시절에 그가 당시 프로 문학과는 사상적·미학적 대척점에서 활동하던 그룹인 '구인회' 후기 동인으로 참여한다는 것이다. 그의 구인회 가담 사실은 그의 시적 생애에서 매우 커다란 상징적 의미를 띠는 것이다. 왜냐하면 초기 카프 맹원이던 그가 당대 모더니즘 운동의 거점이었다고 할 수 있는 구인회에 참여했다는 사실은 이 시기에 들어서 그의 시세계가 일정 부분 모더니즘을 축으로 하는 전환을 하게 될 것이라는 유추점을 제공해주기 때문이다. 다시 말하면 그의 초기시부터 관류하고 있던 서정성과 현실 인식의 공존이 당시 볼셰비키화로의 방향 전환을 한 이후의 프로시가 걷게 되는 서사화 경향과 합치되지 못했다는 점, 그리고 모더니즘 풍의 도회 정조를 기록한 시편들을 많이 썼다는 점, 탈역사적인 서정성에 경도된 시 경향을 형성하게 되었다는 점이 이와 같은 편력과 연루된다. 그런데 이처럼 한 시인이 카프와 구인회라는 당대의 두 극점을 오간 사실은 그의 시가 현실성과 시 자체의 예술성 사이에서 폭 넓은 진폭을 형성하리라는 점을 예감케 해준다.

하지만 당시 박팔양에게 이러한 행적과 지위를 가능케 해주었던 중앙일보가 휴간하게 되면서, 그는 1937년 만주 신경에서 만선일보의 기자로 새로운 출발을 하게 된다. 만선일보는 신경에서 창간한 일간지로서 길림성, 요녕성, 흑룡강성 등에 거주하는 1백만 한인 교포를 상대로 한 신문이었다. 일제의 만선일여 정책을 주입시키기 위한 친일적 성격의 신문이었지만 기사, 소설, 광고 등에는 당시 교포들의 생활상, 사회상을 담기도 하였다. 이 당시 만선일보의 편집국장은 염상섭이었고, 박팔양은 사회부장 겸 학예부장을 맡다가 1939년에 간도지사장으로 발령을 받는다. 바로 이 시절에 그는 자신의 첫 시집인 『여수시초(麗水詩抄)』(1940)를 상재함으로써 시세계를 스스로 갈무리하게 된다.

8·15후에 그는 『로동신문』의 전신이라 할 수 있는 『정로(正路)』의 주필로 활약하면서 1945년 9월 30일 결성된 '조선프롤레타리아 예술동맹'의 중앙집행위원으로 참여하지만 실제적 활동은 거의 없었고, 북한 문단에 직접 참여하여 1946년 3월 25일 결성된 '북조선예술총동맹'의 부위원장 겸 출판국장을 맡게 된다. 한국전쟁 때는 종군작가로 활약하였

고, 이후 1951년 10월 당시 문학예술총동맹 중앙위원을 비롯하여, 1956년 작가동맹 부위원장, 1957년 6월 중앙선거위원회 위원을 지냈으며, 1958년 1월 조·소 친선협회 중앙위원으로 있으면서 6월에는 예술대표 단장으로 소련, 폴란드, 동독 등을 순방하는 등 북한 문단의 지도자로 활약한다. 그는 『박팔양시선집』(1949), 서정서사시 『황해의 노래』(1958), 장편 서사시 『눈보라 만리』(1961) 등을 펴내면서 초기 북한 문단의 중요한 시인으로 활동하였다.

2. 집단적 주체를 통한 현실 인식과 실험적 시정신

박팔양의 초기 시세계는 등단기의 낭만주의 시편들, 일제 강점하의 궁핍상에 대한 증언 시편들, 당시 청년들이 한때 매료되었던 다다이즘 시편 등으로 구성된다. 먼저 비교적 감상적인 어조로 비관적 정서를 노래한 초기 경향은 당대 문단의 보편적 분위기였던 애상과 비탄이 주조를 이룬다. 3·1운동에서 1920년대 초반까지를 문화 정치의 장막 속에서 어떻게 응전할 것인가에 대해 역사적 전망이 채 잡히지 않았던 때로 이해한다면, 당대의 '시'는 이러한 비관적 허무주의 속에서 선택된 장르였다고 볼 수 있다.

박팔양 역시 이러한 분위기에서 시의 첫발을 들여놓게 된다. 그런데 한 가지 특징적인 것은 센티멘털리즘을 주조로 하고 있기는 하지만, 시적 대상을 한결같이 고립된 내면이 아닌 사회 현실에서 취하고 있다는 점이다. 이러한 시적 속성은 1920년대 중반을 지나면서 당대의 주요 담론으로 부상하게 되는 사회주의의 영향을 겪으면서 궁핍한 민족 현실에 대한 강한 관심과 시적 형상화로 이어지게 된다. 이른바 '신경향파

시'의 한 속성을 선명하게 보이면서 박팔양의 초기 시편은 식민지 현실에 대한 시적 대응의 한 형식으로 제출되는 것이다.

> 이제야 온단 말인가 이 사람들아
> 나는 그대들을 기다려 기나긴 밤을 다 새었노라
> 까막까치 뛰어다니며 아침을 지저귈 때
> 나는 그대들의 옴을 보려고 몇 번이나 洞口 밖에 나갔던고
>
> 그대들은 모르리라
> 荒凉한 이 廢墟, 이 거칠은 터에
> 심술궂은 바람이 虛空에서 몸부림치던 지난 밤 일
> 아아 꽃같이 젊은 무리가
> 罪없이 이 자리에서 몇이나 피 吐하고 죽은지 아느뇨
>
> 光明한 아침을 못 보고 죽은 무리
> 그대들 오기를 기다리다가
> 아아 옳은 사람 오기를 기다리다가 가버린 무리
> 그들의 피묻은 옷자락이
> 솟아오르는 아침볕에 붉게 빛나지 않느뇨
>
> 지나간 모든 일은 한바탕의 뒤숭숭한 꿈자리
> 고개 넘어 마을에 있는 적은 鐘이 울어
> 久遠의 길을 떠난 受難者를 弔喪할 때
> 보라 나와 그대들의 머리 위에 있는 해와 무지개!
>
> 밤새워 기다리던 이 사람들아
> 이제는 그 지리하던 어둔 밤이 다 지나갔느뇨
> 千里 萬里 먼 곳으로 다 지나갔느뇨
> 아아 지나간 밤의 지리하였음이여
>
> ― 「여명이전(黎明以前)」 전문

이 작품은 당대 현실을 '黎明以前(여명이전)'으로 명명하면서, '어둠(밤)'과 '밝음(아침)'이라는 원형 심상의 대립을 통해 미래에 대한 강한 희망을 보여주고 있다. 신경향파시의 공통분모이기도 했겠지만, 시적 상황과 인물의 구체성보다는 시적 화자의 우의적 현실 해석과 전망이 격렬한 독백적 발화를 통해 나타나고 있다. 이때 시적 전언은 바람이 허공에서 몸부림치는 폐허에, 꽃같이 쓰러져간 수많은 젊은 수난자들의 희생과 비극을 통해 지리한 밤이 가고 아침이 왔다는 내용을 담고 있다. 그래서 이 시편은 당시의 감상적 낭만주의 시편들이 개인적 직정이나 울분을 집중적으로 보여준 데 비해서 모순된 역사를 극복하고 새로운 역사를 열어가고자 하는 집단적 주체의 의지를 보여줌으로써 꽤 다른 면모를 구축했다고 할 것이다.

다음으로 그가 초기에 보여주는 중요하고도 색다른 지층은 바로 '다다이즘'에 대한 관심이다. 1920년대 중반 우리 시단에서는 거의 유행병처럼 이 외래 사조에 몰입하는 양상을 빚게 되는데, 이러한 다다이즘의 폭 넓은 감염 현상은 임화의 회고를 통해서도 넉넉히 알 수 있다.

> 십 년 전 '따따'나 '表現派'의 模倣者들은 詩의 思想과 內容에 向一的인 反抗者이었다. 그러므로 朴八陽, 金華山 或은 筆者(가능하다면)까지가 一時的으로나마 그 急進的 情熱로 말미암아 프롤레타리아 文學에까지 到達했던 것이다. 그들에게 本質的인 것은 樣式上의 過法 否定일 뿐만 아니라 生活, 世界觀 그것에 있어서 보다 더 큰 反抗의 情熱이었다.
> ―「어떤 청년의 참회」, 『문장』, 1940.2

말하자면 거의 모든 문학권 안에 다다의 파문이 가시화되었다는 이야기이다. 그러한 다다의 세례를 받은 대표적 시인으로는 1920년대의 박팔양, 임화, 정지용, 김화산, 유완희, 1930년대의 이상을 들 수 있다. 이 가운데 박팔양은 '金니콜라이'라는 필명으로 다다이즘시의 번역과 창작을 하게 된다.

XX! XX! xx!
輪轉機가 소리를 지른다
P.M. 7~8 P.M. 8~9
ABC. XYZ
符號를 보려무나
한 時間에 十萬장式 박아라!

(…중략…)

XX! ◆◆! ●●!
DADA, ROCOCO!(誤植도 좋다)
飛行機, 避雷針, X光線
文明病, 末梢神經病
無意味다! 無意味다!
이 글은 不得要領에 意味가 없다
나는 2=3을 믿는다.

　　　　　　　　　—「윤전기(輪轉機)와 사층(四層)집」중에서

　이 시편은 사회 현실에 대한 조소적(嘲笑的) 모티프를 축으로 하면서,
시적 관행을 벗어나는 의미론적 해체를 욕망하고 있다. 난해한 해사적
(解辭的) 이미지의 연쇄 반응이 돌출시키는 효과로 단어와 단어 사이의
서술적 의미는 소실되고, 명사만의 나열이라든지 숫자 또는 글자 크기
의 변형을 통해 의미 질서를 의도적으로 교란하고 있다. 요컨대 이 작
품은 주제 면에서 볼 때는 현대 문명에 의해 해체된 인간 의식과 기존
논리에 대한 거부가 제시되어 있으며, 기법 면에서는 시행의 회화적 배
열, 개념의 추상화를 통해 다다이즘시의 극명한 한 특징을 보여준다.
　이상 살펴본 등단 초기 박팔양의 시세계는 집단적 주체를 통한 현실
인식을 보여준 신경향파시, 시적 문법을 타기하고 기법과 주제의 낯설
게하기를 보여준 다다이즘시로 이루어져 다양한 실험적 시정신으로 축
조되었다고 할 수 있다.

3. 현실 인식의 진전과 프로시

카프가 목적 의식기로 방향 전환하면서부터 카프를 정점으로 하는 프로 시단에서는 이전의 신경향파시와는 전혀 다른 이른바 '프로시'가 창작되기 시작한다. 이때 시인들은 마르크시즘의 세계관을 수용하여 계급적 현실 인식과 프롤레타리아의 구체적 생활에 대한 묘사를 통해 전대(前代)보다 한층 진전된 시적 현실성을 확보하려 한다. 박팔양 역시 신경향파나 다다이즘시의 추상성과 모호성을 넘어서 한층 진전된 구체적 현실 인식을 토대로 한 프로시를 이 시기에 집중적으로 창작하게 된다.

追放되는 백성의 고달픈 魂을 싣고
밤車는 헐레벌떡거리며 달아난다
逃亡꾼이 짐싸가지고 솔밭길을 빠지듯
夜半國境의 들길을 달리는 이 怪物이여!

車窓 밖 하늘은 내 답답한 마음을 닮았느냐
숨막힐 듯 가슴 터질 듯 몹시도 캄캄하고나
流浪의 짐 위에 고개 비스듬히 눕히고 생각한다
오오 고향의 아름답던 꿈이 어디로 갔느냐

비둘기집 비닭이장 가치 오붓하던 내 동리
그것은 지금 무엇이 되었는가
車바퀴소리 諧調 맞춰 들리는 中에
희미하게 벌어지는 괴로운 꿈자리여!
北方 高原의 밤바람이 車窓을 흔든다
(사람들은 모두 疲困히 잠들었는데)
이 寂寞한 訪問者! 문 두드리지 마라
의지할 곳 없는 우리의 마음은 울고 있다.

그러나 汽關車는 夜暗을 뚫고 나가면서
"돌진! 돌진! 돌진!" 소리를 지른다.
아아 털끝만치라도 의롭게 할 일이 있느냐
아까울 것 없는 이 한 목숨 바칠 데가 있느냐

疲困한 백성의 몸 위에
무겁게 내려 덮인 이 지리한 밤아
언제나 새이려나 언제나 걷히려나
아아 언제나 언제나 이 괴로움에서 깨워 일으키려느냐

—「밤車」 전문

　이 작품은 당대 현실을 암담한 "夜暗(야암)"으로 명명하면서 사회 현실에 대한 관심을 목적 의식적으로 형상화한 시편이다. 특기할 것은 이 시편에서 제시된 모습이 일제의 혹독한 수탈과 억압에 고향을 등지고 쫓겨가는 유이민의 참상이라는 점이다. '유이민'이란 식민지 시대에 단순한 경제적 이유에 따른 국내 유랑의 범위를 훨씬 벗어나, 일제의 침탈이 본격화되면서 한층 확대된 경제적 궁핍과 합방을 계기로 현저해진 정치적 탄압의 이유로 대규모로 발생하게 된 유랑민을 지칭한다. "고향의 아름답던 꿈"을 잃고 고국에서 쫓겨나 짐짝처럼 아무렇게나 이민 열차에 지친 몸을 싣고 달리는 유이민들의 고통을 그린 이 시편은 바로 이러한 국외 유랑민의 역사적 삶을 시적 제재로 수용한 결과인 것이다. "차창 밖 하늘"이나 "北方(북방) 高原(고원)의 밤바람"마저 유이민의 고통에 중첩되어 상황을 더욱 암울하게 빚어내고 있다. 그리고 '밤'이 주는 고통스런 현실 속을 힘차게 달리는 '汽關車(기관차)' 이미지를 상정하여 현실 타개의 의지가 드러나는 마지막 두 연까지 이끌어간 점은 이 시편이 지닌 적극적 성과이다. 이는 박팔양이 초기의 추상성과 모호성을 극복하고 집단적 주체의 구체적 음성과 만나게 되는 지점이기도 하다. 이러한 진전된 현실 인식은 노동자들의 삶과 투쟁 현장을 직접적 소재로 삼은 시편에도 이어진다.

　　납덩어리같이 무겁고 괴로웁던 우리들의 마음이
　　오늘은 어찌하여 이같이 가볍고도 愉快하냐
　　五月의 하늘―그 밑에서 부르는 우리들의 노래가
　　무슨 까닭에 참으로 무슨 까닭에
　　가슴 울렁거리도록 이같이 즐거웁게 들리느냐

　　市街가 좁다고 먼지 휘날리며 달리던
　　××× 自動車와 馬車
　　그것이 오늘의 ×××× 무엇이란 말이냐
　　보아라 거리와 거리에 모여선 우리 ××××
　　平素에 默默히 일하던 친구들의 오늘을!

　　街路에는 우리들의 데모
　　屋內에는 驚異에 빛나는 저들 ×××
　　보여주자 저 怜悧하고도 앞못보는 백성들에게
　　未來를 춤추는 이 群衆의 舞蹈를!

　　×××××× 노래와 歡呼와 拍手와
　　步調. 步調. 步調를 맞춰라
　　………………
　　五月의 香氣로운 空氣를 通하여
　　오오 울리라 우리들의 交響樂을.
　　　　　　　　　　　　　　　　　―「데모」 전문

　이 시편은 열악한 노동 조건에 처해 있던 식민지 시대 노동자들의 계급적 각성이 강력한 비타협성 지향의 사회주의 사상과 매개되면서 급격한 증가 현상을 보인 노동 쟁의 현장을 포착한 것이다. 여기서 노동자들의 목소리는 막연한 관념이 아니라 메이데이 시위 행렬이 물결치는 투쟁 목소리로 나타난다. '自動車(자동차)'나 '馬車(마차)'로 상정되는 "××××(부르주아-인용자)"의 삶과 "평소에 묵묵히 일"만 하던 노동자들의 뿌리깊은 구조적 갈등이 이 시편의 내적 정황이다. 이러한 인식은 '가진 자 / 못가진 자'라는 자연 발생적 빈부 개념에서 '부르주아 / 프롤레타리아'라는 계급적, 역사적 개념으로 발전된 것이다. 특히 시인의 어조는 감격과 흥분으로 나타나고 뚜렷한 적의를 갖고 당당하기조차 하다. 반복되는 의문형, 청유형, 명령형, 어미의 속도감은 짧은 시적 긴장감과 함께 분위기를 한층 고조시키고 있다.

이상 살펴본 목적 의식기 이후 박팔양의 프로시들은 전대보다 훨씬 진전된 현실 인식을 토대로 하여 유이민과 노동자들의 집단적이고 구체적인 삶을 형상화하였다고 할 수 있다.

4. 예언자 의식과 생명에 대한 경외

1930년대에 들어 박팔양의 시는 커다란 굴절을 겪는다. 이때 프로시는 노농 계급의 삶을 첨예한 계급적 시각에서 포착한 작품들이 주류를 이루면서 서사화 경향을 걷게 된다. 그런데 박팔양은 프로시의 이 같은 운동적 차원과는 무관한 그 특유의 서정시편을 써가고 있었다. 그가 카프와 사실상 거리를 둔 상태이고, 또 그의 시적 속성이 서사적 경향과는 어울리지 않는 것이었다는 것도 이유의 일단이 될 수 있을 것이다. 하지만 이는 그가 견지했던 사회주의 사상이나 가난한·민중들에 대한 애정, 그리고 여러 실험적 정열 등이 서정성 짙은 민중적 휴머니즘으로 수렴된 것이라고 해석할 수 있을 것이다. 그 가운데 일종의 예언자 의식을 자연 사물에 의탁하여 형상화한 작품들과 생명적 원천으로서의 자연을 형상화한 시편들이 가장 돋보인다.

날더러 진달래꽃을 노래하라 하십니까?
이 가난한 시인더러 그 寂寞하고도 가냘픈 꽃을,
이른 봄, 산골짜기에 소문도 없이 피었다가
하루아침 비바람에 속절없이 떨어지는 꽃을,
무슨 말로 노래하라 하십니까?

노래하기에는 너무도 슬픈 사실이외다.
百日紅같이 붉게 붉게 피지도 못하는 꽃을,
국화같이 오래오래 피지도 못하는 꽃을,
모진 비바람 만나 흩어지는 가엾은 꽃을,
노래하느니 차라리 붙들고 울 것이외다.

친구께서도 이미 그 꽃을 보셨으리다.
화려한 꽃들이 하나도 피기도 전에
찬바람 오고 가는 산허리에 쓸쓸하게 피어 있는
봄의 先驅者! 연분홍 진달래꽃을 보셨으리다.

진달래꽃은 봄의 先驅者외다.
그는 봄의 受難을 먼저 傳하는 豫言者이며
봄의 모양을 먼저 그리는 先驅者외다.
비바람에 속절없이 지는 그 엷은 꽃잎은
先驅者의 不幸한 受難이외다.

어찌하여 이 가난한 詩人이
이같이도 그 꽃을 붙들고 우는지 아십니까?
그것은 우리의 先驅者들 受難의 모양이
너무도 많이 나의 머리 속에 있는 까닭이외다.

(…중략…)

그러나 진달래꽃은 오려는 봄의 모양을 그 머리 속에 그리면서
찬바람 오고가는 산허리에서 오히려 웃으며 말할 것이외다.
"오래 오래 피는 것이 꽃이 아니라
봄철을 먼저 아는 것이 정말 꽃이라"고ㅡ

ㅡ「너무도 슬픈 사실」 중에서

　이 작품은 '진달래꽃'을 매개로 하여 역사적 수난자들의 비극적 생애
를 시적 주체의 의식 속에 집중적으로 내면화시킨 서정시편이다. '진달
래꽃'이라는 즉물성을 역사적 상징으로까지 확대하여 민족적 선구자들
이 겪은 수난의 이미지와 접목시킨 것은 이 작품의 의의이다. 암울한
조국 현실을 "모진 비바람"과 "찬바람 오고 가는" 산하로 설정하고 그
곳에서 "봄의 소식을 먼저 전하는 예언자"이자 "봄의 모양을 먼저 그리
는 선구자"로서 수난을 당하며 "속절없이 떨어지는" 진달래꽃을 그 대
립항으로 만들어, 프로시들의 결함이었던 적대적 대립 구도나 생경한
구호 나열을 극복한 비장미를 획득하고 있다. 특히 마지막 연이 거두는
반전(反轉) 이미지는 시편의 궁극적 주제의 선명함에 기여하고 있다. 이
처럼 '서정적 집중화'의 방식으로 박팔양은 그의 생애에서 가장 주목할
만한 성과를 내고 있다. 프로시들이 비교적 '극적 방식'으로 시적 상황
을 드러낸 데 비해, 이때 박팔양이 보여준 '서정적 집중화'의 방법은 매
우 이채로운 것이 아닐 수 없다. 다음으로 이 시기 그의 또 하나의 영역
은 생명과 자연에 대한 경외와 강한 긍정이다. 이러한 시편들에서는 생
명의 원천으로서의 자연에 대한 강한 긍정과 모성에 대한 애착이 드러
난다.

내가 흙을 사랑함은
그가 모든 조화의 어머니인 까닭이외다.

그대는 보셨으리다, 여름 저녁에
곱게 곱게 피는 어여쁜 분꽃을!
진실로 奇蹟이외다. 그 검은 흙 속에서
어떻게 그렇게 고운 빛깔들이 나오는가
그것은 아무도 모르는 宇宙의 秘密이외다.

—「내가 흙을」 중에서

이러한 생명과 자연에 대한 친화력을 '흙'의 속성에 접목시켜 형상화한 이 작품에서도 시인의 모성적 생명 사상 그리고 자연의 이법에 담긴 생명력에 대한 경외와 신뢰를 발견할 수 있다. 이 시편의 주요 심상인 '대지'는 인류의 고향(mother land)으로서 동경의 대상이자 생명의 원천으로서의 표상을 지니고 있다. 이처럼 '예언자 의식'을 자연 사물에 의탁하여 형상화한 작품들과 생명적 원천으로서의 자연을 형상화한 작품들이 1930년대 초기의 박팔양 시세계를 수놓게 된다.

5. 내성과 탈역사화―도회 정조와 방황

박팔양의 시세계는 1933년을 전후하여 도회풍의 정조에 탐닉하는 모더니스틱한 자장을 형성한다. 하지만 이러한 시적 경향은 그 이전에도 간헐적으로 나타난 바 있다. 예컨대 「도회정조」(1926)에서는 다다적 기운을 빌어서 현대 도시 문명의 탁류를 빗댄 바 있고, 「새로운 도시」(1929)에서는 새롭게 들어서는 도시의 외관에 대한 충격을 담고 있으며, 1929년 6월 1일부터 6일까지 조선일보에 연재한 장시 「1929년의 어느 도시의 풍경」에서는 모든 도시를 '怪物(괴물)'이나 '濁流(탁류)'로 희화화하고 있다. 이렇게 실험적으로 씌어지던 도시에 대한 관심은 1933년에 들어 집중적으로 창작된다. 이러한 현상은 물론 '구인회' 가담이라는 개인적 체험과 관련이 있겠지만 좀더 구체적으로는 서구 모더니즘의 국내 확산이나 식민지 근대 도시인 경성에서의 도시 세대의 등장 그리고 카프 중심의 리얼리즘 문학의 상대적 침체 등의 상보적 결과라고 해야할 것이다. 순수한 예술적 독자성을 견지하면서 현실의 시적 투영을 필수적 본령으로 삼았던 박팔양은 이때 도회 정조를 바탕으로 한 자유주의자로서의 방황을 그린 내성 시편들을 씀으로써 상당 부분 빚지고 있던 역사와 현실로부터 서서히 발을 물러 딛게 된다.

> 거리 위의 風景은 表現派의 그림
> 붉고 푸른 色彩燈, 네온사인
> 사람의 물결 속으로 헤엄치는 나의 넓은 마음은
> 藝術家의 기쁨 같은 기쁨 속에 잠겨 있다.
>
> (…중략…)
>
> 그러나 이윽고 나는 나의 疲勞한 마음 위에
> 소리도 없이 고요히 나리는 灰色의 눈을 본다
> 아아 잿빛 愛憎 속의 나의 외로운 마음아
> '페이브먼트' 위엔 가을의 落葉이 떨어진다.
>
> 이것은 一九三三年의 서울
> 늦은 가을 어느 밤거리의 點景
> 기쁨과 슬픔이 交叉되는 네거리에는
> 사람의 물결이 쉬임없이 흐르고 있다.
>
> ―「점경(點景)」 중에서

이 작품은 시인의 눈에 비친 1933년 경성의 풍경첩이다. 경성의 "늦은 가을 어느 밤거리"의 풍경을 낯선 "표현파의 그림"이나 "기쁨과 슬픔이 교차되는" 정경으로 묘사하고 그 안에 있는 시적 자아의 내면에는 "잿빛 우울"과 "외로운 마음"이 단절적 심상으로 공존하고 있다. 물론 그의 시에 나타나는 모더니즘적 정조가 역사적 모더니즘의 가장 적극적 지점인 문명 비판적 시각을 담고 있는 것은 아니었다. 오히려 그의 시가 보여주는 소외 의식은 급격한 도시화와 비주체적인 근대화에 따른 고향 상실과 그에 대한 그리움의 카운터 이미지로서 나타난 것일 뿐이다. 그래서 그의 시에는 당대 도시의 보편적 삶의 양태인 소시민의 고독과 방황이 줄곧 나타나게 된다.

> 길손―그는 한 코스모포리탄
> 아무도 그의 故國을 아는 이 없다
> 大空을 날으는 '새'의 自由로운 마음
> 그의 발길은 아무데나 거칠 것이 없다.
>
> 길손―그는 한 니힐리스트
> 그의 슬픈 옷자락이 바람에 나부낀다
> 쓰디쓴 過法여 탐탁할 것 업는 現在여
> 그의 將來의 '꿈'마저 물 위에 떠보낸다.
>
> 길손―그는 한 樂天主義者
> 더 잃을 것은 없고 얻을 것만이 있는 그다
> 나라와 아내와 명예와 안락은
> 그가 버림으로써 다시 얻는 재산이리라.
>
> 길손! 그대는 쓰디쓴 입맛을 다신다.
> 길손! 그대는 슬픈 大空의 自由로운 '새'다.
>
> ―「길손」 전문

1930년대 시인들에게 고향 상실감은 매우 심각하고도 보편적인 시적 주제였다. 이 시편은 '길손'이라는 개체 심상에 "코스모포리탄 / 니힐리스트 / 낙천주의자"라는 통합될 수 없는 이질적 속성들을 결합시켜 실향감의 확인과 그에 따르는 방황을 서정적 기조로 하고 있다. 형식 논리상으로 보면 시적 대상이자 주체인 '길손'의 이미지에 상충하는 모순이 잠복하고 있음을 알 수 있다. 한마디로 그것은 전향기에 처한 한 지식인의 내면적 자기 모순과 배회하는 정신을 위악적으로 언표한 결과이다. 이 같은 탈사회화의 경향은 1935년을 고비로 연시나 소박한 내성시편으로 그의 시적 경향을 몰아가게 된다.

이처럼 소외 의식과 자기 균열에 수반한 방황과 내성을 통해 박팔양의 식민지 시대 후기 시편은 치열하게 몸담았던 현실로부터 현저하게 후퇴하는 것으로 요약된다. 그러나 덧붙일 것은 이러한 변모 양상이 그 일개인의 우연한 관심의 변이라기보다는 그 시대 시인들이 겪었던 일반적 한계와 맥을 대고 있다는 사실이다. 박팔양은 20여 년의 짧지 않은 이 같은 그의 시적 이력을 갈무리하여 『여수시초』에 담고, 해방을 맞게 된다.

6. 맺음말

박팔양의 해방 후 이력을 확정적으로 일별하기는 아직 어렵다. 가령 그가 공들여 쓴 '서정서사시'가 1950년대 이후 북한의 주요 장르로 기능했다든가, 1990년대까지 살아 있으면서 문학 활동을 지속했다든가 하는 사실은 그의 해방 후 행적이 간단치 않은 무게를 지니고 있음을 예상케 한다. 하지만 이 글에서는 식민지 시기 동안 그가 보여준 다양한 시적 편폭을 재구(再構)하는 데 일차적 관심을 가졌고, 해방 후의 문학 세계가 갖는 면모는 보다 튼실한 자료들이 확보된 후에 재구성될 수밖에 없을 것이다.

박팔양은 우리 근대시사의 다양한 정신적 단면을 두루 자신의 화폭으로 담아낸 개성적 시인이었다고 할 수 있다. 그의 시적 기조는 한결같이 현실성과 서정성의 사이의 갈등과 통합에 있었다. 또한 그의 시편들은 당대를 관류하던 문학 운동이나 이념에 깊이 관련되어 있었고, 프로 문학과 모더니즘의 진폭을 오가긴 했지만 어느 쪽에서도 핵심 인물이 아닌 주변 인물(marginal man)이었던 모습도 우리는 발견할 수 있다. 하지만 그는 자신의 문학적 열정을 당대의 미학과 결합시켜 서정성 짙은 시편들을 창작하였고, 1920년대부터 1930년대 후반에 이르기까지 비교적 긴 시간 동안 지속적으로 창작 활동을 해온 시인으로 기억될 필요가 있다.

그 내용을 정리해보면 다음과 같다. 초기 시편은 열정 어린 신경향파 시나 구체적 현실 인식을 담은 프로시로 나타나게 되는데, 이때 그는 서정적 양식 안에 생동하는 민중의 생명력을 형상화하였다. 그리고 한때 다다이즘에 경도되어 자기 시세계의 한 이질적 삽화를 그 흔적으로 남긴다. 그리고 카프가 볼셰비키화로 방향 전환을 겪을 즈음에는 현실에 대한 이념 제시보다는 예언자 의식과 생명 의식을 결합시킨 서정시편을 다수 발표하였다. 그리고 1930년대 들어 모더니즘과 접촉하면서 도시 세태와 소외 의식을 다룬 시편, 정신적 균열과 방황을 다룬 내성 시편들을 창작하여 현실로부터 탈각하는 모습을 보여준다.

결국 그의 시세계는 단선적 진보나 퇴행으로 전개되었다기보다는 1920~1930년대의 중층적 현실에 대응하여 서정시를 통하여 꾸준히 시적 모색을 한 것으로 모아질 것이다. 식민지 근대에 대한 정치 사회적인 관심과 시 내부로 응축해 들어가는 서정성을 양대 기조로 하여 많은 시편을 창작한 시인이 바로 박팔양인 것이다. 특히 균질적이지 못했던 당대의 정신사에 대응하여 가작들을 산출해낸 점과 일관되게 관류하는 민족 현실에 대한 관심 또한 그의 시인적 면모를 드러내는 핵심적 지표로 평가하여도 손색이 없을 것이다.

제5장
박용철 시 연구

1. 박용철 시의 현재적 위상—두 가지의 분리 현상

한국 근대 시문학사에서 이른바 '시문학파(詩文學派)'가 차지하는 위상은 매우 의미심장한 것이다. 물론 그 평판이 해방 후 분단 체제에서 씌어진 '순수문학 주류사(主流史)'에 의해 다소 과장된 측면이 없지 않다는 것을 감안한다 하더라도, 그들이 근대 시문학사에 부여한 새로운 미학적 영역이나 파장은 여전히 우리의 경험 속에 이채롭게 남아 있다. 이들을 대표하는 시인이 김영랑(金永郎), 정지용(鄭芝溶), 신석정(辛夕汀) 등이라는 것은 주지의 사실이고, 용아(龍兒) 박용철(朴龍喆, 1904~1938) 역시 허보(許保)나 김현구(金玄耉)와 함께 이러한 긍정적 평가의 내용을 상당 부분 충당하고 있는 시인 겸 시론가(詩論家)라고 할 수 있다.

잘 알려져 있듯이, 박용철은 1930년에 등단하여 타계할 때까지 『시문학(詩文學)』과 『문예월간(文藝月刊)』, 『문학(文學)』(『청색지(靑色紙)』까지 사실은 그의 기획하에 이루어진 결실이다)으로 이어지는 순수 문예지 발행에 온갖 심혈을 기울인 잡지 편집자였다. 게다가 순수 서정시를 이론화한 시론가로서 열정적인 비평적 실천을 수행하기도 하였다. 그가 시 창작에 소홀하기 시작했던 1935년에 건강의 악화에도 불구하고 정성껏 '시문학사'의 이름으로 출간한 『정지용시집(鄭芝溶詩集)』과 『영랑시집(永郎詩集)』 등 기념비적인 성과들 역시 중요한 문학사적 흔적으로 기억되고 있다. 그리고 서양 시를 적극 번역해 소개한 번역가로서, 희곡을 쓰고 연극 활동에도 몸을 담은 연극인으로서 그의 문학적 자취는 매우 커다란 동선(動線)을 그린 바 있다. 사실 시론가로서 그가 1930년대 비평사의 한 정점에 놓여 있다는 사실은 여러 논자들에 의해 이미 여러 차례 강조된 바 있다. 이처럼 박용철은 1930년대 초반의 문학사에 등장하여 8년이라는 짧은 시간 동안 저널리스트로서, 시론가로서, 번역가로서, 연극인으로서, 시인으로서 가볍지 않은 일획을 그은 문제적 인물이라 할 것이다.

하지만 그를 시문학파의 대표적 논객으로 평가하는 일에는 흔연히 동의하던 연구자들도 정작 그를 '시인'으로 적극 평가하는 일에는 상당한 유보감을 보이는 것이 사실이다. 그것은 일차적으로 그의 시편들이 가지는 함량이 동시대의 다른 시인들의 그것에 비해 상대적으로 빈약하기 때문일 것이다. 또한 영랑이나 지용을 대표 단수로 한 1930년대 '순수 서정시'의 구도(構圖)가 워낙 견고하게 그려졌기 때문에, 그들보다 여러 면에서 뒤떨어지는 그의 창작시들을 연구자들이 덜 고려한 탓도 있을 것이다. 어쨌든 우리는 그의 사후(死後)에 간행된 『박용철전집(朴龍喆全集)』(시문학사, 1939)에 실린 그의 전(全) 작품이, 그가 옹호하려 했던 '순수 서정'의 이념과 얼마나 부합되었는지 혹은 얼마나 그 수준을 성취하고 있는지에 대한 해석과 평가는 의외로 빈곤했다고 말할 수밖에 없다.

사실 지금의 시점에서 박용철의 시를 다시금 읽는다는 것은 두 가지의 분리 현상을 경험하는 일과 다를 바 없다. 그 하나는 그의 시가 견지하고 있는 역사적 의미와 미학적 가치 사이에 생겨나는 분리 현상이다. 말하자면 박용철의 시는 1930년대 '시문학파'라는 유파적 범주에서 바라볼 때는 유의미한 문학적 사료(史料)가 되지만, 미학적 위상을 꼼꼼히 따지는 분석 비평의 시선에서 볼 때는 고전의 반열에 오르기 힘든 일면을 지니고 있다. 그래서 '시문학파'를 이야기할 때 우리는 박용철을 이론적 주춧돌을 놓은 이로, 영랑이나 지용을 실천적 주역으로 평가하고 있는 것이다.

다른 하나는 그가 남긴 시적 형상(形象)과 논지(論旨) 사이의 분리 현상이다. 이는 그가 시론 및 시평(詩評)을 통해서 시종 강조해마지 않았던 미학적 표지(標識)들이 막상 그의 창작 시편에서는 그리 충실하게 구현되지 못했다는 것을 함의한다. 오히려 그의 시 안에서는 그가 비평적 지표로 내세웠던 '순수 서정'의 요소와 가치들이 배제되거나 결락되기 일쑤였는데, 바로 이 점이 그의 시를 지금의 시점에서 풍부하게 읽기 어렵게 만드는 또 하나의 원인이 되고 있는 것이다.

이 같은 두 가지 분리 현상은 한결같이 박용철 시의 위상이 동시대의 다른 일급 시인들의 그것에 비해 현저히 떨어진다는 점을 입증하는 사례들이다. 결국 우리는 이 같은 점을 십분 감안하면서 그의 시를 읽고자 한다. 그리고 무엇보다도 그의 시론이 언표하고자 했던 '순수 서정'의 이념과 그의 시적 성취가 가지는 거리에 대해서 생각해보고자 한다. 그럴 경우 우리는, 그의 시가 더 이상 활발하게 전개되지 못하고 조기에 소진해간 원인을 '경험'과 '시'의 분리 양상에서 찾을 수 있지 않을까 생각해본다.

2. 초기 시편의 낭만주의적 성격 - '떠나감(표박)' 의식과 원형적 대상 인식

박용철의 초기 시편은, 잘 알려져 있듯이, 『시문학(詩文學)』 세 권에 집중적으로 발표되었다. 이는 그가 등단하기 이전부터 써 놓은 작품들로서, 그의 시가 가지는 미학적 함량의 최대치를 구현하는 사례들이다. 또한 이는 그가 만만치 않은 습작 시간을 축적한 끝에 등단한 시인임을 알려주는 선명한 지표라고 할 것이다. 그 시편들의 목록은 다음과 같다.

> 『詩文學』 1호 : 「떠나가는 배」, 「이대로 가랴마는」, 「싸늘한 이마」, 「비 나리는 날」, 「밤기차에 그대를 보내고」
> 『詩文學』 2호 : 「시집가는 시악시의 말」, 「무리의 젖어머니」, 「한조각 하늘」, 「사랑하던 말」
> 『詩文學』 3호 : 「仙女의 노래」, 「哀詞中에서」

이 작품들은 그의 비평적 실천이 본격화되기 이전의 것들로서, 대부분 식민지 시대의 암울한 상황을 배경으로 하여 시적 화자의 정서적 반응을 표현하고 있는 시편들이다. 이 작품들에서 시적 화자는 대부분 현실로부터 이탈하여 유랑하거나 표박(漂泊)하는 의식을 강렬하게 보여준다. 이는 1930년대 시인들이 가장 보편적으로 보여주었던 정조(情調)인 '고향 상실감(Heimatlosigkeit)'의 한 측면임에 틀림없지만, 박용철의 경우는 이 상실감과 표박 의식이 거의 모든 시편에 걸쳐 편재적(遍在的)으로 나타나고 있다는 점이 주목할 만하다. 이는 그가 출발부터 '상실-표박'의 전형적인 낭만적 유적(流謫)의 속성을 시 안에 적극 반영한 시인이었음을 알려준다. 이 같은 그의 시적 출발음은 우리의 뇌리 속에 들어 있는 다음 시편에서 가장 잘 나타난다.

나 두 야 간다

나의 이 젊은 나이를
눈물로야 보낼 거냐
나 두 야 가련다

아늑한 이 항군들 손쉽게야 버릴 거냐
안개같이 물 어린 눈에도 비쳐나니
골짜기마다 발에 익은 묏부리 모양
주름살도 눈에 익은 아, 사랑하던 사람들

버리고 가는 이도 못 잊는 마음
쫓겨가는 마음인들 무어 다를 거냐
돌아다보는 구름에는 바람이 희살짓는다
앞 대일 언덕인들 마련이나 있을 거냐

나 두 야 가련다
나의 이 젊은 나이를
눈물로야 보낼 거냐
나 두 야 간다

—「떠나가는 배」 전문

　　잘 알려져 있듯이, 이 작품은 가혹한 시대적 상황으로부터 떠나가려
는 이의 견고한 의지와 흔들리는 불안감을 동시에 반영하고 있다. "눈
물"과 "이 젊은 나이"를 대립시키면서 시적 화자는 "눈물"을 떠나 새로
운 불안이 감도는 미지의 세계로 떠나려고 한다. 배에 몸을 실은 화자
의 마음 상태는 사랑하는 사람들과의 헤어짐에 대한 아쉬움 그리고 "앞
대일 언덕인들 마련이나 있을 거냐"에서처럼 미래에 대한 막연한 불안
으로 출렁거린다. 그래서 '떠나가는 배'의 '떠남'은 절반은 자발성에 의
한 '정신적 모험'의 성격으로, 나머지 절반은 상황에 밀려 쫓겨가는 '추
방'의 성격으로 구성되어 있다. 이러한 의지와 불안의 양가성(ambivalence)

은 시의 율격적 호흡에도 잘 반영되어 있다. "나 두 야 간다"에서 띄어쓰기에 고의로 파격을 구사한 것은, 조사들을 붙여썼을 경우의 급박함보다는 띄어썼을 때의 이중적 효과 곧 불가피하게 쫓겨가는 자의 급박함과 스스로 떠나는 자의 의지를 동시에 반영하는 것을 노린 것이라고할 수 있다.

따라서 지금 "아늑한 이 항구"를 떠나가는 배에 실려 있는 화자의 마음은 적극적 탐색이나 도전의 자세를 갖추고 있지 않다. 더구나 "돌아다보는 구름에는 바람이 희살짓는다"면서 가장 친숙한 자연 사물들조차 화자로 하여금 뒤를 돌아보게 하고 머무름의 충동을 강력하게 주고있다. 그럼에도 불구하고 "쫓겨가는 마음"으로 화자는 떠난다. 떠날 수밖에 없다고 판단하고 행동한다. 이 '떠나감'의 이미지는 그의 초기 시편을 핵심적으로 규정하는 표상이라 할 것이다.

하지만 이러한 이중적 성격에도 불구하고 이 작품의 정서는 기본적으로 "물 어린 눈", "아, 사랑하던 사람들" 등에 나타나는 감상성을 강하게 지닌다. 따라서 이 시가 가혹한 상황을 탈출하여 미지의 세계로떠나려는 시인의 결연한 의지와 그럼에도 불구하고 사랑하는 대상들을 떠나야 하는 안타까움과 동요와 불안을 동시에 담고 있는 작품이라 할지라도, 그 저류(底流)에서 작품을 끌어가는 힘은 시적 화자로 하여금 현실을 등지고 미지의 세계를 동경하여 떠나게 하는 낭만주의적 태도라할 것이다. 이러한 '떠나감(표박)'의 이미지는 그의 다른 초기 시편에서도 광범위하게 발견된다.

설만들 이대로 가기야 하랴마는
이대로 간단들 못 간다 하랴마는

바람도 없이 고이 떨어지는 꽃잎같이
파란 하늘에 사라져버리는 구름쪽같이

조그만 열로 지금 수떠리는 피가 멈추고
가는 숨길이 여기서 끝맺는다면 —
아 — 얇은 빛 들어오는 영창 아래서
차마 흐르지 못하는 눈물이 온 가슴에 젖어나리네
　　　　　　　　　　　　　　—「이대로 가랴마는」 전문

　이 시의 화자는 "설만들 이대로 가기야 하랴마는 / 이대로 간단들 못 간다 하랴마는" 하면서 떠나가는(혹은 떠나가는 이를 보내는) 상황 속에 놓여 있다. 여기서의 '(떠나)감'은 "바람도 없이 고이 떨어지는 꽃잎같이 / 파란 하늘에 사라져버리는 구름쪽같이" 일정하게 수동성과 불가피성을 띤다. 시인이 택하고 있는 "꽃잎 / 구름쪽"이라는 상관물이 한시성과 순간성을 품고 있는 이미지이기 때문이다. 그런데 시의 화자는 "이대로 가랴마는"이라는 제목을 통해 그 '떠나감'의 상황에 저항하는 듯하면서도 동시에 그 상황을 운명적으로 받아들인다. 그래서 화자는 속삭이는("수떠리는") 피가 멈추고 가느다란("가는") 숨길이 멎는 "영창(映窓) 아래서" 비애의 상황에 빠져 있을 수밖에 없게 된다고 노래하고 있다. 이때 "가랴마는"이 일정하게 '죽음'을 통한 이별을 일정하게 환기하고 있다는 점도 부기해 둘 만하다. 결국 시인은 "차마 흐르지 못하는 눈물이 온 가슴에 젖어나리네"라면서 그 떠나감의 필연성과 속절없음을 감상적으로 수용하게 된다.

　이러한 감상과 체념 혹은 운명적 수용의 자세는 그의 시에서 '(눈)물' 혹은 '비'의 이미지로 계속 변주되어 나타나게 된다(「비 나리는 날」, 「비」, 「비에 젖은 마음」 등). 다음 작품도 그러한 감상성이 배어 있는 경우라 할 만하다.

　나는 이제 가네
　눈물 한줄도 아니 흘리고 떠나가려네

어머니 치마로 눈을 가리지 마셔요
너희들도 다 잘 있거라

— 「시집가는 시악시의 말」 중에서

　여성적 퍼소나를 택한 이 시편에서도 '(떠나)가'는 이의 상황과 어둑한 비애의 정서는 지속되고 있다. "눈물 한줄도 아니 흘리고 떠나가려네"라는 고백은 「떠나가는 배」나 「이대로 가랴마는」의 화자가 취하고 있는 낭만주의자의 모습이 변용된 결과일 뿐이다. 이러한 소품들에서도 박용철은 지속적으로 어두운 현실에서 '떠나가는(쫓겨가는)' 이의 표박 의식을 줄곧 형상화하고 있는 것이다.

　현실은 본질적 가치를 상실하고 심각하게 훼손되어 있고 인간의 삶은 이데아를 열망하는 것으로야만 의의와 가치를 가진다는 것이 낭만주의적 세계관의 양상이라고 할 때, 박용철의 초기 시편들이 찾고자 했던 시적 출구는 이러한 낭만주의적 탈출(떠돎) 욕구와 깊이 연관되는 것이다. '지금 여기'의 현실이 아닌 불안과 미지의 성격을 동반한 '먼 저기'를 동경하고 지향하는 것도 그러한 태도가 함축된 결과이다. 그래서 그는 '순수 서정'을 옹호하면서 예술의 자율성을 강조하였지만, 그의 시는 형식 미학의 세련된 구축과 사회성의 배제를 통한 '존재로서의 시'로 나타나지 않고, 화자의 사인성(私人性)과 감상성이 혼효된 전형적인 낭만주의적 태도를 구축해간 것이다. 그래서 그의 시 안에서 구성된 시적 '경험'과, 그의 논지(論旨) 속에 개념적으로 구축된 '시(詩)'는 그의 감상성이 벌려놓은 거리만큼 분리되게 된다.

　이러한 낭만주의적 시관(詩觀)은 그의 시로 하여금 '안/밖', '밝음/어둠'의 전형적 대립 구도를 형성하게 한다. 어둠을 지양하고 밝은 빛을 긍정하는 이 같은 원형적 대상 인식의 태도는, 그의 시에서 구체적 개인이 겪는 경험적 구체성을 박탈하면서, 현실이라는 지반에서 더욱 이격(離隔)되는 힘으로 작동한다.

큰 어둠 가운데 홀로 밝은 불 켜고 앉아 있으면 모두 빼앗기는 듯한 외로움
한 포기 산꽃이라도 있으면 얼마나한 위로이랴

모두 빼앗기는 듯 눈덮개 고이 나리면 환한 온몸은 새파란 불 붙어 있는 燐光
까만 귀또리 하나라도 있으면 얼마나한 위로이랴

파란 불에 몸을 사르면 싸늘한 이마 맑게 트이어 기어가는 신경의 간지러움
기리는 별이라도 맘에 있다면 얼마나한 즐검이랴

—「싸늘한 이마」 전문

이 작품은 '어둠 / 밝음(불)', '눈 / 불', '싸늘함 / 따듯함'이 대위(對位)적
구도로 선명하게 나뉜 채, 시의 화자가 전적으로 후자의 가치들을 지향
하는 내용을 담고 있다. 첫 연에서는 어두운 바깥 세계와 "홀로 밝은 불
켜고 앉아" 있는 안쪽 세계가 대비되고 있다. 그래서 그 홀로 있음이 비
록 외로움일지라도 시의 화자는 "한 포기 산꽃이라도 있으면 얼마나한
위로이랴"라면서 밝음의 세계를 전적으로 긍정하고 동경하고 있다. 그
리고 "모두 빼앗기는 듯 눈덮개 고이" 나려도 그 "환한 온몸"은 화자의
내면에서 긍정적으로 유지된다.

마지막 연에 오면 "파란 불에 몸을 사르면 싸늘한 이마 맑게 트이어
기어가는 신경의 간지러움 / 기리는 별이라도 맘에 있다면 얼마나한 즐
검이랴"라면서, 지금은 비록 차가운 몸이지만 "새파란 불 붙어 있는 燐
光"에 몸을 살라 차츰 온기를 회복하면서 거기서 즐거움을 느끼고자 하
는 화자의 동경이 점증(漸增)되고 있다. 이러한 시인의 대위적 인식과 태
도는 다음 작품에서도 '안 / 밖', 그리고 '내면 / 외계'로 분할되어 나타나
고 있다.

1
온전한 어둠 가운데 사라져버리는

한낱 촛불이여.
이 눈보라 속에 그대 보내고 돌아서 오는
나의 가슴이여.
쓰린 듯 비인 듯한데 뿌리는 눈은
들어 안겨서
발마다 미끄러지기 쉬운 걸음은
자취 남겨서.
머지도 않은 앞이 그저 아득하여라.

2
밖을 내어다보려고, 무척 애쓰는
그대도 설으렷다.
유리창 검은 밖에 제 얼굴만 비쳐 눈물은
그렁그렁하렷다.
내 방에 들면 구석구석이 숨겨진 그 눈은
내게 웃으렷다.
목소리 들리는 듯 성그리는 듯 내 살은
부대끼렷다.
가는 그대 보내는 나 그저 아득하여라.

3
얼어붙은 바다에 쇄빙선같이 어둠을
헤쳐나가는 너.
약한 정 뿌리쳐 떼고 다만 밝음을
찾아가는 그대.
부서진다 놀래랴 두 줄기 궤도를
타고 달리는 너.
죽음이 무서우랴 힘있게 사는 길을
바도 닫는 그대.
실어가는 너 실려가는 그대 그저 아득하여라.

4

이제 아득한 겨울이면 머지 못할 봄날을
나는 바라보자.
봄날같이 웃으며 달려들 그의 기차를
나는 기다리자.
'잊는다' 말인들 어찌 차마! 이대로 웃기를
나는 배워보자.
하다가는 험한 길 헤쳐가는 그의 걸음을
본받아도 보자.
마침내는 그를 따르는 사람이라도 되어보리라.
— 「밤기차에 그대를 보내고」 전문

　김영랑에 의해 극찬을 받은 바 있는 이 작품에서, 시의 화자는 대상
과의 헤어짐으로 인한 비애와 우수를 근간으로 하면서도, 낭만주의적
동경의 태도를 시 끝부분에 배치하고 있다. 차창에 비쳐 어른거리는 것
은 눈물로 얼룩져 있는 "그대"의 얼굴이다. 하지만 이 작품에서도 화자
와 대상의 이별의 근인(近因)이나 현실적 문맥은 은폐되거나 생략되어
있다. 그래서 "밤기차"를 매개로 하는 이별의 정황은 그 자체로 구체적
인 경험적 현실이 아니라, 박용철 시가 채택하고 변형한 원형적 구성물
일 뿐이다.
　이 작품에서도 "온전한 어둠"은 눈보라 치는 바깥 세계에서 나타난
다. 그래서 그대는 "어둠을 헤쳐나가"고 "밝음을 찾아"간다. 그 어둠과
밝음이 어떤 구체적 문맥을 보여주지 않는다는 점에서, 이 작품은 원형
적인 긍정과 부정으로 세계를 분할하고 한쪽을 긍정하고 한쪽을 부정
하고 있는 셈이다. 이 같은 구도는 '겨울 / 봄날', '눈물 / 웃음', '아득함 /
헤쳐감' 등의 친족적 이미지들을 연쇄적으로 거느리면서 시 안에서 끊
임없이 확산된다.
　그래서 이 작품은 대상의 상실로 인한 "비애의 자기 침식"[1]과 함께,

낭만주의의 기율인 이상주의적이고 원형적인 태도를 극명하게 보여주고 있다. 이처럼 '어둠/(불)빛'의 대위(對位)는 박용철 시학을 핵심적으로 규정하는 주(主) 이미지라고 할 수 있을 것이다. 그렇다면 이 같은 낭만주의적 작품들을 실으면서, 정작 그가 『시문학』 창간과 함께 밝히고 있는 새로운 '시'의 개념은 어떠했는가.

> 詩라는 것은 詩人으로 말미암아 創造된 한낱 存在이다. (…중략…) 우리가 거기에서 받는 印象은 或은 悲哀 歡喜 憂愁 或은 平穩 明淨 或은 激烈 崇嚴 등 진실로 抽象的 形容詞로는 다 形容할 수 없는 그 自體數대로의 無限數일 것이다. 그러나 그것이 어떠한 方向이든 詩란 한낱 高處이다. 물은 높은 데서 낮은 데로 흘러 나려온다. 詩의 心境은 우리 日常生活의 水平情緒보다 더 高尙하거나 더 優雅하거나 더 纖細하거나 더 壯大하거나 더 激越하거나 어떻든 '더'를 要求한다. 거기서 우리에게까지 '무엇'이 흘러'나려와'야만 한다.(그 '무엇'까지를 細密하게 規定하려면 다만 偏狹에 빠지고 말 뿐이나) 우리 平常人보다 남달리 高貴하고 銳敏한 心情이 더욱이 어떠한 瞬間에 感得한 稀貴한 心境을 表現시킨 것이 우리에게 '무엇'을 흘려주는 滋養이 되는 좋은 詩일 것이니 여기에 鑑賞이 創作에서 나리지 않는 重要性을 갖게 되는 것이다.[2]

그가 영랑과 함께 근대 시단에 새로운 목소리를 내면서 부가한 이 글(『조선일보』, 1930.3.2)은 서정의 '폭'과 '질'에 대해 적극적인 논의를 펴고 있는 의욕적인 글이다. 그가 보기에 '시'는 예술의 자율성을 지키는 미적인 하나의 '존재(存在)'인데, "詩(시)의 心境(심경)은 우리 日常生活(일상생활)의 水平情緒(수평정서)보다 더 高尙(고상)하거나 더 優雅(우아)하거나 더 纖細(섬세)하거나 더 壯大(장대)하거나 더 激越(격월)하거나 어떻든 '더'를 要求(요구)한다"는 것이다. 이 '더'의 의미는 "平常人(평상인)보다

---

1) 김명인, 「밀실과 절망의 순수의식」, 『떠나가는 배』(박용철), 미래사, 1991, 128면.
2) 박용철, 「『詩文學』 창간에 대하여」, 『朴龍喆全集』 2, 시문학사, 1939, 142~143면.

남달리 高貴(고귀)하고 銳敏(예민)한 心情(심정)이 더욱이 어떠한 瞬間(순간)에 感得(감득)한 稀貴(희귀)한 心境(심경)을 表現(표현)"하는 것에서 발원(發源)한다고 할 때, 그의 초기 시관(詩觀)은 낭만주의적인 감정의 유로("우리에게까지 '무엇'이 흘러'나려와'야만 한다")와 함께 더 '고상'한 질적 위상을 가져야 한다는 것으로 모아진다.

물론 이 인용문은 창작 과정을 토대로 하는 표현론 차원이 아니라 수용론 차원을 중시하고 있다. 특히 "우리에게까지 무엇이 흘러 내려와야만 한다"에서 '우리'와 '무엇'이 흘러나오는 발원지는 각각 "우리 平常人(평상인)", "우리에게 무엇을 흘려주는 滋養(자양)이 되는 좋은 詩(시)"에 해당된다. 그래서 이 글은 "평상인"과 "시"의 관계를 의미하는 수용의 차원에 대해서 거론하고 있다. 달리 말하면, 수평선에 비유된 평상심보다 무엇인가가 더 요구되는 "시의 심경"과 그 구현물인 "시"는 "高處(고처)"에 있는 것이므로 "평상인"에게 그 "더"와 "무엇"을 흘려주어야 하며, 바로 그러한 시가 좋은 시라는 것이다. 하지만 비록 수용론의 차원에서 발원한 언급일지라도, 그 안에는 질적으로 비상한 정서의 유로를 통해 독자들에게 다가가야 한다는, 그리고 그 과정이 바로 시의 소통 회로임을 충실하게 말하고 있다고 보아도 좋을 것이다.

그 점에서 박용철 초기 시편들은 그가 '순수 서정'의 이념을 완성하기 이전인 초기의 낭만주의적 시관을 어느 면에서 충실하게 구현한 측면[3]과, '고상'하지 못한 감상의 탐닉과 소박한 동경으로 인해 자신의 시론에 미학적으로 현저하게 어긋난 측면[4]을 공히 견지하고 있다고 할

---

3) 박용철의 글에는 고상함의 강조나 감상과 동경에 대한 경계 등은 그다지 명확하게 나타나지 않으며, 단지 시가 "悲哀 歡喜 憂愁 或은 平穩 明淨 或은 激烈 崇嚴" 등 모든 감정의 고처라는 암시만이 보일 뿐인데, 이때 "高尙"은 "더 高尙하거나" 같은 구절에서 보이듯이, 여러 다양한 감정과 정서의 고처 중에 하나일 뿐이므로, 그의 초기 시편이 보이는 일관된 감상적 시 경향은 이러한 초기 시론과 일정한 연관성을 맺고 있다고 할 수 있다.
4) 이는 가치 평가적 차원과 미학적 층위의 차원을 아울러 함의한다. 전자는 박용철 시의 감상성이 그의 시론이 가지는 의욕적 선언에 비해 성취가 낮은 것이라는 뜻을 담

수 있을 것이다. 따라서 "시가 언어의 예술이라는 점을 내세워 언어의 조탁과 전통적인 시가 율격에 기초한 시의 음악성 회복에 특별한 관심을 보임으로써 한국어의 시적 아름다움을 극대화"[5]했다는 평가를 받아온 '시문학파' 가운데 박용철이 개척한 창작 시편의 영토는 오히려 예외적인 것이라고 해야 할 것이다.

결국 영랑의 말처럼 "벗의 文學(문학)은 그 다음이라 치더라도 벗의 詩(시)는 完全(완전)히 故鄕(고향)살이 三四年(삼사년) 새에 이룬 것"[6]이라는 지적에서 보이듯, 박용철의 초기 시편 곧 『시문학』에 발표된 작품 세계는 그의 시가 가지는 미학적 최대치를 보여준 성과라고 할 것이다. 그 미학적 권역은 낭만주의적 세계관 속에서 발원하였는데, 그것은 '떠나감(표박)' 의식과 '어두움(밖) / 밝음(안)'의 원형적 대상 인식을 통해 나타난 세계였다. 자신이 겪은 경험적 구체성을 시 안에서 분리시킴으로써, 그는 뚜렷한 미학적 지표를 나타내지 못하게 된 것이다. 그 후 박용철은 실제로 번역과 시론에 주력하게 되고, 창작 시편들은 그의 문학적 지경(地境)에서 서서히 밀려나게 된다.

3. 상실감과 낭만적 화해를 통한 시적 소진

이처럼 초기 시편에 나타난 박용철의 낭만주의적 세계관과 원형적 대상 인식의 태도는 자연스럽게 그의 시 안에서 상실된 것에 대한 근원

고 있고, 후자는 '존재로서의 시론'이 가지는 자율성 시론의 구축이 시적 화자의 감정 과잉에 의해 훼손되었다는 뜻을 담고 있다.
5) 오성호, 「순수시의 탈역사성」, 『한국근대민족문학사』(김재용 외), 한길사, 1993, 568면.
6) 김영랑, 「後記」, 『朴龍喆全集』 2, 시문학사, 1939, 746면.

적인 애상과 그리움을 불러온다. 따라서 본질적인 것이 숨쉬고 있던 공간 곧 「떠나가는 배」에서의 "사랑하던 사람들"이 살고 있던 '故鄕'도 이러한 상실감의 망(網)으로 들어오게 된다. 물론 여기서의 고향 상실감이 물리적인 이향(離鄕)에서만 비롯된 결과는 아니다. 오히려 그것은 현실 전체를 속악하고 훼손된 것으로 인식하는 태도와 깊이 연관되는 것이기도 하다. 그 '현실' 이전의 상태 혹은 '현실' 너머의 상태가 곧 '고향'이라는 공간 표상으로 나타나고 있는 것이다.

박용철은 '고향'을 소재로 한 다음 작품에서 '지금 여기'는 돌이킬 수 없는 불모의 현실로 각인하면서, 잃어버린 '고향'에 대해서는 순수 원형을 간직하고 있는 상상적 실체로 형상화하고 있다.

> 고향은 찾아 무얼 하리
> 일가 흩어지고 집 흐녀진데
> 저녁 까마귀 가을풀에 울고
> 마을 앞 시내도 옛자리 바뀌었을라.
>
> 어린 때 꿈을 엄마 무덤 우에
> 남겨두고 떠도는 구름 따라
> 멈추는 듯 불려온 지 여남은 해
> 고향은 이제 찾아 무얼 하리.
>
> 하늘가에 새 기쁨을 그리어보랴
> 남겨둔 무엇일래 못 잊히우랴
> 모진 바람아 마음껏 불어쳐라
> 흩어진 꽃잎 쉬임 어디 찾는다냐.
>
> 험한 밭에 짓밟힌 고향 생각
> —아득한 꿈엔 달려가는 길이언만—
> 서로의 굳은 뜻을 남께 앗긴

옛사랑의 생각 같은 쓰린 심사여라.

―「고향」 전문

정지용의 명편 「고향」과 비교해 보면, 우리는 두 작품에 나타나는 '고향 상실감' 사이에 어느 정도 공통점이 있다는 점을 발견할 수 있다. 고향을 찾은 이의 황량한 상실감이 두 작품에서 공히 나타나고 있기 때문이다.

먼저 "고향은 찾아 무얼 하리 / 일가 흩어지고 집 흐너진데 / 저녁 까마귀 가을풀에 울고 / 마을 앞 시내도 옛자리 바뀌었을라"라는 묘사에서는 '흐너짐'과 '울음' 그리고 '바뀜'의 상황이 시적 화자를 근원적인 상실감에 젖게 만들고 있다. 거기서 화자는 기억 속에 항구적으로 도사리고 있는 "어린 때 꿈"과 "엄마 무덤"을 떠올리면서, "떠도는 구름 따라 / 멈추는 듯 불려온 지 여남은 해"를 고백하고 있다. "모진 바람"과 "흩어진 꽃잎"처럼 정처없는 "고향 생각"에 시인은 결국 "옛사랑의 생각 같은 쓰린 심사"를 느끼게 되는 것이다. 물론 이러한 박용철의 시작 태도에는 인생론적 성찰을 뜻하는 "思辨的(사변적) 속성"[7]이 짙게 반영되어 있다.

다른 작품에서 이러한 사변적 속성은 "아―그러나 / 고향! 고향! / 이 말 속에는 無上(무상)의 명령이 숨어 있네 / 나는 억센 팔짱에서 몸을 뻗치려 부둥거리는 애기와 같이 / 나의 가슴은 두 쪼각으로 뼈개지려 하네 / 여보게 / 내가 이고 향을 사랑하지 않게 되는 수를 가르쳐주게"(「無題」)처럼 상실감에 대한 우회적 표현이나 "세엄도 없이 원하로 나리는 비에 / 내 맘이 고만 여위어가나니 / 아까운 갈매기들은 다 젖어 죽었겠다"(「비 나리는 날」)는 낭만적 우울로 변형되기도 한다. 이러한 낭만적 우울

---

7) 김용직, 「높고 깊은 次元의 摸索―朴龍喆論」, 『한국현대시사·1』, 한국문연, 1996, 121면. 다른 글에서 김용직 교수는 "詩에 즐겨 哲學的인 깊이를 넣고자 한 一面"을 지적하였다. 김용직, 「詩文學派 硏究」, 『韓國 現代詩 硏究』, 일지사, 1974, 232면.

의 형상은 그가 『시문학』 창간호 후기(後記)에 밝힌 다음 부분과 어긋나
고 있다.

　　우리는 詩를 살로 새기고 피로 쓰듯 쓰고야 만다. 우리의 詩는 우리 살과
피의 맺힘이다. 그러므로 우리의 詩는 지나는 걸음에 슬쩍 일어 치워지기를
바라지 못하고 우리의 詩는 열 번 스무 번 되씹어 읽고 외어지기를 바랄 뿐
가슴에 느낌이 있을 때 절로 읊어나오고 읊으면 느낌이 일어나야만 한다. 한
말로 우리의 詩는 외어지기를 구한다. 이것이 오직 하나 우리의 傲慢한 宣言
이다. (…중략…) 한 민족의 言語가 발달의 어느 정도에 이르면 國語로서의
존재에 만족하지 아니하고 文學의 형태를 요구한다. 그리고 그 文學의 成立
은 그 민족의 言語를 完成시키는 길이다.[8]

　여기서 박용철은 보다 높은 차원의 '시'를 절대적인 그 무엇으로 생각
하고 있다. 특히 '민족어의 완성'이라는 거창한 기획을 '시'라는 범주 안
에 넣은 이 "傲慢(오만)한 宣言(선언)"은 낭만적 체념이나 우울에 빠져버
린 이로서는 감당하기 어려운 시적 과제인 것이다. 이러한 시각이 우리
에게 잘 알려진 '존재로서의 시'에 대한 기획임은 분명한데, 그 견해는
예술의 자율성을 처음으로 강조한 「效果主義的(효과주의적) 批評論綱(비
평논강)」(『문예월간』, 1931.11)이라는 글로 이어지고 있다. 여기서 그는 "특별
히 예리한 感受力(감수력)을 가지고 자기의 받은 印象(인상)을 분석함으로
써 일반 독자가 받을 印象(인상)을 추측하여 이 作品(작품)이 社會(사회)에
끼칠 效果(효과)의 敏感(민감)한 計量器(계량기), 효과의 豫報(예보)인 晴雨
計(청우계)"로서 비평가의 직능에 대해 강조함으로써 본격적인 비평적 발
걸음을 내딛게 된다. 하지만 동시대에 씌어진 그의 시는 앞에서 보았듯
이, 여전히 낭만적 우울과 상실감에 젖어 있을 뿐이다.
　이처럼 박용철의 시적 절정은 아이러니컬하게도 그가 처음 문단에
이름을 내민 1930년대 초반에 성취되고 매듭지어진다. 그 후에 그는 창

────────────

8) 『詩文學』, 1930.3, 39면.

작적 열정을 기울이기보다는 시론가로서 변모하게 되고, 번역과 연극 활동에 심혈을 쏟게 된다. 그러나 그가 시작을 그만둔 것은 아니어서 간헐적으로 시를 발표하는데, 개관하자면 그의 후기 세계라고 할 수 있는 이 시기의 시편들은 자기 성찰에 바탕을 둔 인생론적 시편들과 감각의 밀도를 높여 보려는 시들로 구성되어 있다[9]고 할 수 있다. 그의 시의 결점을 두고 김윤식 교수는 "소위 시의 전생명이 걸려 있는 '청각적 상상력'을 들 것도 없이 감정의 고갈을 그는 어찌지 못한 것이다"[10]라고 평한 바 있는데, 후기 시편으로 갈수록 이러한 면모는 더욱 약여해진다.

> 검푸른 밤이 거룩한 기운으로
> 온 누리를 덮어싼 제,
> 그대 아침과 저녁을 같이하던
> 사랑은 눈의 앞을 몰래 떠나,
> 뒷산 언덕 우에 혼잣몸을 뉘라.
> 별 많은 하늘 무심히 바래다가
> 시름없이 눈감으면.
> 더 빛난 세상의 문 마음눈에 열리리니,
> 기쁜 가슴 물결같이 움즐기고,
> 뉘우침과 용서의 아름답고 좋은 생각
> 헤엄치는 물고기떼처럼 뛰어들리.
> 그러한 때, 저 건너,
> 검은 둘레 우뚝이 선 산기슭으로

---

9) 그래서 어느 논자는 박용철의 시적 변모를 두고 "龍喆의 모더니즘에 대한 관심은 그로 하여금 이땅에 모더니즘을 導入하거나 스스로 모더니스트가 되지는 못했다 할지라도 그의 詩에는 얼마간 변모를 가져왔다. 그것은 아주 약하기는 하지만, 말하자면 近代性에서 現代性에로, 主情性에서 主知性으로, 노래하는 詩에서 보는 詩에로 얼마간 기울어진 것이다." 정태용, 『한국현대시인연구』, 어문각, 1976, 136면; 김학동, 『한국현대시인연구』, 민음사, 1984, 94면에서 재인용.
10) 김윤식, 「서구문학과 비평의 딜레탕티즘」, 『근대 한국문학 연구』, 일지사, 1973, 404면.

날으듯 빨리 옮겨가는 등불 하나
저의 집을 향해 바쁘나니,
무서움과 그리움 섞인 감정에
그대 발도 어둔 길을 서슴없이 달음질해,
아늑한 등불 비치는데 들어오면,
더 아늑히 웃는 사랑의 눈은
한동안 멀리 두고 그리던 이들같이
새로워진 행복에 부시는 그대 눈을 맞아 안으려니.
— 「새로워진 행복」 전문

　이제 '어둠'을 지나 '행복'을 노래하는 박용철의 후기 시편은 경험적 현실의 문맥을 완전히 벗어나 낭만적 화해의 시풍을 유지한다. 사랑의 상실이 아니라 사랑의 기쁨을 노래하고 있는 것이다. 이 작품에서도 초기 시편에 줄곧 나타났던 "검푸른 밤"이 배경으로 나타나는데 이제 그것은 '어두움'의 속성이 아니라 "거룩한 기운으로 / 온 누리를 덮어싼" 신성한 분위기를 오히려 띠고 있다. 그래서 화자는 "사랑은 눈의 앞을 몰래 떠나, / 뒷산 언덕 우에 혼잣몸을 뉘"어 "별 많은 하늘 무심히 바래다가" "더 빛난 세상의 문 마음눈에 열리"는 기쁨을 맛보라고 청자에게 말하고 있는 것이다. 특히 "기쁜 가슴 물결같이 움즐기고, / 뉘우침과 용서의 아름답고 좋은 생각 / 헤엄치는 물고기떼처럼 뛰어"드는 장면은 화자가 이상적으로 그리고 있던 낭만적 동경이 관념 속에서 성취된 상태를 함의한다. "그러한 때, 저 건너, / 검은 둘레 우뚝이 선 산기슭으로 / 날으듯 빨리 옮겨가는 등불 하나"는 바로 그의 시가 바라던 "高處(고처)"이자, 궁극적으로 "떠나가는 배"가 닿고자 했던 "앞 대일 언덕"이었던 것이다.
　특히 "아늑한 등불 비치는데 들어오면, / 더 아늑히 웃는 사랑의 눈은 / 한동안 멀리 두고 그리던 이들같이 / 새로워진 행복에 부시는 그대 눈을 맞아 안으려니"라는 결말 부분은 그러한 행복이 어둠을 물리치고 완성된 상태를 의미한다. 이러한 낭만적 화해는 그의 시에 더 이상의 긴장과 형상화 능력을 허여하지 않게 된다. 물론 이를 두고 "詩(시)는 아름다운 辯說(변설), 적절한 辯說(변설), 理路整然(이로정연)한 辯說(변설), 이러한 약간의 辯說(변설)에 그칠 것이 아니다. 특이한 체험이 절정에 달한 순간의 시인을 꽃이나 혹은 돌멩이로 정착시키는 것 같은 言語最高(언어최고)의 기능을 발휘시키는 길이다."[11]라는 견해가 반영된 결과라고 할 수는 있겠으나. 그 "言語最高"의 상태가 이 같은 낭만적 화해와는 다른 면모일 것이다.

이처럼 '안'과 '밖'의 분리, '머묾'과 '떠남'의 대립, '밝음'과 '어두움'의 대립을 지나 화해로운 통합에 이른 박용철의 시적 여정은 그 자체로 낭만주의적 세계 인식의 관행을 보여준 대표적인 사례로 평가될 수 있을 것이다. 결국 그가 바라던 "高處(고처)"는 곧 "별"(「Be nobler!」)이나 "해 / 별 / 달"(「기다리는 때」) 등의 상관물들 속으로 잠입한 채 '행복'의 뉘앙스로 수렴되고 있기 때문이다. 이처럼 박용철의 시적 여정은 낭만적 화해를 통한 소실점을 향해 나아갔다고 할 수 있다.

> 그는 唯美主義다. (…중략…) 이러한 詩句의 아름다움에 對해서 아무러한 느낌이 없거나 또는 그런 것쯤을 아무렇게도 알지 않는 사람과는 永郎詩集을 이야기하는 것이 헛된 일이리라. 그는 不自由, 貧窮 같은 物質的 現實生活의 體臭 作品에서 追放하고 될 수 있는 대로 純粹한 感覺을 追求한다. 그는 意識的으로 言語의 華奢를 버리고 詩에 形態를 賦與함보다 떠오르는 香氣와 같은 自然스러운 呼吸을 살리려 한다.[12]

박용철의 초기의 낭만적 순수시론은 이처럼 김영랑이라는 뚜렷한 전범을 만나면서 심미주의에 대한 강조로 변모해간다. 따라서 애상적 차원에서 심미적 "고처"를 지향하게 된 그가 자신의 감상적 시풍을 지속

---

11) 박용철, 「乙亥詩壇總評」, 『朴龍喆全集』 2, 시문학사, 1939, 86~87면.
12) 박용철, 「丙子詩壇의 一年成果」, 『朴龍喆全集』 2, 시문학사, 1939, 106~107면.

하기는 어려웠을 것이다. 특히 하우스만과 릴케의 시론이 적극적인 참고가 되면서 그는 뚜렷한 순수시론의 대변자가 되어간다. 그 후 그에게 '美'는 절대 추구의 대상이 되고 그는 심미적 순수 편향으로 기울어지게 된다. "곧 초기의 소박한 審美主義的(심미주의적) 詩論(시론)은 다소나마 시를 쓸 수 있는 여지를 남겨 놓았지만, 그것이 '先詩的(선시적) 情緖(정서)'나 정신 구조의 '고처'에 자리잡는 미의식으로 완결되고 응고될수록 시의 방법론으로서의 그의 詩論(시론)은 상대적으로 그 성취적 기반이 消盡(소진)될 수밖에 없었던 것"13)이라는 지적처럼, 그의 후기 시편은 시론의 완결성에 싸늘하게 반비례하면서 시사의 문맥에서 소진되어간다. 그 소진은 박용철이 치른 '경험'과 구상한 '시'가 결국 분리된 채 귀착된 지점이라고 달리 말할 수 있을 것이다.

4. 순수시론과 창작 시편의 거리

『시문학』이 창간되던 1930년부터 『시문학』이 견고한 미학적 자기 동일성을 유지했다고 보기는 힘들다. 당시 그들의 시적 의욕이라는 것이 사실은 매우 소박한 순수 지향에 머물러 있었기 때문이다. 그것이 어느 정도의 정치성(精緻性)을 갖게 되는 것은, 박용철이 이른바 '기교주의 논쟁'을 거치고 하우스만과 릴케의 이론을 원용하면서 완성한 「시적 변용에 대하여」(1938)에 이르러서이다.14) 시 정신과 시작 과정의 비밀에 대한 내밀한 탐구를 보인 「시적 변용에 대하여」는 박용철 순수시론의 정점

---

13) 김명인, 『한국 근대시의 구조 연구』, 한샘, 1990, 240면.
14) 이명찬, 「시의 언어에 대한 새로운 자각」, 『1930년대 한국시의 근대성』, 소명출판, 2000, 319면.

을 이루고 있는데, 이때 이미 그의 창작 시편은 궤적을 멈춘 상태이다. 그래서 그의 본격적인 순수시론은 창작 여정과 매우 커다란 시차(時差)를 지니면서 후에 완성된 것임을 지적할 수 있을 것이다.

우리가 살폈듯이, 순수 지향과 낭만주의적 세계관의 결합과 분리는 박용철 창작 시편이 뿌리내리는 데 가장 결정적인 취약점으로 작용하였다. 그의 시는 식민지 시대라는 어두운 상황을 배경으로 하면서도 동시에 그것을 경험적 구체성이 아니라 선험적 조건으로의 어두움으로 받아들임으로써, 예술의 현실 지향성과 미적 자율성 모두를 침식당하였다. 그래서 그가 보이는 절망은 상황에 대한 '반응'으로서가 아니라 선험적 '조건'이었다고 할 수 있을 것이다.

따라서 박용철이 구상했던 '시'는 경험적 구체성이 아니라 시의 선험적 조건으로 만들어진 원형적 대상 인식을 담기에 급급하였다. 그 결과 경험적 구체성이 가져다주는 실감의 깊이와 심미적 완결성을 동시에 놓치게 된 것이다. 하지만 그가 남다른 심혈을 기울인 번역 시편(300편이 훨씬 넘는 분량이다)에서는 일체의 정론성(政論性)이 배제된 그야말로 순수 서정의 시편들만 대상으로 했다는 점은, 그가 메타적 차원에서는 여전히 순수 서정의 옹호자였음을 알게 한다.

'시문학파'의 시사적 특성을 "첫째는 순수 서정시에 대한 뚜렷한 의식을 가지고 있었던 점과 둘째로 시어에 대한 자각을 구체화했다는 점"15)이라고 할 때 박용철의 창작 시편이 심각한 결여 형식이었음은 선명하게 지적될 수 있다. 주관적 내면 세계의 비애와 우수가 그의 주제 권역이었을 뿐, 그의 시에서 특별한 언어적 조탁이나 미적 자율성에 대한 남다른 천착이나 심미적 대상 파악의 태도는 찾아볼 수 없기 때문이다. 그러나 그는 작품에서 시종 운율을 중시하면서 시어 선택에 남다른 주의를 기울였고, 다른 이들의 시편에도 상당히 열려 있는 태도를 취했

---

15) 한계전, 「1930년대 시문학의 일반적 경향」, 『1930년대 민족문학의 인식』(이선영 편), 한길사, 1990, 42면.

다. 그러나 후기 시편으로 갈수록 낭만적 화해로 기울어져 더 이상의 전개를 보이지 못하고 그 걸음을 멈추었다.

결국 박용철의 시적 성취는 그의 시론이 갖는 이론적 완결성에 반비례하면서 시적 형상의 파탄과 느슨함으로 귀착한다. 말하자면 그의 시세계가 그의 순수시론과 분리되어 있었고, 그 원인은 '경험'과 '시'의 분리 양상에서 생겨난다고 할 수 있다. 그 결과 박용철에 대한 평가도 자연히 문학사적 의미와 미학적 가치 사이에서의 분리 현상이 반복될 수밖에 없다. 이러한 점이 그의 초기 시편에서는 낭만주의적 감상성을 가져오고, 후기 시편에서는 경험적 현실의 문맥을 벗어난 낭만적 화해의 시풍을 가져온 원인이라 할 것이다.

이처럼 탄생 100주년을 맞아 우리가 살핀 박용철의 창작 시편은, 시적 주제나 방법 면에서 우리의 큰 주목의 대상이 될 수는 없는 것이었다. 특히 그의 완성도 높은 순수시론에 비견해 볼 때, 그가 남긴 창작 시편의 결여 형식은 더욱 선명해진다. 이는 동시대의 정지용이나 김영랑, 김기림(金起林), 이상(李箱) 등이 이룬 성취와 견줄 때도 더욱 아쉬운 대목으로 다가온다.

제6장
김기림 비평의 현재성

1. '근대'에 대한 인식의 행로

김기림 비평의 동선(動線)은, 식민지 시대의 어느 비평가보다도 더 강렬하게, '근대'에 대한 시선의 굴절에 의해서 그려진다. 그는 1929년 일본대학 문학예술과를 졸업하고 1930년 조선일보 사회부 기자로 입사한 후, 서구적 근대의 여러 미학적·역사적 기율들을 자신의 이론적 지향으로 정초하는 글들을 발표하면서 전형적인 근대주의자의 면모를 드러낸다. 그가 "조선에 있어서의 지금까지의 신문화적 코스를 한마디로 요약하면 그것은 '근대' 추구였다"(「우리 신문학과 근대 의식」)라고 나중에 술회하게 되는 것이 이를 핵심적으로 알려준다.

하지만 서구적 근대가 1930년대 후반 이후 역사적 파국의 징후들을 확연하게 맞으면서, 그는 근대에 대한 자신의 시각을 수정해간다. 다시 말하면 식민지 근대주의자로서 '서구적 근대'라는 타자를 향해 한껏 동경과 열망을 보였던 그는, 다시 그 타자에 대한 또 다른 타자인 '동양'을 재발견하는 과정을 보여주고 있다. 그러다가 해방을 맞아 '민족'이라는 주체를 구성해가는 가파른 도정을 보여준다. 물론 그의 가장 초기 글들인 기행문이나 기자로서 쓴 기사문이 가지는 민족주의적 성격을 감안할 때, 그가 해방 후에 보인 리얼리스트로의 변신은 일종의 원환 회귀 같은 것이라고 해석될 수도 있다. 하지만 15년 정도의 비평 이력을 통해 김기림이 선명하게 보여준 것은 '서구적 근대'라는 타자와 '민족'이라는 주체 사이를 길항하면서 오간 흔적이다. 그렇다면 김기림 비평은 '근대'에 대하여 어떠한 인식의 행로를 보여준 것일까. 이 길지 않은 글은 이 같은 김기림 비평의 변모와 현재적 의미를 고찰하는 작은 시론(試論)이다.

2. '서구적 근대'에 대한 추구로서의 모더니즘

앞에서도 말했듯이, 김기림이 초기에 가졌던 '근대' 인식은 긍정적이고 계몽적인 서구적 근대주의의 연장선상에서 도출된 것이다. 말하자면 문명 지향의 근대성이 초기 김기림 비평의 표지(標識)였던 것이다. 물론 이는 '근대'를 서구 자본주의 문명과 등가로 보는 시각이 반영된 것이다. 또한 김기림은 줄곧 초경험적인 영원한 '미'의 이념의 실현으로서가 아니라, 주어진 사물에 대한 경험을 조직함으로써 가치를 만들어내는 모더니티를 강조하게 되는데, 이 같은 생각은 역사적 모더니즘 이전의 자연 발생적 낭만주의 시편들에 대한 비판으로 귀결된다.

자연 발생적 시는 한 개의 '자인'(존재)이다. 그와 반대로 주지적 시는 '졸

렌'(당위)의 세계다. 자연과 문화가 대립하는 것처럼 그것들은 서로 대립한다. 시인은 문화의 전면적 발전 과정에 의식한 가치 창조자로서 참가하여야 할 것이다. (⋯중략⋯) 시는 나뭇잎이 피는 것처럼 물이 흐르는 것처럼 자연스럽게 쓰여져서는 안 된다. 피는 나뭇잎, 흐르는 시냇물을 지배하는 것은 자연의 법칙이다. 가치의 법칙은 아니다. 시는 우선 '지어지는 것'이다. 시적 가치를 의욕하고 기도하는 의식적 방법론이 있지 않으면 아니 된다.

—「시작에 있어서의 주지적 태도」, 1933.4

김기림에 의하면 자연 발생적 낭만주의시들이 견지하는 '감상주의'는 오랜 동양적 특징이자 현실로부터의 도피의 결과이다. 또한 그가 "내가 기회 있는 대로 지성을 고조하고 센티멘탈리즘을 배격하려고 하는 것은 이 순간에 있어서의 모든 모양의 육체적 비만과 동양의 성격적 결합으로부터 애써 도망하려는 까닭이다"라고 말한 것 역시 이러한 시각의 반영으로 제시된 것이다. 그래서 그는 "나뭇잎이 피는 것처럼 물이 흐르는 것처럼 자연스럽게 쓰여"지는 시가 아니라, '기술'을 통해 "관념계에 뒹구는 잠자고 있는 말을 주워다가 그의 목적 때문에 생명을 불어넣어 산 말을 만드는" 이른바 '주지적 시'를 주창하게 되었고, 나아가 자연 발생적인 것과 동양적인 것에 대한 강한 부정을 드러내게 된다. 그것이 서구적 근대에 대한 수용을 통한 제1기율 곧 '주지적 태도'였던 것이다.

30년대 초기의 시단으로 돌아오면 거기서는 또한 이와는 다른 풍경의 나열을 구경할 수 있었다. 즉 그 주위에는 여러 종류의 비만증이 범람하고 있는 것을 보았다. 우선 너무나 비만한 정서가 있었다. 다음에 과잉된 주제의 횡행이 있었다. 압도된 흥분의 폭행이 있었다. 18세기적 감정을 오늘도 오히려 19세기적인 모양으로 아무렇게나 노래부르는 태평한 할미새도 있었다. 시단의 한 구석에는 이조 오백 년의 꿈이 그대로 잠자는 화평한 마을도 있었다. 저 주책없이 늘어놓는 다변을 들었느냐? 이러한 너무나 비만한 병적인 육체들은 대체 어디서 그들의 지방질을 섭취하였던가? 그것은 결국 시는 일시적 감흥의 쓰레배끼에 지나지 않는다는 인습을 골자로 한 낡은 시론에서 그 불균형한 영양을 얻은 것이다.

—「오전의 시론」, 1935.6

"너무나 비만한 정서"와 "과잉된 주제의 횡행" 다시 말하면 감상주의와 편내용주의를 극복한 지점에서 모더니즘의 생산적 기능은 시작된다고 보는 그의 시각은 여기서 잘 나타난다. 그 "불균형한 영양"을 벗어버리는 적극적 역할을 자임한 김기림의 모더니즘은 그래서 '명랑성'이나 밝은 문명 찬탄으로 이어지고 있다. 그가 비록 나중에 자신의 시작에 대한 일정한 반성을 행하고는 있지만, 한국적 모더니즘의 선편을 틀어 쥔 비평가이자 시인으로서 그가 취한 것은 문명의 현란함을 근대의 자기 규정성과 등가의 관계에 놓는 일반화였다. 결과적으로 문학 예술이 경제나 다른 토대에 의해 규정되기는 하지만, 과학이 누리는 것보다 한결 폭 넓은 상대적 자율성을 누린다는 점에서 볼 때 김기림의 모더니즘은 사회와 예술 사이의 이러한 복합적 연관을 결여한 채 현실의 압도적인 변화를 소박하게 수용해버린 것이었다. 그가 모더니즘을 "오늘의 문명 속에서 나서 신선한 감각으로 문명이 던지는 인상을 붙잡는 것"(「모더니즘의 역사적 위치」, 1939.10)이라고 규정했던 것이나, "모더니즘은 시가 우선 언어 예술이라는 자각과 시는 문명에 대한 일정한 감수를 기초로 한 다음 일정한 가치를 의식하고 씌어져야 된다"라고 주장했던 것 역시 서구적 근대에 대한 포괄적인 긍정과 수용을 표명한 것이라 할 것이다.

하지만 역사 의식과 전통 의식이 부재하는 서구 추수적 산물이나 파행적인 미적 근대성의 추구로 김기림 비평의 결과를 재단해서는 안 된다. 왜냐하면 김기림의 모더니즘론은, 단일 민족이나 일국 내부의 계급 운동의 한계를 뛰어넘는 고유성을 가지고 있기 때문이다. 곧 김기림은 모더니티 자체가 역동적이고 복합적인 관계 속에 놓여 있는 것으로 보았고, 따라서 식민지 내부의 문학 역시 모더니티와 관련된 근대적 산물로 보았던 것이다. 그는 현실에 대한 문학적 대응의 관점을 민족사적인 식민지 현실이 아니라, 근대 자체가 형성한 모더니티의 특수화로서 구축하고 있는 것이다.

> 30년대 우리 신문학 운동 자체가 일종의 '르네상스' 운동이었던 것을 두 말할 것도 없다. 우리 앞에는 우리들이 전대에 구경한 일이 없던 아주 새로운 세계, 새로운 문명 즉 구라파라고 하는 현란한 표본이 갑자기 제시되었던 것이다. 모든 사회적 노력과 문화적 목표는 우선은 이 표본을 어서 바삐 끌어들이는 일이고, 다음에는 그 거울에 비추어서 자신의 문화를 새로 발견하는 데로 향했다. 우리는 이러한 의미에서 늘 문화주의자요 이상주의자였다.
>
> —「시의 르네상스」, 1938.4

1930년대의 역사적 모더니즘을 "일종의 '르네상스' 운동"으로 파악하면서 그는 "우리 앞에는 우리들이 전대에 구경한 일이 없던 아주 새로운 세계, 새로운 문명 즉 구라파라고 하는 현란한 표본이 갑자기 제시되었던 것"으로 증언하고 있다. 말하자면 "모든 사회적 노력과 문화적 목표는 우선은 이 표본을 어서 바삐 끌어들이는 일"이 되어버렸고 자연스럽게 서구적 근대는 그 스스로를 "문화주의자요 이상주의자"로 만들었던 것이다. 한 걸음 더 나아가 김기림은 조선적 근대성 역시 자본주의적 세계 시장의 성립 및 전개와 함께 세계 체제 속으로 들어갈 수밖에 없다고 보았다. 이런 세계주의적 발상은 "근대는 실로 세계사적 규모로 진전"하며, "르네상스의 세계화 과정은 근대 시민 사회의 숙명적 의욕"(「우리 신문학과 근대 의식」, 1940.10)이라는 말에서도 선명하게 확인할 수 있다.

하지만 이렇듯 서구적 근대에 대한 포괄적인 긍정과 수용의 태도에도 불구하고, 그 후 김기림은 자신이 현실 도피의 문학과 풍자 문학의 중간에 서 있다고 말하면서 그 원인이 당대의 역사적 위기감 내지는 불안 의식 때문이라고 설명한다. 이는 제1차세계대전과 경제 대공황 이후

닥친 서구적 근대의 위기 곧 파시즘의 대두로 인한 것이었다. 이에 지식인들이 전향(轉向) 문제에 봉착하게 되고, 그 불안으로부터 벗어나는 노력은 현실 추수의 문학이나 풍자 문학으로 나타나게 될 것으로 김기림은 진단한다. 그 불안 의식의 해결의 출구로서 가톨리시즘을 들면서, 그는 풍자와 아이러니, 역설 등 지적인 방법에 의하여 근대 문명에 대한 비판을 수행한다. 그 같은 생각의 연장선상에서 창작된 장시 『기상도(氣象圖)』(1935)는 이러한 풍자적 기획으로 인한 야심에 찬 결실이다.

시의 첫 부분인 「세계의 아침」의 앞 장면은 살아 움직이는 듯한 해협의 풍경을 표현하고 있다. 해협의 모습을 뱀의 잔등으로 표현한 이 부분은, 해협의 융기와 뱀의 잔등의 역동성 사이의 유추를 토대로 하였다. "비눌 / 돋힌 / 해협은 / 배암의 잔등 / 처럼 살아났고"에서도 '참신한 회화성'이라는 그 특유의 시적 논지(論旨)가 잘 구현되고 있다. "바람은 바닷가에 사라센의 비단폭처럼 미끄러웁고"에서는 표현 대상인 "바람"을 시각화하기 위해 "사라센의 비단폭"을 끌어들였다. 곧 닥치게 될 '태풍'의 원인이 되는 이 '바람'은 『기상도』의 앞머리에서 감각적이고 징후적인 풍경으로만 표현된다. 이 '태풍'과 관련한 '바람'의 이미지는 『기상도』 전체를 통해 매우 중요한 모티프인데, 그것은 『기상도』가 세계 정세의 기류나 서구적 근대 문명의 풍속도를 상징하고 있기 때문이다. 이때 주목되는 것은 이 작품의 공간 설정이 매우 구체적인 데 비해 시간은 추상적이면서 동시에 장소의 변화와 사건 그리고 등장 인물의 행동을 지시하는 의미 기능을 상실하고 있다는 점이다. 이러한 현상은 김기림 스스로 밝히고 있듯이 "모더니즘은 우선 오늘의 문명 속에서 나서 신선한 감각으로써 문명이 던지는 인상을 붙잡았다"는 언급 곧 근대 문명에 대한 비판의 명제에 불철저했던 시각 때문이다. 말할 것도 없이, 이는 뿌리 없는 코스모폴리타니즘의 의식이 반영된 것이기도 하였다.

기실 문명 비판시의 기본 동기가 근대 문명의 현실에 바탕을 둔 비판을 뜻하는 것이라면, 『기상도』는 피상적 관찰에 바탕을 둔 감각적 인상의 나열로 인하여, 절실한 문명 비판의 동기를 관철해내지 못하였다. 이는 문명 비판 의식이 그의 지성을 거쳐서 이미 들어왔으나 생활의 체험으로는 아직도 근거를 갖추지 못했기 때문이다. 내용 면에서도 보수와 진보, 문명 예찬과 비판의 양면성이 혼재하는 불구의 근대 인식이 담겨 있기 때문에, 근대 문명의 감각적 반영은 이루어졌지만 그에 대한 비판의 성격 예컨대 문명의 제국주의적 성격에 대한 비판 논리는 상대적으로 결여하게 된 것이다. 그래서 『기상도』는 근대에 대한 위기 의식과 불안 의식을 병치시킨 어색하고도 막연한 인공화(人工畵)가 되고 만 것이다.

이처럼 김기림의 내부에서, 서구적 근대에 대한 비판과 극복을 내면화할 논리는 결여되었다. 따라서 그는 높은 시대 정신을 연소할 모더니즘을 통해 식민지 근대에 대한 현실 인식을 형식화할 기회를 얻지 못했다. 하지만 재차 일본 유학길에 오르는 시기를 전후하여 김기림의 모더니즘 논의는, 이러한 모더니티에 대한 상찬이나 부정의 논리가 아니라, 한국 모더니즘의 역사성 자체를 성찰하는 차원으로 옮겨지게 된다.

3. 모더니즘에 대한 성찰과 사유의 전환

서양 문예사조에서 모더니즘은 20세기 초반에 활성화되어 19세기를 지배한 리얼리즘이나 자연주의의 전통에 대한 반(反)명제로 시작되었다. 기원적으로 모더니즘을 자본주의적 근대성에 근거한 예술적 관습에 대한 저항이라고 할 때, 김기림의 1930년대 모더니즘은 '근대'를 회의하고 비판하는 '미적 근대성'이나 식민지적 특수성에 대한 '내면화된 부정'에까지 이르지 못한 것이었다. 오히려 근대의 외연과 보조를 맞추어가는 궤적이 우세하였다. 그러나 한동안 부르주아의 퇴폐와 개인주의가 반영된 부정적이고 형식주의적이고 외래 추수적인 문학으로 폄하되었던 모더니즘에 대한 정당한 가치 복원과 재인식은 매우 긴요한 것이다. 최근 모더니즘 논의가 오늘날 민족문학의 위축이 그동안 민족문학론이 민족사의 특수한 과제에 대한 문학적 대응의 측면을 지나치게 강조한 나머지 근대성이라는 인류사의 보편적 경험이 제기하는 문제에 적절하게 대응하지 못했던 사실과도 무관하지 않다는 문제 의식으로부터 출발하고 있다는 점을 염두에 둔다면, 한동안 예술적 심미성으로의 도피로 오인되기도 했던 모더니즘은 브래드베리(Bradbury)의 말대로 "리얼리즘은 삶을 인간화했고 자연주의는 그것을 과학화했으며 모더니즘은 그것을 다원화, 심미화"했다는 견해로 집약될 수 있을 것이다. 이러한 안목은 결국 모더니즘이 외면적 실재뿐만 아니라 내면적 실재를, 눈에 보이는 현실뿐만 아니라 보이지 않는 인간의 실재를 보여줌으로써 인간의 삶에 좀더 균형을 꾀한다는 점에서 폭넓은 세계 인식의 성격을 띤다는 점을 주장하고 있다.

우리는 이 같은 관점에서 1930년대에 적극적으로 실천되었던 역사적 모더니즘이 단지 기법 지향적인 형식주의의 소산이나 서구적 근대에 대한 맹목적 추수가 아니라, 물적·정신적 토대가 빈약했던 우리 근대에 대하여 '주관적 보편성'과 '부정의 정신'으로 응전한 이념이자 방법이라는 인식에 이를 수 있다. 이때 모더니즘은 근대의 경험을 미학적으로 재구성하는 이념형이며 단일한 실체로 파악하기 어려운 포괄적 개념으로서, 세계의 탈(脫)신비화에 기여하고 언어에 대한 집중적 관심으로 형식 미학적 진보에 기여하기도 한 것으로 이해된다. 김기림의 대표적 평론 「모더니즘의 역사적 위치」는 이 같은 모더니즘의 복합성에 대한 발본적 성찰이 담긴 결과라 할 것이다. 이러한 성찰은 1930년대의 모더니즘에 대한 역사화 작업과 그 안에서의 새로운 가능성을 찾는 이중의 작업을 통해 구현된다.

김기림은 "우리 신시 운동의 당초에 선구자들이 수입한 것은 바로 이러한 19세기의 전통이었다. 상징파의 황혼 '센티멘탈 · 로맨티시즘'……. 그것들은 다시 말하면 '센티멘탈리즘'으로 어느 정도까지는 개괄할 수 있는 도피적인 패배적인 회고적인 인생 태도를 대표했다"고 비판하면서, 문제는 식민지 시인들이 그 같은 '슬픈 패배자의 노래'를 그대로 수입했다는 데 있다고 지적한다. 따라서 제국주의 내에서의 '슬픈 패배자의 노래'가 식민지 시인들의 입에서조차 흘러나왔을 때, 식민 지배의 틀은 더욱 굳어졌다는 지적을 하고 있는 것이다. 이때 모더니즘이 새로운 기율과 정신을 주창하면서 등장했다는 것이다.

  '모더니즘'은 두 개의 부정을 준비했다. 하나는 '로맨티시즘'과 세기말 문학의 말류인 '센티멘탈 로맨티시즘'을 위해서고, 다른 하나는 당시의 편내용주의의 경향을 위해서였다. '모더니즘'은 시가 우선 언어의 예술이라는 자각과 시는 문명에 대한 일정한 감수를 기초로 한 다음 일정한 가치를 의식하고 쓰여져야 된다는 주장 위에 섰다. (…중략…) 그러나 '모더니즘'은 30년대 중쯤에 와서 한 위기에 다닥쳤다. 그것은 안으로는 '모더니즘'의 말의 중시가 이윽고 그 말류의 손으로 언어의 말초화로 타락되어가는 경향이 어느새 발현되었고, 밖으로는 그들이 명랑한 전망 아래 감수하던 오늘의 문명이 점점 심각하게 어두워가고 이지러가는 데 대한 그들의 시적 태도의 재정비를 필요로 함에 이른 때문이다. (…중략…) 그래서 시단의 새 진로는 모더니즘과 사회성의 종합이라는 뚜렷한 방향을 찾았다. 그것은 나아가야 할 오직 하나의 바른 길이었다. 그러나 그 길은 어려운 길이었다. 시인들은 그 길을 스스로 버렸고 또 버릴 수밖에 없었다. 가장 우수한 최후의 모더니스트 이상은 모더니즘의 초극이라는 이 심각한 운명을 한 몸에 구현한 비극의 담당자였다.

김기림은 진정한 시정신이란 "한 시대가 품고 있는 문화 의욕을 자신 속에 나누어 가지고 그것을 시에 구현해가는 창조적 정신"이라고 말한다. 그것은 언제나 사이비 모더니스트들에 대한 청산과 모더니즘 정신의 자기 정비를 향해 있는 것이다. "모더니즘이 전통적 센티멘탈 로맨티시즘에 향해서 공격한 것은 내용의 진부와 형식의 고루였고 편내용주의에 대한 불만은 관념성과 말의 가치에 대한 소홀이라는 점이었다"
는 발언은 그 같은 생각의 연장선상에서 도출된다. "1930년 직전의 경
향시는 암만해도 내용 편중에 빠졌던 것 같고 그것이 기교를 의식하고
내용과 기교를 통일한 한 전체로서의 시에 도달하는 것은 오히려 그 뒤
의 과제가 아니었던가 생각한다. 나는 물론 우로부터 기울어지는 전체
성의 선을 그려보았다. 경향시가 만약에 금후 전체성의 선을 좇아서 발
전을 꾀한다고 하면 그것은 물론 좌로부터의 선일 것이다. 이 두 선이
어떠한 지점에서 서로 만날까, 또는 반발할까는 그 뒤의 과제다"(「시인으
로서 현실에 적극 관심」, 1936.1)라는 반성 역시 그러한 자기 성찰에서 우러
나온 결과였다.

그래서 그는 "그들이 명랑한 전망 아래 감수하던 오늘의 문명이 점점
심각하게 어두워가고 이지러가는 데 대한 그들의 시적 태도의 재정비
를 필요로 함에 이른 때문"이라고 파악하면서 "시단의 새 진로는 모더
니즘과 사회성의 종합이라는 뚜렷한 방향"이라고 강조하게 된다. 말하
자면 역사적 모더니즘의 종언의 징후를 한껏 느끼면서 새로운 방법론
을 찾게 되는 것이다. 다시 말하면 서구적 근대의 종언을 통절하게 예
감한 그는, 서구적 근대의 긍정과 수용이 아닌 새로운 타자에 대한 감
각과 기율을 구축하게 된다.

> 최근 10년간 우리가 끌어들인 여러 가지 사상 모더니즘, 휴머니즘, 행동주
> 의, 주지주의 등등은 어찌 보면 전후 구라파의 하잘것없는 신음 소리였으며
> '근대' 그것의 말기적 경련이 아니었던가. 그렇다면 대체 지난 10년 동안의 우
> 리의 노력은 무엇이었나. 우리는 저도 모르게 한낱 혼돈을 수입한 것이며 열
> 매 없는 도로(徒勞)에 그치고 만 것일까.
>
> —「우리 신문학과 근대 의식」

1940년대에 들어서면서 그는 "구라파의 하잘것없는 신음 소리였으며
'근대' 그것의 말기적 경련"을 통절하게 깨달으면서, 일본 유학길에서

만나게 된 동양 담론들은 새로운 출구의 가능성으로 가다듬게 된다. 하지만 그가 동양 담론의 담지나 선양의 전선에 선 것은 아니었다.

4. '동양'에 대한 재발견과 논리적 절충, 그리고 새로운 타자의 추구

우리가 잘 알듯이, 일제 말기의 정황은 1940년 신체제론이 선포되면서 대동아공영권으로 동양 담론이 확장되는 모습을 띤다. 기왕에 「동양의 미덕」(1939.9)이라는 글을 통해 '동양'에 대한 사유의 전환의 단초를 보여주었던 김기림은 이전에 그토록 부정해마지 않았던 '동양'을 재발견하는 모습을 띤다. 근대의 파산이 이미 돌이킬 수 없는 상태에 이르고 말았다는 사실은 문명에 대한 절망으로 이어지는 것이다. 이때 일본에서는 서구 문화의 몰락과 함께 동양 전통의 부활이라는 관점에서 논의가 한창이었고, 그것은 태평양전쟁 기간 동안 대동아공영권의 논리와 결합하면서 지식인들의 사유에 강렬한 영향을 행사하였다. 그 징후로서 우리는 특별히 그가 두 번째 유학하던 일본 센다이(仙臺)의 하숙집에서 쓴 다음과 같은 글을 주목할 수 있다.

> 갑자기 '동양'이라는 말이 사람들의 입 끝에 오른다. 진실로 '동양의 얼굴'은 한 폭 목계(牧谿) 속에 숨어 있는지도 모르겠다. 만약에 오늘 서양이 걸어가는 길이 단순히 인간의 기계화의 길이라고 말하면 3, 4세기를 두고 꾸민 찬란한 의상을 두른 구라파보다는 차라리 한 폭 목계를 가릴 것이다. 참말로 오늘의 혼란을 구원할 예리한 교훈을 동양은 가지고 있느냐. 눈을 감고 숨을 죽이고 그윽이 지나오고 지나가는 바람 속에서 '동양의 소리'를 들으려고 귀를 기울여본다.
>
> ─「산」, 1939.2

기왕에 "허무에의 도망"이라면서 적극적으로 비판하였던 '동양' 혹은 '동양적인 것'에 대해 김기림은 일종의 재발견의 충동("들으려고 귀를 기울여본다")을 가지게 된다. 그것은 "오늘의 혼란을 구원할 예리한 교훈을 동양은 가지고 있느냐"라는 자기 질문으로 귀결된다. 이러한 궤적에 대해 김기림이 보여준 1940년대 이후의 문학 사상적 궤적은 당시 주류 담론이었던 동양주의로의 급속한 편입이나 자발적 투항이 아니라 일정한 저항의 모습을 보여준 것이라는 견해가 도출되어 있다. 대표적으로 김재용은 자신의 최근 저서에서 김기림의 일제 말기 글들을 두고 "김기림은 일제말 한창 동양론이 무성할 때 이 논의에 개입한다. 그는 서양 중심주의에 대한 비판이 동양을 물신화하는 것으로 나아가고 이것이 정치적으로 대동아공영권으로 이어져 일본의 제국주의적 팽창을 옹호하게 되는 것을 비판하였다"(『협력과 저항』, 소명출판, 2004, 188면)라고 적극적으로 평가하고 있다. 유럽의 파시즘이 일본에서 재현되었을 때, 그것이 '근대의 초극'이라는 이름으로 횡행하는 것을 간파하여 파시즘과 식민주의에 협력하지 않는 방법으로 침묵을 택했다는 것이다.

　하지만 이러한 긍정적 평가는 좀 더 깊이있게 조율될 필요가 있다. 물론 김기림이 1941년부터 고향 근처 소재의 한 중학교에서 영어와 수학을 가르치다가 1944년경에는 그것마저 그만두었다는 전기적 사실을 유추하여 일제 말기의 대일 협력 분위기에서 완전히 예외를 보였다는 점은 인정할 수 있겠지만, 그것이 곧 침묵을 통한 저항의 실현이었는지는 더 따져보아야 할 것이다. 마찬가지로 김기림의 '동양'에 대한 발견의 흔적들을, 당시 신체제론이나 대동아공영권에 대해 옹호한 일본주의의 결정적 알리바이로 등치하는 것도 김기림 생애의 역사성을 배제하고 담론의 구조적 상동성을 증거로 채택하는 오류일 것이다. 왜냐하면 김기림은 자신의 글을 통해, 구조적으로는 일제 말기의 일본에서 일어났던 동양 담론과의 친연성을 보여주면서도 그에 대한 일방적 귀속을 경계하는 특유의 절충적 균형을 보여주고 있기 때문이다.

한 문화가 새로운 단계로 뛰어오르기 위하여 새로운 탄력을 구할 적에는 (…중략…) 그것은 왕왕 과거의 역사 속에서 새 이념의 원형을 찾거나 그렇지 않으면 지리적으로 딴 지역의 문화에 새로운 동력을 구할 밖에 없었다. 서양 문화의 말예들이 드디어 원시 문화에서조차 자문화의 해독소를 구하려 한 것은 심리적으로 이해할 수 있으나, 과연 비판적 태도였으며 이성에 비치어 어긋나는 일이 아니었을까? 서양인 사이에도 약간의 동양 문화에 대한 연구자와 이해자가 생기기는 했으나 서양인에게 있어서는 동양 문화는 겨우 한낱 지식에 그치는 정도여서 체험을 거쳐 체득될 수는 거진 없었다. (…중략…) 원시인으로 돌아가서 원시인과 같이 전혀 자연에 의존하며 굴복하여 살아간다고 하는 것은 서양 문화에 대한 개인적인 복수나 야유는 될지언정, 서양 문화를 초극할 새로운 문화 이념으로서는 차라리 황당무계에 가까운 일이다. 그러한 시기에 서양이 마땅히 우러러보아야 할 것은 동양이었다.

—「'동양'에 관한 단장(斷章)」, 1941.4

우선 김기림은 서양의 혼돈을 구할 수 있는 것이 원시에 대한 동경이 아니라 오히려 동양의 사색과 명상이라고 말한다. 이것이 그가 '여행'으로부터 아무 것도 구하지 못한 채 '근대의 초극'을 이루지 못한 채 돌아왔을 때 발견한 이념의 원형이다. 하지만 그는 서구 문화의 파탄을 보고도 그것을 포기하는 태도나 서구를 아예 외면하고 동양 문화에만 몰입하는 태도를 모두 "문화적 감상주의"라고 비판하면서, "동양 문화와 서양 문화의 결혼이 이윽고 세계사가 구경하여야 할 한 향연이고 동시에 위대한 신문화 탄생의 서곡"(「'동양'에 관한 단장」)이라고 말한다. 이는 "서로간의 문화의 접촉과 포용과 존경이라는 노력"(「우리 신문학과 근대 의식」)이라고 강조하고 있는 그 특유의 절충론적 표현이다. 이를 두고 일본의 신체제론에 야합하는 파시즘 옹호 논리로 속단할 수는 없다. 오히려 그것은 서구적 근대의 파산과 그 극복의 불가능성 때문에 부딪치게 된 논리적 절충에 불과할 것이다.

사실 '저항(抵抗)'이란 자신의 인간으로서의 품격과 존엄성을 훼손하는 유형, 무형의 폭력성에 대항하여 자신의 존재값을 주장하는 일련의 행동, 사색 등을 포괄하는 개념으로서 하나의 힘에 대한 반작용 곧 역동성(逆動性)을 그 속성으로 삼는다. 따라서 그것은 이미 형성된 권력이나 권위에 대하여 반대하는 힘으로서 정당 방위적 일면을 필수적으로 띤다. 그 점에서 김기림의 문학이 저항성을 띠는 문학사적 자료가 되기까지에는 여전히 보충되어야 할 실증적 자료들이 나와야 할 것이다.

이처럼 식민지 근대주의자로서 '서구적 근대'라는 타자를 향해 한껏 동경과 열망을 보였던 김기림은, 다시 그 타자에 대한 또 다른 타자인 '동양'을 재발견하는 과정을 보여주고 있다. 하지만 그는 해방을 맞아 '민족'이라는 주체를 구성해가는 도정을 보여준다. 해방 후에 김기림이 다음과 같이 말할 때, 그것은 '민족'이라는 또 다른 타자(곧 '주체')를 상상하는 거대한 기획의 일환이었다고 할 수 있다. 1947년에 발표된 다음 글은 그러한 기획의 일단을 말해준다.

> 이 민족과 그 공동체 의식을 지니고 나가며 나아가야 하던 또 나갈 수 있는 것은 다름아닌 인민 대중이며 인민 대중이야말로 역사적 사회적 현실적 민족의 중추며 공동체 의식의 유지였던 것이다. 반민족적인 요소를 제외한 연후에 민족 전체의 유루(遺漏) 없는 복리 위에 민족의 공동 의식과 연대감의 연면한 응결로서의 우리 민족의 실체였던 것이다.
>
> ─「시와 민족」

그는 국어에 의한 문학 형식의 완성, 반파시즘·반제국주의의 문학, 문화와 정신의 근대화, 진정한 인민적 문학의 수립을 제창하면서 우리의 문화 유산을 정리할 것을 요구하고 있다. 이처럼 김기림의 해방 후 행적은 국민 국가에 의한 근대의 완성으로 다시 집약되고 있다. 결국 그는 '근대'의 여러 회로들 예컨대 서구적 근대의 긍정과 수용, 서구와 동양의 형식적 절충, 국민 국가에 토대를 둔 근대의 완성이라는 전개를 보이면서, 그때그때의 정치적 상황에 의해 타자들을 변형, 대체하면서 줄곧 '근대'를 화두로 삼은 근대주의자의 외관을 확연하게 보여준다.

결국 우리는 김기림의 변모를 통해 한 식민지 근대주의자의 포괄적이고 구체적인 상황 독해력과 담론의 활달한 편폭을 경험한 셈이다. 말하자면 김기림 비평은, 어떤 일관된 기율이나 방법에 의존한 것이 아니었다. 따라서 그의 식민지 근대주의자로서의 선구성과 불구성, 그리고 비평 이력 내내 보여준 논리적 변신의 폭은 그 자체로 우리의 메타적 성찰을 요하는 근대 비평사의 녹록치 않은 과제가 될 것이다. 그때서야 그는 경박한 수입 담론의 소개자라든가, 서구적 근대의 맹목적 추종자라든가, 대동아공영권의 세련된 의장(擬裝)을 보인 식민지 근대주의자라든가 하는 일면적 평가들을 넘어서면서, 한국 근대 비평사를 복합적으로 표상하는 비평가로서 재구(再構)될 것이다. 그 복합적 표상은 그의 비평이 여전히 살아 있는 현재형임을, 그리고 미완의 기획임을 드러내는 표지가 될 것이다.

제2부
근대시와 종교적 상상

제1장
한국 현대시에 나타난 종교적 상상력의 의미
윤동주와 김현승의 경우를 중심으로

1. 서론─시에서 '종교성'의 의미

우리가 문학 작품에 나타나는 주제적 양상을 추출하여 그것을 하나의 종교 사상적 흔적으로 의미지을 때, 특히 그것이 특정 종교와 밀접한 관련성을 가질 때 우리는 그 작품들을 통칭하여 '종교 문학'이라 부른다. 이를테면 신라의 향가 문학이나 근대기의 만해 한용운, 신석초 등의 시에 나타나는 불교적 성격, 서포 김만중의 소설 『구운몽』에서 역력하게 감지되는 유불선적 성격, 또는 김동리의 『사반의 십자가』나 「목공 요셉」, 김은국의 『순교자』, 이문열의 『사람의 아들』에서 보이는 기독교적 성격 등 이른바 종교적 소재에 바탕을 두거나 종교적 이념의 육화에 집중적으로 착목한 작품은 모두 그러한 '종교 문학'의 범주에 귀속될 수 있을 것이다. 이와 같이 문학의 하위 범주로서의 '종교 문학'이라는 범칭(汎稱)이 가능하다는 것은 우리 문학이 끊임없이 종교적 흐름과 교섭해 왔다는 첨예한 예증이 될 수 있을 것이다. 이 가운데 기독교는 우리 고대, 중세사와는 별 인연이 없었으나 근대사 이후 폭 넓은 자장을 형성하면서 그야말로 지대한 정신사적 영향을 끼쳤다고 할 수 있다. 선교사들의 포교 활동 이후 이 땅에 기독교가 이념적·사상적·제의적(祭儀的) 뿌리를 내린 데에는 수많은 투쟁과 견인의 역사가 있었고, 그 투쟁의 행간에 '전통과 보수 / 서구와 진보'라는 이분법적 도식이 거대한 그늘을 드리우고 있었음 또한 부정할 수 없다. 기독교라는 서양 종교의 유입과 착근의 역사를 통해 우리의 정신사는 그만큼 초유의 생산적 갈등과 변증법적 진보의 토양을 준비한 셈이 된다. 따라서 자생적인 것이 아닌 서구의 근대적 합리성을 토대로 이룩되기 시작한 우리 근대사에서 이 종교의 영향력은 매우 커다란 것이었다고 할 수 있다.

종교 문학의 하나인 '기독교 문학'은 기독교라는 역사적·이념적·윤리적 기반과 문학이라는 감각적·체험적·형상적 양식이 하나의 작품으로 결합되어 현출한 것을 지칭하는 개념이다. 마찬가지로 '불교 문학'이라든가 '이슬람 문학' '샤머니즘 문학'이라는 종교 문학의 하위 범주의 설정은 얼마든지 가능할 것이다. 그러나 이러한 개념들은 딱히 과학적이고 계선적(界線的)인 변별력을 갖는 것이라기보다는 하나의 종교적 이념이나 사상이 우성적으로 작품 속에 나타날 경우 그것들을 편의적으로 부르는 개념일 뿐이다. 따라서 폭 넓은 기독교적 전통을 모태로 태어난 서구 문학의 경우 그것들은 말할 것도 없이 거의 기독교 문학으로 편입될 가능성이 높다. 반면에 우리 문학에서는 짧은 역사로 말미암아 기독교 문학의 무게는 서구의 그것에 비해 일천하고 질량 양면에서 빈곤하기 짝이 없다고 할 수밖에 없다. 따라서 우리 문학사에 '기독교 문학'이라는 범주에 실질적으로 해당하는 작가 또는 작품의 실례가 영성할 것은 어쩌면 필연적이다. 그러면 '기독교 문학'을 말할 때 그것의 필요 조건인 '기독교'라는 말이 갖는 실제적인 내포는 무엇인가 ?

기독교에서 낙원의 창조와 상실 그리고 그리스도를 통한 그의 복원은 하나의 일직선상의 사관을 낳는다. 그것은 「창세기」로부터 「계시록」에 이르는 성경의 편집 사관과도 일치한다. 창조의 질서는 카오스에서 코스모스로 변환, 이행되는 하나님의 주권을 의미하는데, 이러한 역사관에서 배태되는 인간관, 우주관, 가치 중심, 이념 등이 '기독교'라는 수사에 응집되어 있다고 할 수 있다. 그리고 그것은 실존적인 자기 각성이라는 메커니즘과 윤리적 완성이라는 또 하나의 목적을 가지게 되는데, 따라서 기독교 문학에서는 심미성이 부차화되고 종교가 지향하는 관념의 형상이 우세하게 나타난다. 사랑, 소명의식, 희생 정신, 부끄러움, 죄의식, 구원, 소망, 종말론, 실존의식 등이 이른바 종교적 상상력에서 배태될 수 있는 정서적 세목들이라고 할 수 있는데, 예의 '기독교 문학'이란 그러한 여러 성격이 담겨 있는 문학을 통칭하는 것이다. 그러나 호교성(護敎性) 선전물이나 신앙 미담 및 간증류 또는 종교적 소재가 작품의 표면에 등장하는 것들을 모두 기독교 문학이라고 단정지을 수는 없다. 오히려 그것이 높은 형상적 성취와 이념적 내재화를 이룬 경우 우리는 그것을 기독교 문학이라 불러야 할 것이다. 이 글의 대상이 되는 '기독교 시' 또한 문학의 구조적 차이에서 정립된 장르적 개념이 아닌, 시인의 상상력, 가치관, 통찰력 등에서 기독교적 요소를 지니는 내포적 개념[1]이라고 할 수 있다. 따라서 일종의 문학외적 요소가 중시되거나 문학을 선교 활동의 매질로 보는 도구적 개념은 우리의 입론에 해당되지 않음을 명시할 필요가 있다고 본다.

원래 인간은 신적이며 세속적이고, 본체적인 동시에 현상적이라는 이중적인 본성을 지니고 있다. 또한 이러한 인간의 이중적 본성 때문에, 세계는 모순되고 역설적인 것으로 보인다. 또한 이러한 인간의 이중적인 본성 때문에, 세계에서, 세속적인 성격에서, 인간의 비참함에서 보면 신은 부재하지만, 인간의 위대함과 의미·정의·진리에 대한 인간의 요

---

1) 권영진, 「기독교와 현대시」, 『기독교와 한국문학』, 대한기독교서회, 1990, 139면.

구라는 면에서 볼 때면 그렇게 부재하는 신은 또 영원히 전체적으로 현존한다.[2] 이렇듯 '부재하며 동시에 현존하는' 신의 속성이 인간에게 이른바 '비극적 세계관'을 배태시킨다. 그러나 비극적 세계관이 이른바 '비관주의'로 곧바로 치환되지는 않는다는 데 삶의 비의(秘義)가 숨겨 있다. 오히려 이러한 역동적인 비극적 세계관을 견지하고 있는 서정적 주체들이 기독교의 또 하나의 속성인 '희망'의 세계관을 어김없이 가지고 갈등하며 고뇌하고 나아가서 그것들을 통합하여 살아 움직이는 형상으로 창조하려는 열정을 우리로서는 자랑스럽게 간직하고 있고, 우리는 그것들을 일러 현대시의 '영적 체험'이라고 부를 수 있을 것이다.

그러므로 현대시의 영적 체험은 두 가지의 모순된 얼굴을 하고 있고 스스로 자기 분열되어 있다. 그 두 얼굴은 절대자에 대해서 자기 자신을 결정지으면서, 또 한편으로는 거부하는 열정의 표정을 짓는가 하면, 다른 한편에서는 수락하는 열정의 표정을 짓는 것이다.[3] 따라서 그것은 궁극적으로 자신의 모순을 통합하고 질서화하는 능력을 요구하는데 이때 종교적 상상력은 위대한 질서의 원리로서 제재들을 분별하고 질서화하고 분리하고 통합할 수 있게 하는 능력[4]으로 창조의 근원적 바탕이 될 수 있다. 그것은 분열되어 있는 자아와 세계의 통합이고, 자기동일성의 상상적 구축 작업이기도 하다. 그런데 시인이 의식적으로 자아와 세계의 동일성을 추구하는 데는 두 가지 방법이 있는데, 동화(assimilation)와 투사(projection)가 그것이다. 동화란 시인이 세계를 자신의 내부로 끌어들여서 그것을 내적으로 인격화하는, 이른바 세계의 자아화이고, 투사에 의한 동일성의 획득은 자신을 상상적으로 세계에 투사하는 것, 곧 감정 이입에 의해서 자아와 세계가 일체감을 이루도록 하는 것이다.[5] 앞서 암시했듯이 종교적 상상력은 그러한 동화와 투사의 변증법적

---

2) 루시앙 골드만, 송기형·정과리 역, 『숨은 神』, 연구사, 1986, 86면.
3) 자끄 마리땡, 김태관 역, 『詩와 美와 創造的 直觀』, 성바오로출판사, 1985, 198면.
4) 이승훈, 『詩論』, 고려원, 1988, 56면.

전개에서 분출하는 것이다.

이 글의 실질적인 대상이 되는 윤동주와 김현승은 기독교적 토대가 굳건했던 가정과 학교들 그리고 죽음 때까지 자신들을 그 범주 안에 살게 했던 신앙적 분위기로 하여 정신의 발생론이 비교적 투명하고 명징한 시인들이다. 그들에게는 생득적으로 기독교적 상상력을 모태로 한 작품 활동을 할 수 있는 근본 토양이 있었던 셈이고, 그와 같은 조건은 그들로 하여금 신앙의 원근법 안에서 자기를 인식하고 현실적 고통을 초극할 수 있는 적극적 참여의 의지를 주기도 하고, 궁극적으로는 신앙적 유토피아를 열망하는 파토스를 분출할 수 있게 만들기도 하였다. 그들의 시에 나타나는 종교성 또는 종교적 상상력이 일정 정도 낭만주의적 성향에 빚질 수밖에 없는 이유는 여기에 있다. 문예사조에 나타나는 낭만주의의 정신적 기조가 '동경'이고, 낭만주의 문학을 일러 '동경의 문학'이라고 극단적으로 말하기도 하는데,[6] 그와 같은 동경의 철학적 배경에는 '극성(極性)의 원리' 곧 생의 이념을 양극적인 대립에서 완성을 기하는 운동, 대립을 고차원적인 제삼자로 극복하는 운동이 깔려 있고, 따라서 모든 것을 포괄할 수 있는 통일을 추구하는 것이 낭만주의의 중심 사상이 된다.[7] 그러므로 이와 같이 유토피아적 열망을 토대로 통일을 지향하는 낭만주의적 상상력이 종교적 상상력의 근원이 되고, 여기서 우러나오는 진실한 시적 파토스가 그들 시에 나타나는 관념적 진실이 된다. 이 관념적 진실이야말로 기독교적 토대에서 작품 활동을 했던 이들의 삶 자체가 작품 세계와 견실하게 결합할 수 있는 개연성을 제공해 준다고 할 수 있다.

---

5) 김준오, 『詩論』, 문장사, 1984, 28면.
6) 지명렬, 『독일낭만주의연구』, 일지사, 1988, 14면.
7) 지명렬, 「浪漫主義와 憧憬의 問題」, 『문예사조』, 문학과지성사, 1983, 61면.

2. 시를 통한 내적 성찰과 윤리적 자기 완성의 양상-윤동주의 경우

윤동주의 시적 지향이 기독교와 깊은 연관을 갖는다는 사실은 그간의 윤동주 연구에서 늘 따라붙었던 일종의 관행적 전제였다고 할 수 있다. 그만큼 "기독교와 민족주의가 튼튼히 결합하고 있었던 간도의 정신적 풍토"[8]가 윤동주의 시와 삶에 미친 영향은 족히 확인되고 남음이 있다. 그러나 윤동주의 작품 세계를 기독교라는 토대의 프리즘으로 읽어내는 것은 일견 전적으로 타당하지만 그의 복잡한 내면 세계를 응시하는 데 하나의 편견으로 작용할 가능성도 없지 않다. 필자로서는 윤동주가 기독교라는 하나의 세계를 시적으로 번안하거나 또는 그것을 적극적으로 언표하려 했던 작가라기보다는, 내적 가능성이자 삶의 자양으로 숨쉬고 있는 기독교적 가치관 및 세계관이 시의 곳곳에 삶의 고백으로 실어 보인 시인으로 보려고 한다. 따라서 그의 시에 나타나는 종교성은 의식적으로 언표되어 있다기보다는 내면화되어 숨어 있고, 적극적으로 추구되고 있다기보다는 배면에서 무의식적인 전제가 되고 있다고 할 수 있다. 그러한 내적 성찰의 기록이 그의 유고 시집인『하늘과 바람과 별과 詩』이다.

> 죽는 날까지 하늘을 우러러
> 한 점 부끄럼이 없기를,
> 잎새에 이는 바람에도
> 나는 괴로워했다.
> 별을 노래하는 마음으로
> 모든 죽어가는 것을 사랑해야지
> 그리고 나한테 주어진 길을

---

8) 홍정선, 「윤동주 시 연구의 현황과 문제점」, 『現代詩』 제1집, 문학세계사, 1984, 194면.

걸어가야겠다.

오늘 밤에도 별이 바람에 스치운다.

—「序詩」 전문9)

어조(語調)와 시적 구성에서 다분히 자기 고백적인 이 시는 윤동주의 시정신과 내적 치열성을 웅변적으로 보여 주는 그의 대표작이다. 그 시정신이란 다름아닌 신실한 신앙에서 우러나오는 도덕적, 윤리적 결백성이다. 이 작품 역시 그런 면에서 어김없이 기독교적 사유 패턴에 기초하고 있다. 일견 맹자의 "仰不愧於天(앙불괴어천)"을 연상시키는 유교적 지절(志節)이라든가 운명적 소명의식 같은 것이 전면화되어 있지만, 그것은 광의의 기독교적 인생관, 윤리 의식에 포섭된다고 할 수 있다. 이 땅에서의 사랑과 신에 대한 사랑이라는 사랑의 수직과 수평이 만나서 이루어진 아름다운 현장10)을 이 시는 보여 주고 있는 것이다.

시에 나타난 그의 시정신의 세목은 자책적 자기 인식과 윤리의식 그리고 운명의식 또는 운명애이다. 그리고 그것이 낭만적 현실 인식을 통해 내적 가열성을 얻고 있다. 한편 자책과 자기 긍정(운명애)이라는 일견 모순되어 보이는 의식은 비극적 존재에 대한 승인과 그에 대한 연민이라는 이중적 태도를 필연적으로 낳는다. 기독교적 상상력이 자기 부정과 궁극적 자기 긍정에 기초하고 있다고 볼 때, 이 작품은 그의 또 다른 대표작 「자화상(自畫像)」의 구조 곧 '자기 확인—자기 혐오—자기 연민—자기 긍정'이라는 회로를 따라가면서 그것을 더욱 응축된 자연 형상으로 나타낸 절편(絕篇)이라고 할 수 있다. 그리고 이 작품에 나타나는 자연 형상은 종교적 경험을 가진 사람에게 모든 자연은 우주적 신성성

---

9) 윤동주, 『하늘과 바람과 별과 詩』, 정음사, 1979. 이하 인용되는 윤동주의 시들은 모두 이 시집에 의거한다.
10) 김주연, 「한국 현대시와 기독교」, 『현대문학과 기독교』, 문학과지성사, 1984, 113~114면.

(神聖性)으로서 자신을 열어보일 능력을 갖는다[11]는 사실 또한 체험케한다. 하늘, 바람, 별, 또 바람 이런 것들이 조화와 길항의 세계를 열며 서정적 주체에게 우주적 신성성과 인간에 대한 통찰을 아울러 매개하는 상징적 기제가 되고 있는 것이다. 그런데 이 작품에서 상당히 내면화되어 나타나던 그의 종교적 상상력은 다음 작품들에서 시적 모티브는 물론 주제 면에서 일정하게 표면적으로 관철되고 있다.

> 다들 죽어가는 사람들에게
> 검은 옷을 입히시요.
>
> 다들 살아가는 사람들에게
> 흰 옷을 입히시요.
>
> 그리고 한 寢臺에
> 가지런히 잠을 재우시요.
>
> 다들 울거들랑
> 젖을 먹이시요.
>
> 이제 새벽이 오면
> 나팔소리 들려올 게외다.
>
> —「새벽이 올 때까지」 전문

이 작품은 윤동주의 작품 중 기독교적 종말 의식을 명징하게 반영한 작품으로 주목된다. 종말론(終末論, Eschatology)은 '마지막 일들(ta eschata)'에 관한 가르침을 의미하는데, 그것은 역사는 무한히 발전하는 것이 아니라, 신의 의지에 따른 마지막이 있다는 일종의 사관(史觀)으로서, 역사를

---

11) 멀치아 엘리아데, 이동하 역, 『聖과 俗―종교의 본질』, 학민사, 1983, 12면.

긴장하게 하고 새로운 역사를 만들어내는 관심과 동기를 부여하는 다이나믹한 역사관이다. 불교적 역사관이 순환적이고 인간 중심적이라면, 기독교에서는 일직선적이고 신(神) 중심적인 역사관을 갖고 있는데, 따라서 신의 심판과 더불어 인간에게는 윤리적인 것이 표나게 강조된다. 따라서 윤동주에게 종말론적 관심은 자연히 윤리적 자기 강제로 나타나게 되는데, 그의 또 다른 시 「무서운 시간」에서는 죽음에 대한 근원적 관심과 죽음에 대한 두려움을 윤리적 의지와 종교적 사명감으로 극복해 보려고 노력하는 시인의 인간다운 면모가 드러난다.[12]

> 봄날 아침도 아니고
> 여름, 가을, 겨울,
> 그런 날 아침도 아닌 아침에
>
> 빨—간 꽃이 피어났네,
> 햇빛이 푸른데,
>
> 그 前날 밤에
> 그 前날 밤에
> 모든 것이 마련되었네,
>
> 사랑은 뱀과 함께
> 毒은 어린 꽃과 함께.
>
> ─「태초(太初)의 아침」 전문

이 작품의 시각에 의하면, 세계는 근원적인 모순을 포함한 채 창조된 것이다.[13] 태초의 아침에 세계는 이미 '사랑／뱀' '독／어린 꽃'이라는 갈등의 세력들을 잉태하고 있었던 것이다. 그러니 인간의 진보적 사유

---

12) 마광수, 「윤동주 연구」, 연세대 박사논문, 1983, 143면.
13) 김흥규, 「윤동주론」, 『文學과 歷史的 人間』, 창작과비평사, 1988, 146면.

나 실천 행위로 현실적 모순을 타개한다든가 진취적으로 열어 나간다
든가 하는 일은 불가능해진다. 이것은 전적으로 신의 의지에 달린 일이
지 시인의 예지는 운명에 대한 긍정과 자기 자신의 윤리적 완성이라는
경로를 밟게 될 뿐이다.

하얗게 눈이 덮이었고
電信柱가 잉잉 울어
하나님 말씀이 들려온다.

무슨 啓示일까.

빨리
봄이 오면
罪를 짓고
눈이
밝아

이브가 解産하는 수고를 다하면

無花果 잎사귀로 부끄런 데를 가리고

나는 이마에 땀을 흘려야겠다.
— 「또 태초(太初)의 아침」 전문

이 작품 역시 기독교의 구약 성서에 나타난 창조 신화가 시사하는 상
징적 계시의 요체가 시대적 질곡과 함께 통합되어 형상화되고 있다. 원
죄에 바탕한 낙원 상실, 그리고 끊임없이 들려오는 하나님의 말씀(계시),
그것이 자신의 삶을 부끄럽고, 고통스럽지만 땀 흘리며 살아가야 한다
는 윤리적 준거로 작용한다. 그 윤리적 기준은 이제 하나의 종교적 상

상력이 극에 다다를 수 있는 자기 희생의 이미지로 이어진다.

쫓아오던 햇빛인데
지금 教會堂 꼭대기
十字架에 걸리었습니다.

尖塔이 저렇게도 높은데
어떻게 올라갈 수 있을까요

鐘소리도 들려오지 않는데
휘파람이나 불며 서성거리다가,

괴로웠던 사나이,
행복한 예수·그리스도에게
처럼
十字架가 許諾된다면

목아지를 드리우고
꽃처럼 피어나는 피를
어두워가는 하늘 밑에
조용히 흘리겠습니다.

　　　　　　　　　　　　　　　— 「십자가(十字架)」 전문

　단순한 하나의 이미지가 반복되고 집요하게 착근되어 지속성과 안정
성을 얻을 때 그 독특한 의미는 상징(象徵)의 영역까지 획득한다고 볼
때14) 이 작품에 나타난 십자가 이미지는 기독교의 상징적 의미를 넉넉
히 함축하고 있다. 더불어 이 시는 고통을 감수하고 그것을 기쁨으로
승화시키려는 노력 속에서만 인간이 참다운 인간일 수 있다는 기독교

---

14) 필립 윌라이트, 김태옥 역, 『隱喩와 實在』, 문학과지성사, 1988, 94~113면 참조.

적 가르침을 확인시켜 주고, 그것의 확인을 우리가 윤동주에게서 발견하는 것은 우리 시사(詩史)에 기독교가 정착한 뚜렷한 이정표라고 할 수 있다.[15]

사실 윤동주 시의 저항의식은 부끄러움과 괴로움을 주조로 하는 소극적, 자책적 저항의식이다. 그러나 이러한 자책감이 가장 높은 경지로 발전했을 때, 그것은 이 작품에서와 같이 기독교적 세계관에 바탕을 둔 자기 희생과 속죄양의식으로 나타나게 된다. 십자가는 기독교의 수난의식과 속죄양의식의 익숙한 상징이다. 1·2연에서 '십자가'는 구원에 다다르는 길로 표상되고 있다. 그것은 '尖塔'의 날카롭고 높은 이미지와 연결되어서 좀처럼 다다르기 힘든 대상이 되고 있다. 그렇기 때문에 서정적 주체는 구원의 희망을 잃고 서성거릴 뿐이다. 그러나 4연에서 서정적 주체는 '십자가'의 상징적 의미를 변화시켜 인식하기 시작한다. 그것은 모든 인류의 괴로움을 지고 괴로워했던 예수 그리스도의 희생의 이미지와 연결된 것이다. 따라서 자신도 기꺼이 그리스도와 같은 속죄양이 되겠다는 결의를 보여 주고 있다. 5연은 그 수난과 희생의 장면을 뚜렷하게 보여 주고 있다.

이와 같이 나타난 그의 속죄양 의식에는 튼튼한 역사적 종말관이 자리하고 있기도 하다. 종말적 신앙에 입각해서 씌어진 이 시는 훌륭한 하나의 예언시이기도 한데,[16] 그 예언성은 다름아닌 민족의 수난과 영광 그리고 자기 자신의 개체적 삶에 대한 준열한 다짐과 의지로 표상된다. 그 수난과 영광의 이미지는 기독교적 부활 사상의 세계를 덧입어 다음 작품에서 전면화된다.

　나는 무엇인지 그리워
　이 많은 별빛이 나린 언덕 위에

---

15) 이인복, 『韓國文學에 나타난 죽음意識의 史的 硏究』, 열화당, 1980, 185면.
16) 임영천, 『기독교와 문학의 세계』, 대한기독교서회, 1991, 62면.

내 이름자를 써 보고,
흙으로 덮어 버리었습니다.

딴은 밤을 새워 우는 벌레는
부끄러운 이름을 슬퍼하는 까닭입니다.

그러나 겨울이 지나고 나의 별에도 봄이 오면,
무덤 위에 파란 잔디가 피어나듯이
내 이름자 묻힌 언덕 위에도
자랑처럼 풀이 무성할 게외다.

―「별 헤는 밤」 8~10연

이 시의 발상 구조는 '흙으로 덮어 버림―봄의 도래―풀(잔디)의 재생'
이라는 일련의 과정으로 짜여 있다. 그런데 그와 같은 자연의 순환과
섭리에 그대로 대응되는 은유적 상관물이 바로 "(부끄러운) 내 이름자"이
다. 윤동주는 이 시에서 흙 속에 피어나는 잔디를 통해 재생과 부활을
꿈꾼다. 그 재생과 부활은 물을 것도 없이 수난과 영광이라는 기독교적
보상 심리와 연맥되어 있을 뿐만 아니라 개체적, 민족적 갱생이라는 의
미의 두 층을 포괄하고 있다고 볼 수 있다.

바닷가 햇빛 바른 바위 위에
습한 肝을 펴서 말리우자.

코카사스 山中에서 도망해온 토끼처럼
둘러리를 빙빙 돌며 肝을 지키자.

내가 오래 기르던 여윈 독수리야 !
와서 뜯어먹어라, 시름없이

너는 살지고

나는 여위어야지, 그러나,

거북이야 !
다시는 龍宮의 誘惑에 안 떨어진다.

프로메테우스 불쌍한 프로메테우스
불 도적한 죄로 목에 맷돌을 달고
끝없이 沈澱하는 프로메테우스

— 「肝」 전문

　이 시는 윤동주 시의 일반적 주제인 자아와 세계 사이의 갈등과 긴장
이라는 문제를 설화를 빌려 파고들어간 시이다. 작품 속에는 두 개의
설화— 프로메테우스와 구토설화(龜兎說話)가 뒤섞여 있다. 이 둘은 '간
(肝)'이라는 공통 요소를 중심으로 결합되어 있는데, 여기에서 토끼설화
는, 현실의 고난을 벗어나기 위해 환상을 꿈꾸지만 자신이 바라던 이상
세계(龍宮)가 오히려 삶의 포기를 요구하자 자신의 삶의 터전은 이 갈등
의 현세이며 지상이 소중한 낙원임을 깨닫는 인간의 자각을 담은 이야
기로 해석된다. 1연에서 토끼는 바닷가 바위 위에 간을 말리고 있으며,
2연에서는 그 둘레를 빙빙 돌며 간을 지킨다. 그러면서 시상은 코카사
스의 큰 바위에 묶여 독수리에게 간을 쪼아먹히는 벌을 묵묵히 감내하
는 프로메테우스의 신화로 자연스럽게 넘어간다. 여기에서 간은 인간의
실존적 본질로서 매일 쪼아먹히면서도 새로 돋아나는 '인간적 고통의
핵심'이 된다. 토끼와 독수리는 인간의 양면, 두 개의 자아를 표상한다.
곧 독수리는 화자의 밖에 존재하는 것이 아니라 자기의 생명을 쪼아 내
며 자신에게 아픔을 주는 내부의 예리한 의식이다. 곧 이것은 현실적
자아를 반성하는 도덕적 결백성의 반성적 자아이다. 화자는 이 고통을
통해 반성적 의식이 살질 것을 기대하며, 다시는 용궁의 유혹, 세계의
갈등을 벗어나 보겠다는 덧없는 환상에 빠지지 않겠다는 다짐을 하는

것이다. 그는 어떤 초월적 희망에 대한 환상도 부질없는 것임을 깨닫고 고통스런 자기 응시의 긴장을 선택한다. 이러한 삶의 모습은 고통과 결연한 의지로 맞서는 비극적 인간 곧 프로메테우스의 모습으로서 「십자가」의 속죄양의식과 통한다.

　이 시는 윤동주의 시에서 가장 의지적이고 적극적인 자아상이 등장하는 작품이다. 풍자적인 설화의 상상적 변용에 의해서 시인은 설화의 주인공과 암울한 시대 현실 속에서 존엄성을 잃지 않는 이상적인 자아의 모습을 자기 동일시하여 표현하고 있다. 따라서 기독교적 상상력은 이 시에서 설화적 차용의 모티브뿐만 아니라, 견인과 의지라는 희망의 표상을 역설적으로 제시해 주는 밑거름이 되고 있다.

　이상과 같이 윤동주에게 종교적 상상력은 하나같이 자기 자신에 대한 성찰과 윤리적 자기 완성으로 치열하게 모아진다. 속죄양의식, 종말론적 상상력, 부활의식, 그리고 현실을 견뎌내는 견인과 의지의 목소리가 그의 시의 근본 추진력이 되고 있는 것이다. 언표되는 소재적 기호로서의 종교성이 아니라 내적 기제로서, 숨겨진 삶의 원리로서, 그리고 자신의 시의 궁극적 파토스의 토대로서 그 종교성은 윤동주에게 오롯이 빛나는 것이다. 그런 의미에서 그에게 종교란 "본질 그것(the substance)이고 터전 그것(the ground)"[17]이었다고 할 수 있다. "基督敎的인 人生觀이나 世界觀이 어떻게 한 詩人의 生存 感覺과 더불어 純粹한 直觀을 통한 創造性을 獲得하느냐가 基督敎 詩를 이 땅에 成立시키는 要因"[18]이라고 할 때 윤동주의 기독교 시는 진실한 신앙적 체험과 심미적 가치가 통합되어 형상화된 시편들이라고 할 수 있는 것이다. 따라서 그의 시를 기독교라는 정신사적 프리즘으로 보는 일은 그의 시적 정수(精髓)를 살려내는 유용한 방법론이 되고 그와 같은 독법(讀法)은 좀 더

---

17) 폴 틸리히, 김경수 역, 『文化의 神學』, 대한기독교서회, 1981, 15면.
18) 박두진, 「현대시와 기독교」, 『기독교와 문학』, 종로서적, 1992, 186면.

심화된 이론적 틀을 가지고 계속 발전해 나가야 하리라고 본다.

3. 시를 통한 내적 갈등과 실존적 자기 인식의 양상 – 김현승의 경우

우리 시사(詩史)에서 김현승(金顯承)만큼 시와 종교적 상상력이라는 관점으로 많이 논의되어 온 시인도 없을 것이다. 우선 그의 개인적 이력이 강한 기독교적 자장에서 한 치도 벗어나 있지 않았고, 또 생애를 일관하여 그 스스로 신과 인간의 관계 또는 인간의 윤리적 실존을 줄곧 노래해 왔기 때문에 그를 그러한 시각으로 재단하고 고착시켜 온 것도 어쩌면 자연스런 일이라고 할 수 있다. 또 김현승은 가장 인간적인 존재 방식인 '고독(孤獨)'과, 신과의 관계 방식인 '신앙(信仰)'의 공존이라는 유다른 양상을 보여 준 시인으로 각별히 우리들의 기억에 남는 시인이다. 이러한 반대급부적인 사유 양식을 통일적 양상으로 동시에 온몸으로 끌어안은 가열성이 그의 시가 갖는 가치이자 본령이라고 할 수 있다.

> 그늘,
> 밝음을 너는 이렇게도 말하는구나.
> 나도 기쁠 때는 눈물에 젖는다.
>
> 그늘,
> 밝음에 너는 옷을 입혔구나.
> 우리도 일일이 형상을 들어
> 때로는 眞理를 이야기한다.
>
> 이 밝음, 이 빛은

채울 대로 가득히 채우고도 오히려 남음이 있구나.
그늘―너에게서 ……

내 아버지의 집
풍성한 大地의 圓卓마다,
그늘,
五月의 새 술들 가득 부어라 !

이깔나무―네 이름 아래
나의 고단한 꿈을 한때나마 쉬어 가리니 ……
　　　　　　　　　　　　　―「오월(五月)의 환희(歡喜)」 전문[19]

　오월이라는 계절을 통해 자연에서 초자연적 의미를 깨닫는 주체의
모습이 잘 드러나 있는 작품이다. 여기서 쓰이고 있는 '그늘'이라는 어
휘는 의미가 이중적인데 그것은 그 안에 그늘과 밝음의 변증법을 내재
하고 있는 것으로 드러난다. 따라서 그늘 안에서 밝음과 빛이 "채울 대
로 가득히 채우고도 오히려 남음이 있구나"라는 인식은 가능해진다. 신
록을 반짝이게 하는 빛으로 인한 필연적인 부산물이 '그늘'이라고 할
수 있는데, 그것은 '내 아버지의 집'이라는 인식의 공간에서 기독교적
세계로 화한다. 한 계절의 추이에서 자기 본연의 실존을 별다른 갈등없
이 수락하는 조화로운 시적 목소리가 나타나 있는 작품이다.
　김현승의 시적 방법을 관념의 서정적 육화라고 하였을 때, 한편으로
그의 시적 주제를 떠올리면 웬만한 사람은 '고독'이라고 하는 형이상적
범주의 어휘를 거론할 것이다. 그만큼 그에게 '고독'이라는 인식 범주는
그의 지적, 정서적 충동과 인지를 웅변해서 드러내 주는 대표적 의미소
가 되고 있다. 이 고독의 인식을 통해 김현승은 비로소 내적 갈등의 단

---

19) 김현승, 『김현승시전집』, 관동출판사, 1974. 이하 인용되는 김현승의 시들은 모두 이
　　시집에 의거한다.

계에 접어든다.

가을에는
祈禱하게 하소서……
落葉들이 지는 때를 기다려 내게 주신
謙虛한 母國語로 나를 채우소서.

가을에는
사랑하게 하소서……
오직 한 사람을 택하게 하소서.
가장 아름다운 열매를 위하여 이 肥沃한
時間을 가꾸게 하소서.

가을에는
호올로 있게 하소서……
나의 영혼,
굽이치는 바다와
百合의 골짜기를 지나
마른 나뭇가지 위에 다다른 까마귀같이.

ㅡ「가을의 기도(祈禱)」 전문

이 작품은 앞서 이야기한 관념의 서정적 육화에 성공한 작품이라고
할 수 있다. 작품의 구조는 3연의 평행법(Parallelism)에 의해 구성되어 있
다. 그 평행법의 핵심 이미지는 각각 '기도'—'사랑'—'고독'이다. 그 각
각에 대한 열망은 가을이라는 시간성에 의해 구속되는데 '가을'은 김현
승에게 소멸을 동반한 평화의 시간을 뜻한다.

먼저 시의 화자는 기도하는 자세를 열망한다. 여기서 기도는 신과의
소통이라는 1차적인 의미를 넘어서서 명상적 고백과 반성적 사유를 아
우르는 개념으로 확산되고 있다. 그래서 화자는 겸허한 모국어로 채워

진 반성의 시간을 갈구하고 있는 것으로 나타난다. 두 번째 연에서는 오직 한 사람에 대한 사랑 곧 그가 지상에서 가장 희구한 가장 아름다운 열매를 갈망한다. 비옥한 시간이란 그러한 사랑을 가능케 하는 순수하고 온전한 상태를 상징하지 어떤 특정한 시간성을 뜻하는 것은 아니다. 마지막 연은 이 시의 시상이 집중되는 연이다. 그것은 고독의 시적 상관물인 '까마귀'로 집중화된다. 김현승 시에서 '까마귀'는 중요한 상징으로 쓰이고 있는데 그것은 시적 자아와 동일시되는 시적 분신이다. 까마귀는 그 검은 빛깔과 거친 울음소리로 어둠을 궁극적으로 초월하는 고독의 상징적 의미를 띤다.[20] 그러한 까마귀의 시적 형상은 「산까마귀 울음 소리」, 「마지막 지상에서」, 「겨울 까마귀」 등의 작품에서도 지속적으로 나타난다.

그런데 이 시의 3연은 까마귀에 이르는 도정을 시적으로 제시하고 있는데 그것은 시적 분신의 영혼이 '굽이치는 바다'와 '백합의 골짜기'를 지나서야 마른 나뭇가지에 이른다는 암시이다. 여기서 바다와 골짜기는 미당의 「국화 옆에서」에 나오는 '머언 먼 젊음의 뒤안길'처럼 어느 일정한 성숙의 이미지에 다다르기까지의 격정과 그 경험을 포괄하는 상징을 띤다. '마른 나뭇가지'는 온갖 것을 다 떨치고 핵심만 남은 본질적인 세계를 표상[21]하는데 그 단순성 및 결정성은 그의 후기시에서 집중되어 나타나는 '보석' 이미지와 연맥된다고 할 수 있다. 바로 이러한 본질의 세계에 이르는 치열한 도정과 그 결정으로서의 '까마귀', '마른 나뭇가지' 등의 표상 이미지는 김현승의 독자적인 시적 사유의 결과라고 할 것이다. 이러한 사유의 핵심에 고난과 갈등을 통한 본질에의 다다름이라는 도식이 있음은 물론이다.

---

20) 김인섭, 「김현승 시의 의식세계」, 『崇實語文』 12집, 茶兄 金顯承 先生 20周忌 追慕 特輯號, 1995, 366면.
21) 김재홍, 「가을정신 또는 고독의 사상」, 『韓國現代詩人硏究』, 일지사, 1986, 297면.

말할 수 없는 모든 言語가
노래할 수 있는 모든 선택된 詞藻가
疏通할 수 있는 모든 침묵들이
枯渴하는 날,
나는 노래하련다 !

모든 우리의 無形한 것들이 허물어지는 날
모든 그윽한 꽃향기들이 解體되는 날
모든 信仰이 立證의 칼날 위에 서는 날,
나는 擁護者들을 노래하련다 !

티끌과 常識으로 충만한 거리여,
數量의 허다한 信賴者들이여,
모든 사람들이 돌아오는 길을
모든 사람들이 結論에 이르는 길을
바꾸어 나는 새삼 떠나련다 !

아로사긴 象牙와 有限의 층계로는 미치지 못할
구름의 사다리로, 구름의 사다리로,
보다 광활한 領域을 나는 가련다 !
싸늘한 蒸溜水의 시대여 !
나는 나의 憂鬱한 血液循環을 노래하지 아니치 못하련다.

날마다 날마다 아름다운 抗拒의 고요한 흐름 속에서
모든 躍動하는 것들의 旋律처럼
모든 前進하는 것들의 수레바퀴처럼
나와 같이 노래할 擁護者들이여,
나의 同志여, 오오, 나의 진실한 친구여 !

—「옹호자(擁護者)의 노래」 전문

"고독을 표현하는 것은 나에게는 가장 즐거운 詩藝術(시예술)의 활동이며, 倫理的(윤리적) 차원에서는 참되고 굳세고자 함이 된다. 孤獨(고독) 속에서 나의 참된 본질을 알게 되고 나를 거쳐 일반을 알게 되고 그럼으로써 나의 對社會的(대사회적) 임무까지도 깨달아 알게 된다."22)는 그의 말처럼 이 작품에서는 그의 종교적 상상력이 싸늘한 증류수의 시대를 질타하는, 마치 구약시대의 선지자들과 같은 사명감23)을 가지고 목소리를 높이는 형상으로 나타난다. 이런 면에서 기독교 문학의 속성 중의 하나를 '신앙적 앙가지망'의 문제로 설정한 김희보의 언급24)은 기독교 문학의 외연을 넓히고 탄력을 부여할 수 있는 뜻깊은 시사를 던졌다고 할 수 있는데, 김현승의 경우도 이와 같은 맥락에서 부정적인 현실을 질타하는 예언자적 지성의 모습을 현현시킨다.

더러는
沃土에 떨어지는 작은 生命이고저 ……

흠도 티도,
금가지 않은
나의 全體는 오직 이뿐!

더욱 값진 것으로

드리라 하올 제,

나의 가장 나아종 지니인 것도 오직 이뿐!

22) 김현승, 「서문」, 『절대고독』, 성문각, 1970.
23) 양왕용, 「김현승 제2기 시와 기독교 사상」, 『문학과 종교』 창간호, 한국문학과종교학회, 1995, 391면.
24) 김희보, 『한국문학과 기독교』, 현대사상사, 1979, 234~237면.

아름다운 나무의 꽃이 시듦을 보시고
열매를 맺게 하신 당신은,

나의 웃음을 만드신 후에
새로이 나의 눈물을 지어 주시다.

—「눈물」 전문

이 시는 역설적 구조를 그 근본으로 한다. 자신의 '가장 나아종 지니
인 것' 곧 궁극의 가치를 '눈물'로 표상하고 있는 시인은 '꽃 / 열매', '웃
음 / 눈물'의 대립항으로 통해 인간 삶의 역설적 가치에 대해 노래한다.
이 작품에서 '눈물'이라는 시적 제재는 자기 정화라는 물의 원형적 상
징성을 강하게 띤다. 그리고 이 시의 정황은 사랑하는 아들을 잃었다는
구체적 개인사를 배경으로 하고 있지만 그 발상 구조는 철저히 성서적
비유에 입각한 인생론적 태도이다. 신약성서 「마태복음」에 보면 "더러
는 沃土에 떨어지매 혹 백배, 혹 육십배, 혹 삼십배의 결실을 하였느니
라"(13:8)는 구절이 나오는데, 이러한 정화와 희생 거기에서 유로되는
부활과 재생의 이미지를 그가 빌려왔음은 어렵지 않게 유추할 수 있다.

그는 자신의 한 수필에서 "눈물을 좋아하는 나의 타고난 기질"[25]을
말하기도 했는데, 그가 슬픔을 통해 오히려 더 높고 순정한 상태에 이르
려는 몸짓을 보인 흔적은 두루 찾아볼 수 있다. 그의 그러한 슬픔을 통
한 자기 정화 또는 자기 발견의 시정신은 또 다른 작품 「슬픔」에서 적실
성을 얻고 있다. 거기에는 슬픔 속에 항용 숨어 있는 감상(感傷)은 배격
된 채 그의 생산적 역설성만 명징하게 부조(浮彫)되어 있다. 그의 이러한
역설적 인식은 "슬픔은 나를 / 어리게 한다. // 슬픔은 / 罪를 모른다. / 사
랑하는 시간보다도 오히려. // 슬픔은 내가 / 나를 안다. / 아무도 介入할
수 없다. // 슬픔은 나를 / 목욕시켜 준다. / 나를 다시 한번 깨끗하게 하여 준

---

25) 김현승, 「굽이쳐가는 물굽이같이」, 『孤獨과 詩』, 지식산업사, 1977, 236~237면.

다. // 슬픈 눈에는 / 그 영혼이 비추인다. / 고요한 밤에는 / 먼 나라의 말소리도 들리듯이" 등의 구절에서 구체적으로 그 모습을 드러낸다.

　원래 청교도적인 파토스로 시적 존재 가치를 추구하는 김현승의 신앙적 배경[26]을 염두에 둔다면 우리는 이 시를 통해 다음과 같은 예지를 경험할 수 있다. 원래 삶이란 나와 우주 또는 주체와 객체와의 관계 속에서 영위되고 나와 진정한 나와의 관계에 대한 물음으로 시작되는 것이다. 그리고 신의 피조물인 인간이나 사물은 모두가 같은 세계내적 존재로 공존한다. 인간의 실존적인 본질은 인간이 존재자 자체를 표상할 수 있고, 또 표상된 것에 관한 의식을 가질 수 있다는 사실에 대한 근거이다.[27] 여기서 실존이란, 인간이라는 존재는 단순한 사물적 존재가 아니라 원래 그 자리(오직 인간만이 차지할 수 있는 특유한 자리)에 놓여 있는 존재라는 뜻이다. 이러한 실존적인 주체가 절대 타자로서의 신을 인식하며 그에 일방적으로 기투하는 것이 아니라 자신 스스로 까마귀에 이르는 정신적 치열성으로 보여 주고 있다. 이와 같은 사실은 그의 신앙이 맹목적 숭배가 아니라 치열한 실존적 자기 인식을 언제나 동반했던 것임을 알려 주고 있다.

> 나는 이제야 내가 생각하던
> 영원의 먼 끝을 만지게 되었다.
> 그 끝에서 나는 하품을 하고
> 비로소 나의 오랜 잠을 깬다.
>
> 내가 만지는 손끝에서
> 아름다운 별들은 흩어져 빛을 잃지만,
> 내가 만지는 손 끝에서
> 나는 무엇인가 내게로

---

26) 박이도, 『한국 현대시와 기독교』, 예전사, 1994, 103면.
27) 마르틴 하이데거, 최동회 역, 『形而上學이란 무엇인가』, 서문당, 1975, 32면.

더 가까이 다가오는 따스한 체온을 느낀다.

그 體溫으로 내게서 끝나는 영원의 먼 끝을
나는 혼자서 내 가슴에 품어 준다.
나는 내 눈으로 이제는 그것들을 바라본다.

그 끝에서 나의 언어들을 바람에 날려 보내며,
꿈으로 고이 안을 받친 내 言語의 날개들을
이제는 티끌처럼 날려 보낸다.

나는 내게서 끝나는
무한의 눈물 겨운 끝을
내 주름 잡힌 손으로 어루만지며 어루만지며,
더 나아갈 수 없는 그 끝에서
드디어 입을 다문다—나의 詩는

—「절대고독(絶對孤獨)」전문

김현승의 필생의 시적 테마였던 '고독'은 프로테스탄트의 힘겨운 자기 각성 또는 자기 정체성 도달의 의미를 띤다. 고독이라는 철학적 명제를 시적 표상으로 끌어올려 신의 일관된 침묵과 그럼에도 불구하고 세계를 버릴 수 없는 고독한 자의 쓸쓸함을 노래한 그는 시에서 '보석'이라는 이미지를 즐겨 불러오는데, 그것은 그의 내면의 고독과 고고함을 동시에 표상하는 이미지이다.[28]

김현승은 그의 시작 후기에 이르러 그의 시적 주제를 온통 '고독'의 의미에 두었던 시인이다. 시집 『견고한 고독』(1968)과 『절대고독』(1970)은 이러한 그의 집요한 탐구열을 보여 주는 작품집이다. 이 시에 나타나는 고독은 고립되고 절망적인 외로움 같은 차원의 것이 아니다. 오히려 고

---

28) 김윤식 · 김현, 『韓國文學史』, 민음사, 1973, 279면.

독에 깊이 들어간 세계에서 새로 발견하는 탄생의 기쁨을 보고 있다. 그것을 일러 시인은 '절대고독'이라 부르고 거기서 '영원의 먼 끝'을 만지고 있다. 중요한 것은 이제까지 '생각하던' 것을 '만지게' 되었다는 감각의 전이이다. 의식 속에서 이루어진 대상의 확연한 전유를 시인은 만진다는 촉각적 체험으로 절실히 표현한다. 사실 '영원'이란 시간성의 흐름 자체를 절대적으로 부정하는 시간 부정적(negative) 개념이다. 따라서 그 안에는 변화나 굴절보다는 절대성으로서의 무한 동경이 내재한다. 시인은 그 영원의 끝을 만지면서 비로소 고독한 존재로서의 자신을 발견한다. 그것을 하품을 하며 오랜 잠을 깨는 기침(起寢)의 이미지로 표현하였다.

1연의 선언적 이미지는 2연으로 이어지면서 그 뜻을 선명히 하게 된다. 영원의 끝을 자각한 때 자신에게 영롱한 빛을 던져 주었던 존재들은 흩어지고 빛마저 잃지만 오히려 그러한 소멸을 통해 하나의 생성이 이루어지니 그것이 바로 '더 가까이 다가오는 따스한 體溫(체온)'이다. 이제는 '혼자서' 그것들을 내밀하게 바라보는 시적 화자의 마음이야말로 절대고독을 터득한 견자(見者)로서의 자각이 깃들여 있다. 그때 시적 화자는 이 시에서 나타나는 궁극적 행동 곧 '꿈으로 고이 안을 받친 내 언어의 날개들'을 티끌처럼 미련없이 떨구어 낼 수 있게 된다. 그리고 나서 시적 화자는 그 고독의 끝에서 침묵한다. 자신이 이제가지 필생을 다해 써 온 시 역시 이 순간만은 침묵해 버린다. 여기서 시의 침묵은 상반된 두 가지 해석을 동시에 불러일으킨다. 하나는 일생을 통해서 추구해 왔던 시조차도 무위로 끝나고 결국은 입을 다물며 침묵해야 하는 인간적 언어의 근본적 한계를 자각한 시인의 예지를 뜻하기도 하고, 다른 하나는 말하지 않아도 완성되는 '불립문자(不立文字)'의 경지를 그의 시가 절대고독 속에서 체득했다는 의미도 된다. 아무튼 이 마지막 부분은 절대고독과 영원의 끝에서 시와 인생이 완성되는 극치의 세계인 것이다.

언어로 표현할 수 없는 종교적 진리, 예컨대 신(神), 열반(涅槃), 범천(梵

天), 영원한 세계 앞에 우리는 마침내 침묵할 수밖에 없다. 침묵 속에서의 그와 같은 실체에 대한 체험은 더욱 확고해지고, 더욱 뚜렷하다. 참다운 종교적 진리를 체험하기 위해서, 아니 종교적 경지에 이르기 위해서는 과학적 사고는 물론, 철학적·예술적 사고를 초월해야 함은 물론이다. 종교적 진리는 말없이 말한다. 그것은 침묵을 통해서만 전달된다. 그러므로 종교적 진리는 근본적으로 신비적이다.[29] 그리고 종교적 확언의 본질은 강한 회의주의에 의하여 생겨난 갈등 속에서 가장 훌륭한 표현을 볼 수 있다[30]고 할 때 김현승의 이와 같은 절대고독의 경지는 기독교적 자장의 원심력에서 얻을 수 있는 최대치의 관념적 가능성이라고 할 수 있다.

김현승은 철학적이고 주지적인 형이상학적 시를 많이 썼는데 이 작품은 그가 추구해 왔던 철저한 관념적 진실이 세련된 시적 사유에 도달한 예라 할 수 있을 것이다. 그럼으로써 그의 시적 정수(精髓)를 표백한 작품이라고 할 수 있을 것이다. 그만큼 그는 고독 안에서 단독자로서의 자신과 절대타자로서의 신을 동시에 내적으로 영유하며 절대 신앙의 몫에 들어가고 만다. 절대 타자와 자아의 상호 기투(企投)는 그의 또 다른 시 「절대신앙」에 잘 드러난다.

　　당신의 불꽃 속으로
　　나의 눈송이가
　　뛰어듭니다.

　　당신의 불꽃은
　　나의 눈송이를
　　자취도 없이 품어 줍니다.

　　　　　　　　　　　　　　—「절대신앙(絕對信仰)」 전문

---

29) 朴異汶, 『宗敎란 무엇인가』, 일조각, 1993, 202~203면.
30) 차알즈 글릭스버어그, 최종수 역, 『文學과 宗敎』, 성광문화사, 1981, 92면.

따라서 김현승의 시사적 의의는 인간 존재의 유한성과 소멸성에도 불구하고 그것으로 하여 본질적이며 영원한 세계를 지향하는 초월적 정신의 시적 형상화로 요약되며, 우리 현대시에 사상적 깊이와 형이상시의 가능성을 보여 주었다는 데 있다.[31] 신앙은 사유가 끝난 데서 시작된다는 키에르케고르적 잠언 역시 이 경우에 적실하게 맞아떨어진다. 김현승 시의 근본 동력은 심미적 목적에 있지 않다. 그는 자기 자신 안에서 언제나 소용돌이치는 관념의 상을 쫓고 있으며 그것을 강한 도덕률과 정신의 가열성으로 질서화하며 논리적, 지적 분석을 가한 후 언어로 옷 입히는 순서를 밟는다.

따라서 그의 시는 동양적 예지 중의 하나인 직관에 의존하는 예가 거의 없고, 음률이나 해조(諧調)에 민감하지도 않다. 인간의 운명적 유한성을 절감한 시적 주체의 올곧은 관념적 진실만이 광채처럼 빛난다. 많은 연구자가 지적했듯이 '보석'의 결정성(結晶性)이야말로 그가 파악한 존재의 근본 양식인 밝음과 어둠의 양면을 동시적으로 포괄하는 이미지[32]이다. 소멸에 대한 시적 굴착(掘鑿) 그리고 그 소멸을 근본 동력으로 하는 비타협적 결정으로서의 고독의 이미지는 가장 김현승적인 시적 추구의 모습이라고 할 수 있다. 그가 추구해 마지 않는 '뼈 속의 언어'야말로 '산까마귀 울음 소리'처럼 삶의 근원 또는 심연 또는 밑바닥까지 이르는 지적 가열성(苛烈性)을 뜻한다. 따라서 우리는 김현승 시의 변모 과정을 한 마디로 관념적 진실의 시적 명징성의 점진적 획득이라는 발전 도정으로 집약할 수 있고, 보석 이미지는 소멸과 동시에 영원성의 결정(結晶)의 의미를 띤다고 할 수 있다.

그의 고독은 단독자로서의 자기 자신에 대한 실존적 각성의 방법론적 형식이다. 따라서 허무주의나 감상벽은 끼어들 여지가 없다. 더욱 단순해지고, 순수하고 투명한 인간으로서의 본질만 남는 끊임없는 자기

---

31) 권영진, 「詩와 宗教的 想像力」, 『崇實語文』 제2집, 1985, 83면.
32) 김종철, 「견고한 것들의 의미」, 『시와 역사적 상상력』, 문학과지성사, 1978, 61면.

소멸 또는 자신으로의 응집이 바로 고독이라는 형식이다. 따라서 그의 고독은 결과적으로 부정을 통한 절대긍정의 회로의 한 단계로서의 의미를 띠게 된다. 전통적이고 외피적인 신앙의 습속 및 형식을 과감히 부정하고 새로운 자아 인식에 눈뜬 지식인의 행동 및 사유 양식이 '홀로' 있는(exist) '외로움(Lonliness)'이 아니라 '호올로' 있는(be) '고독(Solitude)'이다. 회의와 갈등을 거친 치열성 그것이 투항적이고 자기 부정적인 나아가 몰자아적이고 자학적인 기독교적 외피에 저항했다고 볼 수 있다. 그것이 비록 말기시에서 체험적 절실성에 힘입어 비교적 밋밋한 신앙시로 회귀했을지언정 그의 고뇌와 방법론적 자기 탐구는 우리 시에 형이상적 깊이와 신앙적 진실성의 빛을 던져 주고 있다고 볼 수 있다. 이런 회의를 통한 결별과 체험을 통한 회귀는 그대로 자신의 삶과 성서적 구조를 동일시한 삶 곧 일종의 변증법적 삶의 양식이라고 할 수 있을 것이다. 이러한 면에서 그의 시는 "시는 어떤 내용을 다루고 있든 의미 있는 세계의 실존을 확증시켜 주지 않을 수 없다. 심지어 시가 실존의 무의미성을 고발하는 경우에라도 마찬가지이다. 시는 질서를 의미하며 혼돈의 고발까지도 포함한다. 시는 소망을 의미하며 절망의 부르짖음까지도 포함한다. 그것은 사물의 진정한 모습에 관심을 갖는다. 그리고 사물의 진정한 모습에 관심을 갖기 때문에 모든 위대한 시는 진실하다"[33]는 발언을 전적으로 충족시킨다.

관념론적 사유에 의하면 원래 실재(實在)는 정신적인 것이다. 버클리(Berkley)가 말한 바와 같이 "존재하는 것은 지각되는 것이다(esse est percipi)." 물질은 정신 속에 있는 관념들(ideas)의 형태로밖에는, 또는 정신 활동의 표현으로밖에는 존재하지 않는다.[34] 그런 의미에서 김현승의 사유 방식은 관념론의 한 형태 기독교적 실존주의[35])에 입각한 것이었으며, 그는

---

33) 차알즈 글릭스버어그, 앞의 책, 279면.
34) 이명섭 편, 『世界文學批評用語事典』, 을유문화사, 1985, 41면.
35) 기독교적 실존주의는 그의 사유 모델을 설명하는 데 유용한 참고가 된다. 그것의 내

인간 존재를 신 앞에 던져진 유한하고 고독한 존재로 파악, 그 안에서 영원을 감득하는 '절대고독'의 극한까지 추구해 간 보기 드문 지적 치열성을 지닌 시인이었다. 그리고 그 방법적 기제는 관념의 이미지화와 외계(外界)와 주체(主體)의 상호 기투에 의한 외계의 내면화였음을 알 수 있다.

> 나는 自然을 있는 대로 받아들이지 않고, 自然에다 어떤 주관적인 해석을 가하고 주관에 의하여 변형시키기를 요구한다. 이런 점에서 나는 동양적이 아니고 서구적이다, 그리고 그것은 곧 基督敎的이다. 그리고 그것은 性善說에 입각한 생활이 아니고 原罪說에 뿌리박은 생활임을 나 자신이 언제나 인식하고 있다.
> — 「나의 고독(孤獨)과 나의 시(詩)」

> 그러나 나의 나이 50대에 이르러, 나의 이러한 긍정적인 청교도 사상에는 큰 변혁이 일어났다. 간단히 말하여 무조건 부모에게 傳襲한 신앙에 대하여 나는 50을 넘어서야 회의를 일으키게 되고, 점점 부정적인 데로 기울어져갔다.
> — 「나의 고독(孤獨)과 나의 시(詩)」

이 나의 신앙적 배반을 오래 참고 보시다 못하여 나를 주관하시는 하나님 아버지께서 나를 치셨던 것이다. 나를 치셔서 영영 쓰러뜨리셨더라면 나는 그때부터 지금까지 지옥의 불덩이 속에서 후회 막급하여 구원을 부르짖고 있었을 것이다. 그러나 하나님 아버지께서는 나를 다시 깨어나게 하시어 나의 과거를 회개할 기회를 주시고, 그리하여 나는 고혈압 증세를 앓기 전보다 신앙

용은 첫째, 인간은 인격적이며 완전한 의식을 갖게 되었을 때 소외된 우주에 있는 자신을 발견한다. 하나님의 존재 여부는 이성에 의해서가 아니라 믿음에 의해서 해결되는 난제이다. 둘째, 인격적인 것은 가치있는 것이다. 셋째, 지식은 주관적인 것이다. 완전한 진리는 종종 역설적이다. 넷째, 사건의 기록으로서의 역사는 불확실하고 중요하지 않다. 그러나 현재화되고 생산화된 모델, 유형, 신화 등으로서의 역사는 매우 중요하다 등으로 요약되는데, 김현승의 시적 진실은 이러한 사유의 동력에 힘입은 바 크다고 할 수 있다. 제임스 사이어, 김헌수 역, 『기독교 세계관과 현대사상』, 한국기독학생회 출판부, 1985, 132~140면 참조

을 회복하고 나 자신의 죄과를 깨닫고 신앙에 전진하려고 지금은 노력하고
있다.

— 「하느님께 감사를 보내며」

이와 같은 산문적 발언을 통해 우리가 알 수 있는 것은 흡사 『천로역
정(天路歷程)』의 주인공의 편력처럼 하나의 완결성있는 극적 구성이 그
의 생이라는 것이다. 신앙의 문턱에 들어섰다가 회의하고 방황하다 신
앙의 고향으로 회귀하는 경로는 기독교적 인생관을 말할 때 근본적으
로 적시되는 성서적 알레고리인데 아이러니컬하게도 그의 삶이 그 경
로를 고스란히 보여 준 셈이다. 그러나 그러한 다변화된 삶의 역정에도
불구하고 그의 삶은 여전히 기독교적 상상력이라는 자장을 한 치도 떠
나지 않았고 신에 대한 회의도 종교적 상상력이 극에 가서 얻을 수 있
는 방법적 부정이었던 셈이다. 그만큼 그의 정신적 기저에는 언제나 자
양으로서의 기독교적 상상력이 예비되어 있었던 것이다. 그것은 한마디
로 내적 갈등과 실존적인 자기 인식이었다. 그런 의미에서 그에게 종교
란 "인간 정신 전체의 심층 상태(the aspect of depth)"[36]였다고 생각된다.

4. 맺음말—시와 종교적 상상력

우리는 이제까지 윤동주와 김현승의 시적 궤적을 그들의 시에 나타
난 종교적 상상력(想像力)이라는 준거를 토대로 읽어 왔다. 논문의 성격
이 이 두 시인의 시적 행로를 비교우위적으로 평가하거나 아니면 극단
적으로 '정도(正道)'와 '사도(邪道)'라는 이항대립으로 가치평가하려 했던

---

36) 폴 틸리히, 앞의 책, 12면.

것이 아님은 자명하다. 그것은 두 시인의 미세하지만 아득한 상상력의 편차 그것을 따라오는 형식이었다고 할 수 있다. 두 시인 모두 종교적 이념이라는 어찌보면 협애하고 배타적일 수 있는 토대에서 시적 출발을 하여 그것을 자신들의 인문적 상상력과 현실 인식으로 통합하여 모두 균형잡힌 서정을 고전적 격조 속에 보여 준 시사적 공적을 인정해야 할 것이다.

문학이 시간적으로 경험을 초월하면서 그 심미성을 가질 수 있다는 것은, 미의 형식적 요소가 경험적 내용으로부터 분리되어 성립하는 것이 아니라, 경험적 내용을 기초로 하면서 이를 초월하는 이념으로 존재할 수 있다는 것을 의미한다.[37] 따라서 문학에서 기독교적이라고 하는 것은 경험적 내용을 토대로 하는 소재적(stofflicher) 또는 주제적(motivisher)인 상태이지, 어떤 형식적인 원칙이 있는 것은 아니다.[38] 그러므로 기독교 문학은 현대인의 경험 그리고 그것을 초월하는 이념을 통해 종교적 충동을 자극하고, 서술할 수 있어야 한다. 그뿐만 아니라 급진적 세계성과 절대적 신앙을 종합하기 위하여, 복음을 뒷받침해 주며, 기독교 정신을 독자들이 받아들일 수 있도록 노력해야 할 것이다. 세속적인 세계관과 성서적 신앙이 서로 조화를 이루는 곳에 그리고 신앙에 대한 모든 역사적 편견과 외식들을 벗어 버리는 데 아마도 참된 기독교 문학의 새로운 본질이 있을 것이다.[39] 다시 말하면, 그와 같은 비의(秘義) 추구의 열정이 기독교 문학 또는 종교적 상상력의 존재 이유일 것이다.

언어 양식으로 표상된다는 점에서 종교와 문학은 동질적이라고 할 수 있다. 그것의 결합 형태인 종교 문학은 형상을 매개로 하는 미적 충동을 통해 잠재적인 종교적 충동을 현출시켜야 할 것이다. 윤동주와 김현승의 종교적 상상력은 이러한 가능성에 대한 지향의 흔적을 우리에

---

37) 김우창, 『심미적 이성의 탐구』, 솔출판사, 1995, 109면.
38) 쿠르트 호호프, 한숭홍 역, 『기독교 문학이란 무엇인가』, 두란노서원, 1991, 13면.
39) 앞의 책, 112~113면.

게 소중하고도 다양하게 보여 주고 있는 종교 문학의 위대한 자산이라
고 해야 할 것이다.

제2장
소월 시와 샤머니즘

1. '원형적 보편성'으로서의 소월 시편

우리 근대문학사 전체를 통틀어 김소월 시편들이 차지하는 위상과 권역은 자못 크고 넓다. 그는 시집 『진달래꽃』(1925)을 통해 식민지 시대의 가장 높은 서정의 봉우리를 보여주었을 뿐만 아니라, 당대의 시사적 주류였던 서구 낭만주의적 경향에서 한껏 벗어나 우리 고유의 정조(情調)와 목소리를 바탕으로 근대 자유시의 한 전범을 보여주었기 때문이다. 이러한 소월 시편의 미학적 탁월성과 문제성은 이미 여러 시각과 방법을 통해 일정하게 해석과 평가를 완료한 듯한 느낌을 주고 있다. 하지만 위대한 텍스트는 또 다른 독법(讀法)을 통해 새로운 의미역(域)이 밝혀지게 마련이라는 점에서, 소월 시편들은 여전히 새로운 해석과 평가를 기다리고 있는 미결정의 실체라고 할 수 있을 것이다. 그래서 우리는 그동안 소월 시의 한켠을 분명히 차지하고 있으면서도 학문적 논의의 장(場)에서는 거의 사각지대라 할 수 있을 정도로 소루한 양상을 보여온 소월 시와 샤머니즘과의 유관성을 고찰해보려 한다. 그럼으로써 소월 시가 견지하고 있는 넓은 지경(地境)에 대해 다시 한번 생각해보려는 것이다.

우리가 잘 알듯이, 소월이 창작 활동을 했던 시대는 대내적으로는 전대(前代)의 봉건주의가 물러나면서 식민지 근대가 전면화되기 시작하는 시기였으며, 대외적으로는 일제의 탄압과 수탈이 한층 강화되던 시기였다. 이러한 중층적 상황에서 소월의 세계관적 기초는 근대의 중심에서 여러 모로 소외되었던 당대 민초들의 그것과 강렬한 친연성을 가지게 된다. 물론 소월의 인식론적 기저가 일종의 계급적 시각이나 구체적인 역사적 지평 위에서 구축된 것은 아니다. 오히려 그는 당대적인 역사적 상황보다는 근원적이고 원형적인 상황을 상상적으로 구성하고 해석함으로써 상실과 폐허의 시대를 증언하고 그에 응전하려고 했을 뿐이다. 그래서 그는 전통적인 민족 정서라 할 수 있는 '기다림', '한(恨)', '애환' 등을 시 속에 적극 담아냄으로써 구체적인 이념적, 계급적 시각을 넘어 일종의 '원형적 보편성'을 구축할 수 있었던 것이다. 그 가운데 하나가 그의 심층 심리 속에 내재해 있던 일종의 '샤머니즘' 경험 혹은 감각들이라 할 수 있는데, 이처럼 그가 경험하고 내면화한 결과로서의 '샤머니즘'의 내용과 형식을 살피는 일은, 소월 시편들이 추구했던 '원형적 보편성'의 실질이 어떤 것이었는가를 유추하는 데 유력한 자료를 제공할 수 있을 것으로 생각된다.

2. 소월 시에 나타난 '샤머니즘'의 징후들

소월은 시작 생애 10년 여 동안 모두 270여 편의 시를 남겼다. 이미 잘 알려져 있듯이, 그 안에는 부재하는 타자(他者)에 대한 강한 상실감과 그리움의 모티프가 짙게 담겨 있다. 그 상실감과 그리움은 일종의 과거 지향의 시간 구조를 불러와 그로 하여금 이른바 '정한(情恨)'의 시인이 되게 하였다. 하지만 '정한'이라고 뭉뚱그려져 해석되어왔던 그의 상실감과 그리움은 우리 민족의 심층 심리 속에 경험적으로 내면화되어 있는 구비문학적 요소와 샤머니즘적 요소를 수반한 것이었다는 것이 이 글의 가설이다. 먼저 다음 시편은 소월의 상실감과 그리움의 깊이와 그것을 초래한 원형적 상황을 잘 보여주는 가편이다.

산새도 오리나무
위에서 운다.
산새는 왜 우노, 시메 산골
嶺 넘어가려고 그래서 울지

눈은 내리네, 와서 덮이네
오늘도 하룻길
칠팔십 리
돌아서서 육십 리는 가기도 했소.

不歸, 不歸, 다시 不歸
三水甲山에 다시 不歸.
사나이 속이라 잊으련만,
십오 년 정분을 못 잊겠네.

산에는 오는 눈, 들에는 녹는 눈

산새도 오리나무
위에서 운다.
삼수갑산 가는 길은 고개의 길.

—「삼수갑산(三水甲山)」 전문

이 시편은 '산(山)'을 실존적 배경으로 삼고 있는 한 사내의 심리적 정
황을 보여주고 있다. 그 사내는 '삼수갑산(三水甲山)'에서 다시는 해후하
지 못할 님과의 이별 상황을 노래하고 있다. 여기서 오리나무 위에서
울고 있는 '산새'나 길고 긴 '눈길'의 여정(旅程), 그리고 잊을 수 없는
'삼수갑산'은 모두 그러한 시인의 정서적 응집에 기여하고 있다. 여기서
대상을 여읜 '한(恨)'이 주요한 시적 주제임을 부연할 수 있을 것이다.
그런데 그 사내가 울고 있는 공간인 '삼수갑산'은 고독한 존재의 내면
을 비추어주는 성스러운 곳인 동시에 그를 오도가도 못하게 근원적 장
애물이기도 하다. 이때 사내가 느끼게 되는 '불귀(不歸)' 의식은 이러한
산세의 지형 때문에 생겨나는 것이다. 그곳은 소월에게 "떨어져 나가
앉은 산"(「초혼」)이고 고독하게 "山에서 우는 적은 새"(「산유화」)가 존재하
는 외따른 곳이다. 그만큼 그 '삼수갑산'은 시인의 긍정적 의지에 의해
서 개척 가능한 자연이나 궁극적 친화를 앞둔 물심일여(物心一如)의 자
연이 아니라, 현실적 삶이 완벽하게 배제되어버린 '죽음'의 상황을 은유
하는 자연 공간이다. 이처럼 소월의 비극적 정한은 당대에 죽음의 징후
에 여러 모로 노출되었던 인간 실존의 요소들을, 앞뒤가 꽉 막힌 공간
으로 치환하여 보여줌으로써, 민족의 보편적 정서로 확산할 수 있는 개
연성을 확연하게 부여하고 있는 것이다. 이러한 소월 시의 인식론적 지
평 곧 '죽음'의 상황을 자연 사물의 정황으로 치환하여 실존의 보편성
으로 확산시키는 것이 그의 시편들로 하여금 폐쇄적 자기 탐닉과 자의
식을 넘어 시를 통한 민중적 카타르시스에 기여하게끔 한 것이다.
이러한 소월의 의식은 이제 '샤머니즘'의 징후라고 명명할 수 있는

여러 편의 시편을 남기게 된다. 그의 문제작 「무덤」은 '무덤'을 향해 "부르는 소리"의 한 절정을 보여주는데, 이때 '무덤'은 '영(靈)', '천인(天人)', '유령', '시골(屍骨)' 등 일정하게 '죽음'과 연관된 시적 기표들과 더불어 그 모습을 현현한다. '무덤'의 시적 상황은 그의 「찬 저녁」, 「외로운 무덤」 등에도 집중적으로 등장한다.

> 그 누가 나를 헤내는 부르는 소리
> 붉으스름한 언덕, 여기저기
> 돌무더기도 움직이며, 달빛에,
> 소리만 남은 노래 서러워 엉겨라,
> 옛 祖上들의 記錄을 묻어둔 그곳!
> 나는 두루 찾노라, 그곳에서,
> 형적 없는 노래 흘러 퍼져,
> 그림자 가득한 언덕으로 여기조기,
> 그 누구가 나를 헤내는 부르는 소리
> 부르는 소리, 부르는 소리,
> 내 넋을 잡아 끌어 헤내는 부르는 소리.
>
> —「무덤」 전문

이 시편에서 시인은 자신의 넋을 잡아 끌어당기는 무덤 속의 소리를 듣고 있다. 살아 있는 자와 죽은 자의 혼교(魂交)는 이처럼 돌무더기 속에 울려 퍼지는 '소리'를 통해 가능해진다. 그런데 그 '소리'는 "소리만 남은 노래"로 표현된다. 가령 그것은 '노래'에서 '말'이 지워진 채 '소리'만 남은 어떤 것이다. 하지만 "소리만 남은 노래"는 이미 '노래'가 아니다. 그것은 "옛 조상들의 기록"을 묻어둔 채 흘러 퍼지는 "형적 없는 노래"로서, 흘러 흘러서 "그림자 가득한 언덕으로 여기조기" 퍼지면서 "그 누구가 나를 헤내는 부르는 소리"로 울려퍼지고 있을 뿐이다. 그래서 "내 넋을 잡아 끌어 헤내는 부르는 소리"는 내용 없는 주술성을 띤

채 완강한 지속성으로 시인 주위를 울려퍼지고 있는 것이다.

이러한 '소리'를 매개로 한 죽음 자와 산 자 사이의 상상적 열망은, 샤먼의 접신(接神) 과정을 자연스럽게 떠올리게 한다. 왜냐하면 조상의 '혼'과 생자의 '혼'이 서로의 힘에 이끌려 한밤에 만나는 풍경을 이 시 편이 보여주고 있기 때문이다. 시인은 '무덤'에서 시간과 공간을 초월한 생자와 망자의 상상적 만남을 열망하고 있지만, 그 만남이 그리 수월해 보이지는 않는다. 왜냐하면 그 만남은, 마치 삶과 죽음 혹은 이승과 저 승의 거리만큼이나 아득한 소통 단절을 그 치명적 조건으로 하고 있기 때문이다. 그래서 "부르는 소리, 부르는 소리"의 물질적 연쇄를 사이에 두면서 '죽음'의 처소인 '무덤'에서 서성이고 있는 시인의 목소리는 넋 에 들린 샤먼의 모습을 고스란히 환기하고 있다. 그 '부름'의 결과는 그 래서 열망만큼이나 커다란 좌절을 동반한다. 그 과정은 다음 시편에서 이루어진다.

산산이 부서진 이름이여!
허공 중에 헤어진 이름이여!
불러도 주인 없는 이름이여!
부르다가 내가 죽을 이름이여!

심중에 남아 있는 말 한 마디는
끝끝내 마저 하지 못하였구나.
사랑하던 그 사람이여!
사랑하던 그 사람이여!

붉은 해는 서산 마루에 걸리었다.
사슴이의 무리도 슬피 운다.
떨어져 나가 앉은 산 위에서
나는 그대의 이름을 부르노라.

설움에 겹도록 부르노라.
설움에 겹도록 부르노라.
부르는 소리는 비껴가지만
하늘과 땅 사이가 너무 넓구나.

선 채로 이 자리에 돌이 되어도
부르다가 내가 죽을 이름이여!
사랑하던 그 사람이여!
사랑하던 그 사람이여!

—「초혼(招魂)」 전문

소월은 자신의 유일한 시론인 「시혼」에서 "우리는 삶을 더 멀리한 죽음에 가까운 산마루에 섰어야 삶의 아름다운 빨래한 옷이 생명의 봄두던에 나부끼는 것을 볼 수 있습니다"라고 말하였다. 이는 그가 강렬하게 '죽음'에로 이끌리면서 느꼈을 허무 의식을 잘 보여준다. 이 시편은 바로 그 "죽음에 가까운 산마루" 끝에서 부르는 노래이다. 이 시편의 형식 곧 '초혼(招魂)'의 과정은 예부터 전해오는 장례 제의(祭儀)의 첫머리에 놓이는 의식이다. 『예기(禮記)』에 다르면, '초혼'은 죽은 자를 극진하게 사랑하는 길인데, 사람이 죽으면 집 위에 올라가 그의 혼을 부르기를 "아무개 돌아오라" 하고 이름을 부른다는 것이다. 그래도 살아나지 않으면 죽은 사람으로 여긴다고 하는데, 여기에는 곧 이승과 저승을 이어주고 망자(亡者)의 혼을 달래주는 진혼(鎭魂)의 함의가 있다고 할 수 있다. 소월은 「무덤」에서 "부르는 소리, 부르는 소리"의 연쇄를 통해 망자와의 힘겨운 혼교를 의도하지만, 「초혼」에 이르러 그 "부르는 소리는 비껴가지만 / 하늘과 땅 사이가 너무 넓구나"라고 노래함으로써 초혼과 진혼의 과정 끝에 느끼는 생자와 망자의 아득한 거리를 표현하고 있는 것이다. 이 시편은 거의 신어(神語)에 가까운 격정을 보여주면서 격렬한 엑스터시를 현상한다. 그러면서 황홀감과 환각 속에서 죽은 자에 대한 상상적 접신 과정을 선명하게 보여주고 있다. 이 점에서 「초혼」은 사적 (私的) 연애담의 차원을 훌쩍 넘어서게 된다.

하지만 결국 생자와 망자의 거리는 좁혀지지 않는다. 다만 이 「무덤」 과 「초혼」은 '죽음' 속에서 영혼을 불러내고 결국은 생자와 망자가 소통하고 혼교하는 과정을 완성하는 주술적 힘을 동시에 보여주고 있는 것이다. 그 결과 "선 채로 이 자리에 돌이 되어도 / 부르다가 내가 죽을 이름이여!"라는 예의 불귀(不歸) 의식을 보여주게 되는 것이다. 그 점에서 「무덤」과 「초혼」은 소월 시의 샤머니즘의 징후를 선명하게 보여주는 최소쌍(minimal pair)인 셈이다.

이러한 정황을 보여주는 사례로 우리는, 「열락(悅樂)」의 "흐느껴 비끼는 呪文(주문)의 소리"(「열락」)나 「깊은 구멍」에서 '혼'이 '기억'과 관련되는 양상을 경험할 수 있다. 물론 이 기억들은 "의식적인 기억이라기보다는 무의식적인 기억"(신범순)이면서 동시에 과거의 기억이 지나간 그 '구멍'을 오가는 '혼'에 대한 감각으로 인해 생겨난 것이라는 점에서 주목할 만하다. 또한 이는 "영기한 무덤"에서 "나는, 오히려 나는 / 소리를 들어라, 눅석이물이 씨거리는, / 땅 위에 누워서, 밤마다 누워, / 담 모도리에 걸린 달을 내가 또 보므로"(「찬 저녁」)라고 노래하는 상황을 다시 한번 환기한다.

이처럼 우리는 '죽음'이나 어떤 불가항력적인 이별을 통한 단절과 유폐가 소월 시의 근원적 정황임을 알 수 있다. 그 가운데 혼의 소통이라는 신화적 차원의 상상적 행위를 열망하고 구성하고 있는 소월 시편들은 만해 시편들처럼 죽음을 넘어 재생의 모티프를 갖기보다는 그 단절의 상황을 선명하게 근본화함으로써 인간 존재의 비극성을 부조(浮彫)한다. 이 점에서 그의 샤머니즘 충동은 방법적인 것이고, 그 종교성이야말로 문학 본래의 근원 지향성을 그가 지속적으로 추구해왔음을 유력하게 증명하는 것이다.

사실 종교성과 문학성은 근원적 의미에서 동일한 뿌리를 가지고 있다. 우리가 원형적 이야기의 형식으로 경험하고 있는 '신화'의 존재가 그 같은 뿌리의 동일성을 잘 설명해준다. 하지만 신화는 힘을 잃고 이 제 신(神)에게서 버림받은 인간이 자신의 힘으로 힘겨운 구원의 길을 찾 아야만 한다는 이야기를 풀어온 것이 근대 서사의 운명이다. 이때 문학 은 바로 그러한 운명의 이야기를 쓸쓸하고도 역동적으로 들려준다. 신 이 숨어버렸기에 제대로 알 수 없는 뜻을 찾고자 하는 것이다. 여기서 타락한 세계에서 타락한 방식으로 진정한 가치를 추구하는 이른바 '문 제적 주인공'은 훼손된 시대를 살아가는 시인들을 은유하기도 한다. 그 점에서 문학과 종교는 초월적 '뜻'을 찾는 공통성을 지닌다. 이때 문학 은 삶의 의미가 모호해진 시대에 형상화되기 힘든 이야기들을 상징적 으로 말해준다. 여기서 '죽음'은 '사랑'과 더불어 문학의 항구적 주제가 된다. 모든 이야기에는 삶이 있기에 죽음이 있고, 죽음이 있기에 삶의 의미가 가능하다는 역설의 논리(logic)가 성립된다. 여기서 죽음 자체를 사유하는 종교적 언어 형식이 문학과 결합하게 되는데, 소월의 경우 그 것은 '샤머니즘'이라고 포괄할 수 있는 무속적 경험 혹은 형식과 날카 롭게 조우하게 된 것이다.

이 점에서 소월 시편들은 초시간적이고 원형적인 보편성을 강렬하게 견지함으로써 당대를 관류하던 근대적 충격에서 벗어날 수 있었다. 또 한 그는 '근대(近代)'에 대한 복합적이고 구조적인 시적 통찰을 거친 후, 가장 보편적이고 근원적인 속성으로서의 인간 존재의 운명을 노래할 수 있었던 것이다. 이를 두고 일제에 대한 근원적 차원의 반(反)근대적, 음성적 저항으로 해석할 수도 있을 것이다. 강한 허무주의적 편향에도 불구하고, 그의 시세계가 서구적 근대와의 결별에 대한 의욕과 전통적 제의 형식을 통한 열망을 동시에 보여주었기 때문이다.

3.「시혼」에 나타난 종교적 감각들

앞에서도 인용하였듯이, 「시혼(詩魂)」은 소월의 시적 감각과 인식을 드러내주는 매우 중요한 자료이다. 그가 거기서 '외로운 벌레'의 울음을 들을 수 있는 것은 역설적으로 근대 문명의 소란스러움 속에서이다. 근대 문명의 소음이 없을 때 벌레의 울음은 오히려 일상적이어서 예민하게 지각되지 않는다. "예전에 미처 몰랐"던 것들의 발견을 가능케 한 것은 "예전" 곧 일상의 감각이 소진되었을 때이며, '밝음'을 '밝음'으로 인식하게 하는 것은 "밝음을 지워버린 어두움의 골방" 속에서인 것이다. 소월은 이처럼 자신의 시를 통해 근대적 경험 속에서만 명백하게 '기억'될 수 있는, 전통적인 생의 형식들을 적극적으로 환기하고 형상화할 수 있었던 것이다.

그만큼 소월에게 종교적 영감과 시적 비전은 존재론적 인식의 관점에서 통합된 것이었다. 그것은 그로 하여금 현실을 초월하여 '죽음'을 넘어서까지 시적 시계(視界)를 넓히게 해주었다. 그래서 「시혼」은 그의 시가 단순한 비관적 현실 인식을 넘어서 새로운 존재론적 인식의 관점을 가지고 있었음을 보여주고 있으며, 그 관점이 시창작에 신선한 비전과 원동력을 제공하였음을 알려주고 있다.

> 그러한 우리의 영혼이 우리의 가장 이상적 美의 옷을 입고, 완전한 韻律의 발걸음으로 미묘한 節操의 풍경 많은 길 위를, 情調의 불붙는 산마루로 향하여, 혹은 말의 아름다운 샘물에 心想의 작은 배를 젓기도 하며, (…중략…) 이 곧 이르는 바 詩魂으로 그 순간에 우리에게 顯現되는 것입니다. 그러한 우리의 詩魂은 물론 경우에 따라 大小深淺을 自在變換하는 것도 아닌 동시에, 시간과 공간을 초월한 존재입니다.

소월이 말하는 '시혼'은 이처럼 절대불변의 존재이자 시공을 초월하는 에너지이다. 여기서 '음영(陰影)'이란 '시혼'이 형상화되어 현현한 것으로서, '시혼'은 불변의 존재로 '음영'은 가변적 현상으로 나타난 것이다. 이처럼 소월의 시관(詩觀)은 일종의 음양(陰陽) 사상에 기저를 두고 있다고 할 수 있다. 음과 양은 존재자와 그 그림자처럼 불가분리의 관계를 이루고 있기 때문이다. 영혼 없는 몸이 죽은 것처럼, '시혼' 없는 '음영'은 존재하지 않는 것이다. 그래서 소월은 "靈魂(영혼)은 절대로 완전한 永遠(영원)의 存在(존재)며 不變(불변)의 成形(성형)입니다. 예술로 표현된 靈魂(영혼)은 그 자신의 예술에서, 사업과 행적으로 표현된 영혼은 그 자신의 사업과 행적에서 그의 첫 형체대로 끝까지 남아 있을 것입니다. 따라서 詩魂(시혼)도 산과도 같으며 가람과도 같으며, 달 또는 별과도 같다고 할 수는 있으나, 詩魂(시혼) 역시 본체는 영혼 그것이기 때문에, 그들보다도 오히려 그는 永遠(영원)의 存在(존재)며 不變(불변)의 成形(성형)일 것은 물론입니다"라고 설파하는 것이다.

따라서 소월은 영혼을 "가장 높이 느낄 수도 있고 가장 높이 깨달을 수도 있는 힘"으로 파악하고 시인에게 "가장 강하게 진동이 맑게 울리어 오는, 反響(반향)과 共鳴(공명)을 항상 잊어버리지 않는 樂器(악기)"로 묘사하며, 이를 시를 창작하게 하는 가장 강력한 실체로 여긴다. 그렇기 때문에 소월의 영안(靈眼)에 투영된 '영혼'은 다름아닌 사물이 "가장 가까이 비쳐 들어옴을 받는 거울" 이미지인 것이다. 아울러 그러한 영혼이 "우리의 가장 이상적 美(미)의 옷을 입고, 완전한 韻律(운율)의 발걸음으로 미묘한 절조의 풍경"으로 그 순간에 우리에게 모습을 드러내는 것이라 말하는 것이다.

　　적어도 평범한 가운데서는 物의 正體를 보지 못하며, 습관적 행위에서는 眞理를 보다 더 발견할 수 없는 것이 가장 어질다고 하는 우리 사람의 일입니다. 그러나 여보십시오. 무엇보다도 밤에 깨어서 하늘을 우러러 보십시오. 우리는 낮에 보지 못하던 아름다움을 그 곳에서 볼 수도 있고 느낄 수도 있습니다. 파릇한 별들은 오히려 깨어 있어서 애처롭게도 기운 있게도 몸을 떨며 永遠을 속삭입니다. 어떤 때에는, 새벽에 져가는 고요한 달빛이, 애틋한 한 조각, 崇嚴한 彩雲의 다정한 치마귀를 빌어, 그의 가련한 한두 줄기 눈물을 문지르기도 합니다. 여보십시오, 여러분. 이런 것들은 적은 일이나마, 우리가 대낮에는 보지도 못하고 느끼지도 못하던 것들입니다.

이렇듯 영원을 추구하는 소월의 시 행위에서 본질인 '시혼(詩魂)', 그 영혼은 소월 시편으로 하여금 영원을 향한 그리움과 사무침을 갖게 하고 있고 그에게 삶의 열정과 실존에의 치열한 비애를 선사한다. 그 삶의 심연 속에서 우리는 영원의 소리를 듣게 되는데, 따라서 우리는 소월 시편들이 우주와의 내밀한 통교를 통한 존재의 소리를 들려주고 있다고 할 수 있다. 그래서 시인은 "우리는 우리의 몸이나 맘으로는 일상에 보지도 못하며 느끼지도 못하던 것을, 또는 그들로는 볼 수도 없으며 느낄 수도 없는 밝음을 저버린 어둠의 골방에서며, 사람에서는 좀 더 돌아앉은 죽음의 새벽빛을 받는 바라지 위에서야 비로소 보기도 하며 느끼기도 한다는 말입니다. 그렇습니다. 분명합니다. 우리에게는 우리의 몸보다도 맘보다도 더욱 우리에게 각자의 그림자같이 가깝고 각자에게 있는 그림자같이 반듯한 영혼이 있습니다. 가장 높이 느낄 수도 있고 가장 높이 깨달을 수도 있는 힘, 또는 가장 강하게 진동이 맑게 울리어 오는, 反響(반향)과 共鳴(공명)을 항상 잊어버리지 않는 樂器(악기), 이는 곧, 모든 물건이 가장 가까이 비쳐 들어옴을 받는 거울, 그것들이 모두 다 우리 각자의 영혼의 표상이라면 표상일 것입니다"라고 할 수 있는 것이다. 궁극적으로 시인은 "부르는 소리는 비껴가지만 / 하늘과 땅 사이가 너무 넓구나"(「초혼」)라고 절규하는데, 이처럼 시인의 인생은 생사의 근원, 그 존재의 시작도 최후의 목적지도 어디인지 모른 채, 잃어버린 영혼의 고향을 그리워하며 사는 방랑의 삶이라 노래하는 것이다.

말할 것도 없이, 영원과 시간, 하늘과 땅, 그리고 삶과 죽음 사이의 거리감은 시인 자신으로 하여금 창작의 비장함과 비애감을 경험케 하는 동시에 실존적 상황으로서의 본질적 의미를 제공하게끔 한다. 그래서 소월에게 영혼의 항구적 세계는 실존적 자아가 짊어지는 비애의 표현이 된다. 그것은 또한 비장함을 인식하게 하는 실존적 의미를 내포하고 있다. 일정한 물리적 시간 속에 사는 인간의 한계 혹은 '죽음'과 결부된 실존적 문제는 영원을 추구하는 그의 존재론적 인식에서 비롯되고 있는 것이다. 그러므로 삶은 하나의 그림자 즉 '음영(陰影)'에 속하고 그 실체는 불멸의 '영혼(靈魂)'이 되는 것이다. 그리고 사랑하는 대상으로서의 '님'은 하나의 제재에 불과하고 '님'을 통한 영원에의 존재론적 인식이 소월 시의 핵심이라 할 수 있다. 이러한 속성이 예의 '샤머니즘' 징후들과 안팎의 관계를 이루고 있음을 우리는 어렵지 않게 알 수 있는 것이다.

4. 소월 시의 종교적 의미

최근 우리는 소월 시가 견지하고 있는 샤머니즘의 구조를 『진달래꽃』의 서사 구조와 연결하여 밝히고 있는 김만수의 논의를 접하게 되었다.(김만수, 「김소월의 『진달래꽃』과 샤머니즘」, 『민족문학사연구』 23호, 2003) 그는 '굿'의 진행 과정(영신(迎神) → 접신(接神) → 송신(送神))과 『진달래꽃』의 시집 편제 원리의 상동성(相同性)을 규명하면서 시집 안에 구현되어 있는 서사 구조가 '굿'의 구조와 같은 것임을 주장하였다. 원래 '굿'이라는 것이 신을 불러 샤먼과 단골이 하나가 되고, 단골의 소원을 샤먼을 통해서 신에게 전달하고, 신의 뜻을 샤먼을 통해 단골에게 전달하는 과정적 실체라고 할 때, 『진달래꽃』의 시편 배치는 소월이 의도했던 샤머니즘적 사유의 결실을 보여주는 것이라는 것이다. 이 점 중요하게 참고되어야 할 것으로 보인다.

우리가 잘 알듯이, 소월은 강렬한 상실감과 그리움을 일관된 시적 표상으로 삼았다. 또한 그는 상실된 세계를 복원하려 하면서도 우리 민족만의 고유한 것이 있다는 환상을 피하는 놀라운 능력을 보여주었다. 그는 폐허와 절멸의 시대에 대한 감각을, '꿈'과 '기억'을 불러들여 치유하고 회복하려 하였다. 거기서 우리가 만나게 되는 것이 죽음과 삶을 오가면서 혼교하려는 열망과 좌절의 과정이다. 그 상실감, 그러나 꿈은 꿈일 뿐이며 기억은 기억일 뿐 현재를 대신해 줄 수 없다는 것에 대한 인식, 현재를 맨눈으로 보고자 할 때 생생하게 닥쳐오는 '죽음'의 이미지들, 이런 것들이 단순 소박한 민중성을 넘어 소월 시가 파악하고자 했던 인간 실존의 근원적 몫이었고 소월 시의 종교적 의미라고 할 수 있을 것이다. 그 점에서 소월 시편들이 추구했던 '원형적 보편성'의 실질은 민족의 근원적인 심층 심리 속에 내재해 있던 상실감과 열망 그리고 그 좌절의 흔적이었던 것이다.

제3장

감각·신앙·정신을 통한 초월과 격절의 세계

정지용 '종교시편'의 의미

信仰이야말로 詩人의 日用할
神的 糧道가 아닐 수 없다.

　　　　　　　　　　　―「시(詩)의 옹호(擁護)」중

1. 정지용 시에서 '종교시편'의 위상

한국 근대시의 자기전개 과정에서 정지용(鄭芝溶, 1902~?)과 그의 시편
들이 차지하는 역사적·미학적 위상은 매우 견고하고 풍요롭고 또한
문제적이다. 그가 경도 유학생의 신분으로 참여한 『학조(學潮)』에 일찍
부터 뛰어난 근대시를 발표한 시인이었다든가, 『시문학(詩文學)』의 동인
으로 참여할 때의 문단적 위치가 벌써 중진 그룹에 속할 정도로 영향력

이 있었다거나, 모더니즘의 인적 구심체였던 구인회의 핵심적 구성원이었다거나, 『문장(文章)』 그룹을 시 쪽에서 실질적으로 인도한 사람이었다거나 하는 화려한 문단사적 위치 말고도, 그의 시편들이 형성한 두터운 미학적 성층(成層)은 그로 하여금 한국 근대시사의 숱한 전범 중에서도 가장 빛나는 성좌의 지위를 차지하게끔 했다고 보아도 단견은 아닐 것이다.

따라서 일찍부터 그와 그의 시적 성과에 관한 연구자들의 지속적인 관심과 천착이 있어왔다. 이른바 납·월북 작가의 해금 이전에도 간헐적으로 이 뛰어난 시인에 대한 학문적 경의가 표해졌거니와, 해금 이후에는 그야말로 폭발적으로 그에 관한 연구 성과들이 쏟아져 나왔다. 그에 따라 정지용의 행적이나 시 세계 혹은 시적 성취의 남다른 면이 비교적 온당한 조명을 받았다. 그 중 정지용의 시는 초기의 감각적 이미지즘에서 가톨릭시의 초월 의지로, 그리고 마지막으로 동양 정신을 기조로 하는 전통주의로 나아갔다고 보는 통시적 변모 과정을 승인하는 시각이 단연 우세했다. 더러는 전기에서 후기로 가는 길목에 잠시 가톨릭이라는 추상적 세계가 별 계기없이 끼어들어 간 형국으로 파악하기도 하였다. 그래서인지 정지용의 시적 궤적은 모더니티 지향에서 전통 지향으로 이월되는 과정을 겪었고, 그 둘 사이에 깊은 심연 혹은 날카로운 단층을 형성한 것으로 파악되곤 하였다.

어쨌든 그 동안의 연구 성과들은 정지용이 시의 언어 예술적 측면을 새삼스럽게 자각한 근대적 시인이라는 사실, 그의 시를 통해 '감각'의 층위가 서정시 작법에 얼마나 풍요롭게 구체화될 수 있는가 하는 미학적 실례를 얻었다는 사실, 그의 시 안에 근대적 개인의 삶의 경험적 충실성이 줄곧 나타난다는 사실, 그의 시가 투명한 인식과 형상화 방법이 통합되어 의뭉한 안개 지수(指數)가 적은 데다, 서구적 감수성과 동양적 정신의 요소가 두루 결합되어 나타난다는 사실 등을 밝혀냈다고 보아도 좋을 것이다.

그러한 평가의 과정에서 가장 혹독한 평가를 받아온 세계가 다름 아닌 그의 이른바 '종교시편'이었다. 그가 모더니티 지향에서 전통 지향의 세계로 변모하는 과정에 생긴 한시적 심연, 곧 그가 가톨릭에 경사되었던 시기에 발표된 시편들이 그것이다. 대략 1933년부터 1935년까지 3년 동안 집중적(시기적으로도 그렇지만, 매체로 보아서도 『가톨릭청년』에 집중되었다)으로 창작된 그의 종교시편[1]들은 그 동안 그 자체로서의 미학적, 방법적 성취보다는 정지용 개인사에서 그것이 어떤 진화적(혹은 퇴행적) 의미를 띠는가에 주로 초점이 맞춰져 고구되어왔다. 그래서인지 그 세계는 마치 종점을 향해 질주하는 근사한 열차가 잠깐 들러 쉰 낡은 간이역처럼 은유되었고, 더러는 정지용 시의 일시적 퇴행이라는 낙인이 무반성적으로 유통되기도 하였다. 어쨌든 이 시기의 시는 일종의 전환기적인 잠정적 징후로만 해석되어왔던 것이 사실이다.

이에 이 글은 정지용이 그의 생애를 시종하여 견고하고도 일관되게 견지한 문학적 정신주의 혹은 귀족주의가 수직적 초월의 극한까지 닿아보려 했던(에둘러가는 것이 아니라 곧장 지름길로 도약하려 했던) 구체적 산물로서의 종교시편들의 자체적 의미를 생각해보려 한다. 그런 연후에, 그것이 정지용 전체 시력(詩歷)에서 어떤 지속과 변이를 이루는 것인지를 준별하여 그 몫을 다시 묻게 될 것이다.

---

1) 사실 정지용의 종교시편이 구체적으로 어떤 작품들을 지칭하느냐에 대해서는 이견이 많다. 이 글에서는 『가톨릭청년』에 실린 작품 중에서 신앙적 전제가 비교적 견고하게 나타나 있는 작품들과 『시문학』에 실렸던 「그의 반」, 그리고 『백록담』에 실린 「슬픈 偶像」 등이 해당한다고 보았다. 『가톨릭청년』에 실린 종교시편들은 「臨終」, 「별」, 「恩惠」, 「갈릴레아 바다」, 「다른 한울」, 「또 하나 다른 太陽」, 「勝利者 金안드레아」, 「不死鳥」, 「나무」, 「悲劇」 등이다. 전체적으로 12편에 해당하고, 정확하게 정지용의 전체 시세계 중 가운데 시기를 수놓고 있다.

2. '종교시편'의 내포와 당위, 평가 기준

우리 문학사에서 특정 종교의 이념적, 방법적 프리즘으로 일관되게 세계를 해석하고 표상하려 했던 작가나 작품의 흔적은 더없이 빈곤하다. 물론 이 '빈곤'이 서구의 문학과 견준 상대적인 것임은 말할 필요도 없다. 종교 문학의 하나인 '기독교 문학'은 기독교라는 역사적, 이념적, 윤리적 기반과 문학이라는 감각적, 체험적, 형상적 양식이 하나의 작품으로 결합되어 나타난 산물을 지칭하는 개념일 터인데, 기독교가 신흥 외래 종교인 사실로 인해 그 역사나 토양이 매우 척박한 것이 사실이다. 폭 넓은 기독교적 전통을 모태로 태어난 서구 문학의 경우 그것들은 말할 것도 없이 거의 기독교 문학으로 편입될 가능성이 높은 데 비해, 우리 문학에서는 짧고 옅은 역사의 지층으로 말미암아 기독교 문학의 무게가 서구의 그것에 비해 일천할 수밖에 없는 것이다. 따라서 우리 문학사에 '기독교 문학'이라는 범주에 실질적으로 해당하는 작가 또는 작품의 실례가 영성한 것은 어쩌면 필연적이다.

기독교(구교와 신교 포함)에서 낙원의 창조와 상실 그리고 그리스도를 통한 그 세계의 복원으로 표상되는 세계관은 자연스럽게 신의 섭리를 통한 인간 구원이라는 목표를 띠게 된다. 또한 기독교는 인간의 실존적인 자기각성 혹은 윤리적 완성이라는 또 하나의 목표를 갖는다. 따라서 '기독교 문학[2]'에는 이 두 가지 원리 곧 신성 원리의 절대 긍정이라는 한 측면과 인간의 윤리적 갈등과 자기완성이라는 또 하나의 측면이 나타나게 된다. 따라서 우수한 종교시편은 필연적으로 이와 같은 두 가지

---

[2] 이 글에서 상정하는 '종교시편' 곧 기독교시는, 문학의 구조적 차이에서 정립된 장르적 개념이라기보다는 시인의 상상력, 가치관, 통찰력 등이 기독교적 요소를 지니고 있는 내포적 개념이라고 할 수 있다. 권영진, 「기독교와 현대시」, 『기독교와 한국문학』, 대한기독교서회, 1990, 139면 참조.

원리의 스펙트럼을 풍부하게 지니게 마련이다.

원래 인간은 신적이며 세속적이고, 본체적인 동시에 현상적이라는 이중적인 본성을 지니고 있다. 또한 이러한 인간의 이중적 본성 때문에, 세계는 모순되고 역설적인 것으로 보인다. 이러한 인간의 이중적인 본성 때문에, 세계에서, 세속적인 성격에서, 인간의 비참함에서 보면 신은 부재하지만, 인간의 위대함과 의미, 정의, 진리에 대한 인간의 요구라는 면에서 볼 때면 그렇게 부재하는 신은 또 영원히 전체적으로 현존한다.[3] 이렇듯 '부재하며 동시에 현존하는' 신의 속성이 인간에게 이른바 '비극적 세계관'을 배태시키는 것은 자연스럽다. 그러나 비극적 세계관이 '비관주의'로 곧바로 치환되지는 않는다는 데 신앙의 비의가 숨겨 있다. 오히려 역동적인 비극적 세계관을 견지하고 있는 서정적 주체들이 기독교의 또 하나의 속성인 '희망'의 원리를 가지고 갈등하며 고뇌하고 나아가서 그것들을 통합하여 살아 움직이는 형상으로 창조하려는 열정을 우리로서는 간과해서는 안 된다. 우리는 그것들을 일러 현대시의 '영적 체험'이라고 부를 수 있을 것이다.

그러므로 현대시의 영적 체험은 두 가지의 모순된 얼굴을 하고 있고 스스로 자기 분열되어 있다. 그 두 얼굴은 절대 타자에 대해서 자기 자신을 결정지으면서, 또 한편으로는 거부하는 열정의 표정을 짓는가 하면, 다른 한편에서는 수락하는 열정의 표정을 짓는 것이다. 따라서 그것은 궁극적으로 자신의 모순을 통합하고 질서화하는 능력을 요구하는데 이때 종교적 상상력은 위대한 질서의 원리로서 제재들을 분별하고 질서화하고 분리하고 통합할 수 있게 하는 능력으로 창조의 근원적 바탕이 될 수 있다. 그것은 분열되어 있는 자아와 세계의 통합이고, 자기동일성의 상상적 구축 작업이기도 하다. 그런데 시인이 의식적으로 자아와 세계의 동일성을 추구하는 데는 두 가지 방법이 있는데, 동화

---

3) Lucien Goldmann, 송기형·정과리 역, 『숨은 神』, 연구사, 1986, 86면.

(assimilation)와 투사(projection)가 그것이다. 동화란 시인이 세계를 자신의 내부로 끌어들여서 그것을 내적으로 인격화하는, 이른바 세계의 자아화이고, 투사에 의한 동일성의 획득은 자신을 상상적으로 세계에 투사하는 것, 곧 감정 이입에 의해서 자아와 세계가 일체감을 이루도록 하는 것이다.[4] 앞서 암시했듯이 종교적 상상력은 그러한 동화와 투사의 변증법적 전개에서 분출하는 것인데, 우수한 종교시편이 이러한 두 측면의 통합으로 이루어지는 것은 자명한 이치이다.

그러나 우리가 이와 같은 종교시의 내포와 당위를 설정했을 때, 문제는 한국 근대시의 자장 안에서 혹은 정지용의 시세계 안에서 이러한 미학적, 방법적 성과를 거두고 있는 고갱이가 얼마나 되느냐에 관한 것이다. 우리의 인상에 의하면 정지용 시에는 물론, 한국 근대시 전체를 놓고 볼 때도 이와 같은 통합적 측면은 빈약하다. 단도직입으로 말하면, 정지용 시에서는 신성 원리의 절대 긍정과 인간 갈등의 극복이라는 두 측면 중에서 전자의 측면이 우세하고, 동화와 투사라는 종교적 상상력의 방법적 특성 중에서는 투사가 우세하게 나타난다. 이러한 평가는 종종 정지용 시의 종교시편으로서의 함량미달을 말해주는 증표가 되곤 하거니와, 정지용의 초기시나 후기시의 미학적 성취에 비해서 그것이 현저한 결여태임을 말해주는 관행적 알리바이가 되고 있다.

그러나 우수한 종교시편의 양식 혹은 미학을 선험적으로 상정해놓고 거기에 개별 시편의 높낮이를 꿰맞추는 시각은 일견 계몽적이긴 하지만, 정확하게 그 세계를 이해하고 가치평가하는 데는 억압적 도식이 아닐 수 없다. 오히려 우리로서는 개별 시편의 세계관이나 방법을 꼼꼼히 귀납하여 그 세계 자체의 유의미성을 찾아야 한다. 물론 그와 같은 작업이 종교시편의 이러한 형상적 미숙성을 온전하게 벌충해주는 이른바 '변호사' 역할을 할 수는 없겠지만, 우리는 이러한 작업을 통해 정지용

---

4) 김준오, 『詩論』, 문장사, 1984, 28면.

이라는 하나의 세계에서 별 이유없이 보이는 미적 균열을 봉합하고, 그 세계 안에서의 지속과 변이를 제대로 파악할 수 있을 것이다.

따라서 앞서 우리가 말한 종교시편의 두 측면의 통합적 모형, 이를테면 우수한 종교시편일수록 양자가 포괄된 경우가 많다는 당위적 모형이 정지용 종교시편의 평가잣대로 곧바로 등치되는 것을 경계하면서, 정지용이 일관되게 종교시편들을 통해 형상화하려고 했던 종교적 상상력의 내적 욕망을 읽을 필요를 수긍해야 할 것이다.

3. 정지용 '종교시편'의 세계

두루 아다시피 정지용은 독실한 가톨릭 신자였다.[5] 따라서 그가 『가톨릭청년』[6]의 실질적인 편집자가 되면서 가톨릭과 문학을 결합시키려는 작업을 하게 된 것은 시기적인 우연성보다는 그 자신의 내적 필요에 의해 이루어진 것으로 보아야 할 것이다. 가령 문학이 인간의 감각을 중시하고 개별적 구체의 경험을 중시하는 반면 종교적 담론은 인간의 내발적 욕구보다는 선험적인 실재를 중시하고 일반적 추상의 원리로 시종한다는 점에서, 가장 감각과 구체적 경험을 존중했던 정지용이 종교시편들을 써서 그것들을 통합하려 시도했다는 것은 그다지 어색하지 않다. 그러나 정지용 시에서 신성 원리는 곧바로 세속 부정, 주체 소멸

---

5) 정지용이 처음부터 가톨릭 신자였다기보다는 개신교에서 가톨릭으로 '개종'했다고 보는 견해는 다음 글들에 논증되어 있다. 김기현, 「정지용 시 연구」, 『한국문학의 연구』, 수문서관, 1995; 정의홍, 『정지용의 시 연구』, 형설출판사, 1995.

6) 『가톨릭청년』은 한국천주교 주교회의 결정에 의해 가톨릭청년사가 발간한 월간잡지이다. 1933년 6월에 창간되어 1936년 12월 통권 45호를 끝으로 폐간되었다. 정지용은 이 잡지의 편집을 맡아보았다.

과 절대 타자에의 몰입, 그리고 탈역사와 탈구체의 성격을 띠기 때문에 예의 감각의 구체성이 탈각되는 것은 어쩔 수 없는 것 같다. 그래서 자아의 갈등과 치유의 과정이 생략되고 자아가 소멸(혹은 왜소화)되면서 절대 타자에의 긍정이 야기되고 있다. 미리 말하자면, 그것은 감각의 전면화에 따른 역사성 소멸(혹은 왜소화)의 성격을 띠었던 초기시의 세계와 구조적 상동성(相同性)을 띠는 것이다. 이 모두는 정지용 나름의 상실의식 극복의 한 방법이었겠지만, 사상성 부재라는 그의 아킬레스건(腱)에 대한 의욕적 치유 기획이기도 했을 것이다. 이제 그 세계를 구체적으로 읽어보자.

> 내 무엇이라 이름하리 그를?
> 나의 령혼안의 고흔 불,
> 공손한 이마에 비추는 달,
> 나의 눈보다 갑진이,
> 바다에서 솟아 올라 나래 떠는 金星,
> 쪽빛 하늘에 힌꽃을 달은 高山植物,
> 나의 가지에 머믈지 않고
> 나의 나라에서도 멀다.
> 홀로 어여삐 스사로 한가러워—항상 머언이,
> 나는 사랑을 모르노라 오로지 수그릴뿐.
> 때없이 가슴에 두손이 염으여지며
> 구비 구비 돌아나간 시름의 黃昏길우—
> 나—바다 이편에 남긴
> 그의 반 임을 고히 진히고 젓노라.

—「그의 반」(『정지용시집』, 1935.
『시문학』, 1931년 10월호에 발표될 때는 제목이 없었음)

 그가 가톨릭이라는 하나의 이념을 전제하고 쓴 처음 시편이 바로 이 작품이다. 대개 첫 작품이 이후의 도정에 대한 강력한 암시가 되곤 하듯이 이 시 역시 정지용 종교시편의 지형도를 그 안에 원형적으로 함축하고 있는 시사적인 작품이다.

이 작품의 화자가 그리고 추앙하는 '그'라는 존재가, 정지용의 신앙적 대상이자 절대 타자인 신적 존재임은 의심할 나위없다. '그'는 우선 "나의 령혼안의 고흔 불"이다. 열렬히 타오르기보다는 은은히 온기와 빛을 주는 불임에 틀림없을 이 존재는 '나'의 영혼 안에서 역동하며 숨쉬며 거주한다. '그'가 역사적 예수이자 시인 스스로 고백하고 있는 성주(聖主)임은, 다른 상징적 해석을 들먹일 여지없이 분명하다. 또한 '그'는 "달 / 갑진이 / 金星(금성) / 高山植物(고산식물)"로 나란히 환유되면서 그 이미지를 확산해간다. '불'이 그러하듯이 이 비유의 매재(媒材)들은 한결같이 은은하고, 밝고, 고고하고, 값진 사물(관념)들이다. 그것들은 화자가 상정하는 절대 타자가 인간과의 연결고리를 육체 속에 갖고 있는 존재이기보다는 성소(聖所)에서 고답적으로 거주하는 존재임을 알려준다.

또한 '그'는 "나의 가지에 머물지 않고 / 나의 나라에서도 멀다." 또한 "홀로 / 스사로" 존재하면서도 "항상 (아득히) 머언이"다. '머언 곳(피안)'에서 '바다 이편(차안)'을 바라보고 있는 '그'는 지상을 떠나 초월해 있는 신성 원리 혹은 신적 존재 그 자체이다. '그'에게 '나'가 연결되는 통로는 오로지 '수그'리는 일 외에는 없다. 왜냐하면 '그'의 사랑은 알 수 없는 경지이기 때문이다. 그러니 화자가 자신을 신이 "바다 이편"에 남긴 '반(半)'적 존재로 자각하는 일종의 자기 왜소화는 그의 신앙 고백적 절정의 다른 표현이 되는 것이다.

그러한 왜소한 자신을 "고히 진히고 것"고 있는 화자의 마음은 평안하고 은혜롭다. 이 절대 타자에의 몰입과 투사가 지상의 숱한 갈등과 복합성을 사상한 단순성에 기인한다는 사실이 정지용 종교시편의 단순성과 무갈등성에 그대로 이어지고 있다. "꽃도 / 귀향 사는 곳"('구성동」)으로 후기시에 나타나는 그 '고산식물(高山植物)'의 처소는 그래서 인간이 가 닿을 수 없는 지성소가 되는 것이다.

결국 이 시는 정지용이 대상으로 하고 있는 절대 타자와 자신의 관계를 명료하게 함으로써, 신성 원리의 절대긍정이라는 종교시편의 한 축이 강조될 것이라는 암시를 주기에 족한 작품이라고 할 수 있다. 다만 '그'를 비유하는 상관물끼리의 구조적 친족성이 결여되어 있다는 지적이 가능하나, 그것은 환유적 축적 원리를 통해 신성의 의미적 파장을 극대화하려 했던 시인의 전략이라고 생각하면 큰 결점이라고 할 수는 없겠다. 이러한 편향과 명료성은 작품의 전개에 따라 더욱 심화된다.

> 나의 림종하는 밤은
> 귀또리 하나도 울지 말라.
>
> 나종 죄를 들으신 神父는
> 거륵한 産婆처럼 나의靈魂을 갈르시라.
>
> 聖母就潔禮 미사때 쓰고남은 黃燭불!
>
> 담머리에 숙인 해바라기꽃과 함께
> 다른 세상의 太陽을 사모하며 들으라.
>
> 永遠한 나그내ㅅ길 路資로 오시는
> 聖主 예수의 쓰신 圓光!
> 나의 령혼에 七色의 무지개를 심으시라.
>
> 나의 평생이오 나종인 괴롬!
> 사랑의 白金도가니에 불이 되라.
>
> 달고 달으신 聖母의 일홈 불으기에
> 나의 입술을 타게하라.
>
> ─「임종(臨終)」(『가톨릭청년』, 1933.9)

원래 구체적인 경험적 세부가 은폐되고 관념이 육체를 입고 나타나는 것이 형이상시의 일반적 운명이지만, 이 작품에서 빚어지는 형상화 원리는 그 동안 정지용 시에서 일관되게 고양되어오던 생의 경험적 충실성이 빈곤해진 측면이 더욱 강하게 나타난다. 작품의 주제는 죽음이야말로 신성에 이르는 방법적 길이 된다는 것, 그리고 신성 원리를 통해 재생의 드라마가 펼쳐진다는 것이다. 그러나 철저히 개별화된 육체와 영혼의 갈등이 사상됨으로써, 죽음을 통해 궁극적 승리를 일군다는 전형적인 종교적 인식과 구도만이 전면화되고 있다. 그러나 이러한 아쉬움도 전형적인 우수한 종교시편을 상정했을 때의 일이지, 그 자체로 읽어보면 감각의 황홀을 통해 정화되는 영혼의 역동과 에너지를 느낄 수 있다. 이 점에서 정지용 종교시의 한 특성을 '관념의 힘참 혹은 역동성'으로 이야기해도 큰 무리가 없을 것이다.

사실 가톨릭은 개신교에 비해 보편적, 제의적, 공동체적, 중앙집권적 성격을 강하게 띤다. 그래서 신앙적 자아의 개별화된 영적 체험보다는 보편화된 교리들의 연역이 무게를 많이 차지하는 것이 사실이다. 성사 생활이 체험적으로 반영된 이 작품에 나타난 일반화 현상도 이러한 가톨릭적 배경과 무관하지 않을 것이다. 그 점을 고려하면, 지상의 논리가 철저히 배제된 결점은 인정하되 그것이 역으로 그가 신앙인으로서 갖는 국량(局量) 혹은 금도(襟度)를 느끼게 한다는 점 또한 분명한 것이다. 따라서 경험에 대한 충실도가 약해지고 선험적인 신성 원리가 연역적으로 강조되는 것 또한 종교시편이라는 양식이 일부분 감수해야 할 미학적 특성이라고 할 것이다.

이 작품의 지배적 이미지로 나타나는 '黃燭(황촉)불 / 해바라기꽃 / 太陽(태양) / 圓光(원광) / 무지개 / 불'의 연쇄는 그 자체로 친족성이 강한 유사 이미지들인데, 이러한 이미지들의 병치는 양적 축적보다는 질적 심화와 상승을 유도한다. 이는 곧 '빛'의 밝음과 초월성 그리고 '불'의 정화 이미지를 효율적으로 결합시키는 방법이 된다.

뒤의 시편들에서도 일관되게 나타나는 '불'과 '빛'의 이미지는 사실 기독교 상징 중 가장 해묵은 일반화된 상징임에 틀림없다. 그러나 진부한 것처럼 명료하고 구체적인 것이 또 어디 있겠는가. 그가 원용하고 있는 '불'과 '빛'의 이미지는 '불사조', '별', '태양' 등으로 변주되면서 시편 하나하나에서 적절한 소재로 탈바꿈되고 있다.

우리가 잘 알듯이, 바슐라르의 물질적 상상력에 의하면, 물의 이미지는 밑으로 낙하하려는 힘 자체이고, 빛의 이미지는 위로 상승하려는 힘을 함의한다. 따라서 물은 분명한 한계를 망각한 비관론이며, 빛은 초월적 절대성의 이상주의를 표상한다. 그 점에서 정지용이 '빛' 이미지를 다수 활용하는 것은, 그가 추구하는 절대 타자에 이르는 길이 수직적 초월과 상승이라는 상징적 행위를 통해서만 가능하다고 믿었기 때문일 것이다. 명령형 어미 일색인 어미활용조차 그러한 수직적 단호함을 환기하는 효율적인 장치일 것이다. 이러한 '빛'과 '불'의 이미지는 다음 작품에서도 고스란히 이어진다.

누어서 보는 별 하나는
진정 멀―고나.

아스름 다치랴는 눈초리와
金실로 잇은듯 가깝기도 하고,

잠살포시 깨인 한밤엔
창유리에 붙어서 엿보노나.

불현 듯, 소사나 듯,
불리울 듯, 맞어드릴 듯,

문득, 령혼 안에 외로운 불이

바람 처럼 일는 悔恨에 피여오른다.

힌 자리옷 채로 일어나
가슴 우에 손을 넘이다.

— 「별」(『가톨릭청년』, 1933.9)

이 작품의 '별'은 이중적인 성격을 띤다. 그것은 멀기도 하고 지척처럼 가깝기도 하다. 그것은 내면에서 솟아나기도 하다가, 나의 내면으로 잠입하기도 한다. 곧 내발적 원인이기도 하고 외적 계기에 의한 결과이기도 한 것이다. 그러므로 그것은 내적 영혼의 투사체("령혼 안에 외로운 불")이자 타자로부터 주어진 선험적 실재("누어서 보는 별 하나")이기도 하다. 이는 곧 자기 안에서 소외되어 은폐되어 있던 신성에 대한 눈뜸과 절대 타자에 대한 앙망이 결합된 인식의 반영이라고 해야 할 것이다. 거기서 주체와 타자의 만남은 "유한자로서의 인간이 지닌 자기한계적 인식을 동반하며 자아가 자기 존재에 대해 새롭게 눈을 뜨는 사태와 더불어 이루어지고 있"7)는 것이다. 이러한 자기인식과 자기초월의 동시적 반영은 정지용 종교시편의 기율 중 가장 중요로운 것이라고 할 수 있다.

일반적으로 '빛'의 이미지가 정신의 주요한 상징을 나타낸다는 점은 잘 알려져 있는데, 그 가운데 '별빛'은 상승의 이미지로서 가장 아름다운 미적 경지를 표상한다. 거기에는 유한한 자기 존재와 현실을 초월하려는 신성 지향의 내적 원리가 같이 담겨 있다. 따라서 이 작품은, 시와 종교 사이에 물질계를 넘어서고 초월하려는 상동성이 내재한다는 사실을 경험적으로 일러준다. 마지막 연에서 보이는 화자의 기도의 자세는 이러한 화자의 인식이 정서적 차원까지 반영하고 있는 것임을 알려주는 예일 것이다.

이상의 작품에서 정지용은 신성 원리로 가득한 일종의 형이상학적

---

7) 김신정, 「정지용 시 연구」, 연세대 박사논문, 1998, 54면.

공간을 구축하지만, 종교시편의 충동 중의 하나인 이른바 구도자적 자세는 보여주지 않는다. 그러나 다음 시편에서 그는 "悔恨(회한)도 또한/거룩한 恩惠(은혜)"(「은혜」, 『가톨릭청년』, 1933.9)라면서 실존적 각성을 통해 하나의 깨달음에 이르는 구도적 자세를 선보이기 시작한다. "깁실인듯 가느른 봄볕이/골에 굳은 얼음을 쪼기"는 것, 그리고 "바늘 같이 쓰라림에/솟아 동그는 눈물!" 속에서 시인은 "懇曲(간곡)한 한숨이 뉘게로 사모치느뇨?"하면서 자신을 질식할 듯이 덮어누르는 회한조차 신의 은총임을 고백한다. 이는 신성 원리의 절대 긍정보다는 자신의 삶을 그 사이에 매개하는 원숙성이 작동한 결과이다. 그러한 인식이 성서적 근거와 결합되어 산출된 작품이 다음 시이다.

나의 가슴은
조그만 '갈릴레아 바다'

때없이 설레는 波濤는
美한 風景을 이룰수 없도다.

예전에 門弟들은
잠자시는 主를 깨웠도다.

주를 다만 깨움으로
그들의 信德은 福되도다.

돗폭은 다시 펴고
키는 方向을 찾었도다.

오늘도 나의 조그만 '갈릴레아'에서
主는 짐짓 잠자시는 줄을―.

바람과 바다가 잠잠한 후에야
나의 嘆息은 깨달았도다.

　　　　　　　　—「갈릴레아 바다」(『가톨릭청년』, 1933.9)

　이 작품의 배경은 물을 것도 없이 성서적 근거를 지닌다. 마가복음 4
장에 기록된 것, 곧 예수가 폭풍우를 잠재우면서 제자들의 믿음없음을
꾸짖은 대목이 그것이다. 예수가 행한 이적 중에서 가장 초자연적인 권
능을 기록한 이 기사는, 제자들과 예수의 관계 혹은 그 관계를 형성하고
있는 실질적인 내질(內質)에 대한 성찰을 주는 부분이라고 할 수 있다.
　여기서 화자는 자신의 가슴(영혼)을 갈릴리 바다에 비유한다. 갈릴리
바다는 어부들의 생존터인데, 그곳은 잔잔하고 아름다운 곳이자 사나운
폭풍우가 어부들을 번번이 고통스럽게 만드는 천변만화의 공간이다. 그
래서 '나의 가슴'을 갈릴리 바다로 비유했을 때, 그것은 평정과 혼돈이
하나의 육체 안에서 역동하는 실재를 표상하는 것이다. 그래서 그것은
그 자체로 "美(미)한 風景(풍경)을 이룰수 없"다. 그곳은 미적인 풍경보다
는 믿음을 통해 완성되는 성소이기 때문이다. '미학(美한 風景)'이 소멸되
고 '신앙(그들의 信德)'이 완성되는 곳, 여기에 정지용 종교시편의 또 하
나의 인식론적 핵심이 숨겨 있다.
　화자는 예수를 깨운 제자들의 믿음없는 행위가 오히려 자신들의 불
안을 신성 원리를 통해 해소하려 한 적극적인 "信德(신덕)"의 행위로 해
석한다. 그럼으로써 "돗폭은 다시 펴고 / 키는 方向(방향)을" 다시 찾은
것이 아닌가. 이러한 기사를 통해 화자는 자신의 영혼이 갈릴리 바다인
데, 거기서 주(主)는 자신의 믿음없음을 질타하는 분이 아니라 역설적으
로 "짐짓 잠자시"면서 나의 믿음을 지켜보고 계신다는 자각을 하게 된
다. 그것을 "바람과 바다가 잠잠한 후에야" 깨닫는 만시지탄(晩時之嘆)이
야말로 이 작품으로 하여금 자신의 유한성을 깊이 매개하는 신앙시편
이 되게 하는 것이다.

원래 '성(聖)'이란 절대 타자로서, 이는 이 세상으로부터 분리된(nobis sepositum) 어떤 세계를 말한다. 그래서 '성(거룩함)'을 추구하는 종교시편은 즉물적인 인과관계보다는 전체성의 차원에서의 우주적 연관을 추구한다. 그런 까닭에 이 작품에 드러난 성과 속의 관계는 뚜렷한 성속이원론의 반영이기보다는 인간 내면의 매개를 통해 신성을 자각하고 그 우주적 연관을 추구하려는 신앙인으로서의 성숙함과 복합성을 담고 있는 것이다.

이렇게 자각된 신성은 자매편으로 동시에 발표된 「다른 한울」과 「또 하나 다른 太陽(태양)」(『가톨릭청년』, 1934.2)에서 전면화되어 나타난다. 「다른 한울」에서 신적 존재는 "그의 모습이 눈에 보이지 않았으나 / 그 안에서 나의 呼吸(호흡)이 절로" 단 존재이다. 그래서 "물과 聖神(성신)으로 다시 낳은 이후 / 나의 날은 날로 새로운 太陽(태양)이" 된다. "靈魂(영혼)은 불과 사랑으로!" 치유되고, "육신은 한낮 괴로움"이 될 뿐이다. 비록 신적 존재가 "나의 五官(오관)"을 통해 감지되는 것은 아니지만, "그의 그늘로 나의 다른 한울을 삼으리라"는 다짐을 낳게 한다.

이 작품에서는 느낌표가 특히 많이 나타나는데, 이는 감정의 절제가 트레이드마크인 정지용에게 뚜렷한 오점으로 기록될 만한 것이다. 그러나 느낌표 자체가, 언어화되지 않는 신성에 대한 즉물적 경탄의 은유라고 본다면, 그것조차 초월적 신성의 감각적 등가물이라고 할 수 있을 것이다. 더구나 이 작품이 영세성사의 감격을 노래한 작품이라는 점에 이르면, 이러한 신앙 입사식(入社式)의 시편이 그러한 감격을 노출하는 것은 어쩌면 필연적이다. 이는 「또 하나 다른 태양」의 "실상 나는 또 하나 다른 태양으로 살았다"는 고백에 이어지는 "오오, 나의 행복은 나의 성모마리아!"에 이르러 더욱 직접화되어 나타난다.

다만 "너─거듭 새론 태양"[8])에도 나타나는 태양 심상은, 극기와 절제

---

8) 정지용, 「성부활주일」, 『별』 46호, 1931.4.10; 이희환, 「정지용과 천주교」, 『인하어문학』 4호, 인하어문연구회, 1999, 277면에서 재인용.

를 통해 닿으려 했던『백록담』의 산정(山頂)과 등가의 관계에 선다는 점에서 주목할 만하다. 그래서 둘(『백록담』과 종교시편) 사이에는 현세적, 지상적 논리가 배제된 고독한 순례자 의식의 침윤이 강하게 느껴지는 상동성이 있는 것이다. 그래서 "다분히 장식적인 미학의 수준을 넘어서지 않[9]"는다는 지적에도 불구하고, 정지용에게 있어 그의 종교시편이 그 자체로 역동적인 자기진화 혹은 자기표상의 중요한 영역이 되는 것이다.

> 悲哀! 너는 모양할수도 없도다.
> 너는 나의 가장 안에서 살었도다.
>
> 너는 박힌 화살, 날지안는 새,
> 나는 너의 슬픈 울음과 아픈 몸짓을 진히노라.
>
> 너를 돌려보낼 아모 이웃도 찾지 못하였노라.
> 은밀히 이르노니―「幸福」이 너를 아조 싫여하더라.
>
> 너는 짐짓 나의 心臟을 차지하였더뇨?
> 悲哀! 오오 나의 新婦! 너를 위하야 나의 窓과 우슴을 닫었노라.
>
> 이제 나의 靑春이 다한 어느날 너는 죽었도다.
> 그러나 너를 묻은 아모 石門도 보지 못하였노라.
>
> 스사로 불탄 자리 에서 나래를 펴는
> 오오 悲哀! 너의 不死鳥 나의 눈물이여!
> ―「불사조(不死鳥)」(『가톨릭청년』, 1934.3)

정지용 종교시편 중 이채롭게도 '비애'라는 정서 자체를 감각화, 의미화한 이 작품은 그의 시가 감각과 정신의 결합이라는 기율을 주로 했

---

9) 김윤식,「가톨리시즘과 미의식」,『한국근대문학사상사』, 한길사, 1984, 429면.

음을 보여주는 실례이기도 하지만, 작품 자체로 생각거리를 많이 주는 시편이다. 사실 '비애(슬픔)'를 숙명적 조건으로 받아들이는 태도는 다름 아닌 종교적 마조히즘의 반영일 것이다. 그래서 이 시는 "자기 체험적 한계를 벗어나지 못하고 있"[10]는 작품이라기보다는 오히려 체험적 요소가 빈곤한 관념의 작품으로 보인다. 이 시의 독특함은 '悲哀'라는 체험에 갇혀 있는 데 있는 것이 아니라 '비애의 불멸성'이라는 관념(운명)이 강조되고 있다는 데 있다.

우리는 이 작품 옆에 동시대의 한 작품인 오장환의 「The Last Train」을 병치할 수 있다. "저무는 驛頭(역두)에서 너를 보냈다. / 悲哀(비애)야!" 하는 외침 속에 '비애'를 '못쓰는 車票(차표)' 혹은 '青春(청춘)의 조각'으로 구상화하고 있는 작법(이는 김광균의 이미지즘과 닮아 있다)은 비교적 감각의 밀도가 높은 데 비해 정지용의 시는 감각의 매개보다는 관념끼리의 은유를 그 특성으로 하고 있다.

비애를 환기하는 '박힌 화살 / 날지 못하는 새 / 나의 신부(불가피한 동반자, 운명에 대한 사랑)' 등의 이미지는 '슬픔 / 울음 / 아픔'이라는 실존적, 운명적 고통을 환기시키면서 비애의 불멸성을 지속적으로 강조하고 있다. 특히 예수의 부활 사건 모티프를 서사적으로 원용하면서 진행되는 시행 배열 자체가 그것의 불멸(끝없는 부활)을 암시하는 데 매우 효과적으로 사용된다. 그런데 '비애'를 '불사조(不死鳥)'로 빗대는 방법은 그 자체로 불멸성을 은유화하여 설파하는 것이지만, 사물을 매개로 하는 이미지 창출에는 다소 소홀한 관념끼리의 직접적 결합이 아닐 수 없다. 그래서 "정지용은 사물과 이미지를 결합시키는 데는 천재적 재능이 있었으나 관념과 이미지를 통합시키는 좋은 작품들을 보여주지는 못한다."[11]는 평가는 적실한 것이다.

---

10) 민병기, 『정지용』, 건국대 출판부, 1996, 88면.
11) 김훈, 「정지용 시의 분석적 연구」, 서울대 박사논문, 1990, 129면.

얼골이 바로 푸른 한울을 울어렀기에
발이 항시 검은 흙을 향하기 욕되지 않도다.

곡식알이 거꾸로 떨어저도 싹은 반듯이 우로!
어느 모양으로 심기여졌더뇨? 이상스런 나무 나의 몸이여!

오오 알맞는 位置! 좋은 우아래!
아담의 슬픈 遺産도 그대로 받었노라.

나의 적은 年輪으로 이스라엘의 二千年을 헤였노라.
나의 存在는 宇宙의 한낱焦燥한 汚點이었도다.

목마른 사슴이 샘을 찾어 입을 잠그듯이
이제 그리스도의 못박히신 발의 聖血에 이마를 적시며―

오오! 新約의 太陽을 한아름 안다.

— 「나무」(『가톨릭청년』, 1934.3)

　이 작품에서 '나무'의 표상은 인간 운명 혹은 인간의 실존을 환기하는
상관물이다. 이 시의 구조적 전제는 1연에 나타난 '얼골 / 발'과 '푸른 한
울 / 검은 흙'의 선명한 대위법에서 비롯된다. 나무는 그 수직적 향일성
(向日性)으로 인해 위로 가지를 뻗고 점점 하늘을 향하여 키를 키우는 표
상으로 나타나지만, 그러한 향일성조차도 실은 검은 흙에 내리뻗은 뿌
리('발')가 없다면 있을 수 없다는 것을 말함으로써, 인간의 지상적 논리
와 천상 지향의 감수성이 동전의 양면임을 보여주는 것이다. 그러므로
시인은 "곡식알이 거꾸로 떨어져도 싹은 반듯이 우로!" 난다는 진리를
믿는 것이고, 나아가 시공의 한계를 넘어서고 초월하는 종교적 상상력
을 빚게 된다. 그래서 2연의 모순은 3연의 구분과 조화를 통해 치유되는
것이다. 이 시에 이르러 정지용 종교시편은 땅과 하늘, 가지와 뿌리, 지

상과 천상, 세속과 신성의 동시 긍정이 미약하나마 구현되고 있다.

화자는 "아담의 슬픈 遺産(유산)" 곧 원죄(原罪)에도 불구하고 변치 않는 신심(信心)의 피력을 통해 "新約(신약)의 太陽(태양)(또 하나 다른 태양, 새로운 태양)"을 대망한다. 여기서 신앙적 자아와 세속적, 이성적 자아는 전혀 갈등을 일으키지 않으며 공존하는데, 그런 의미에서 정지용의 이 작품 역시 정신적인 것의 충일한 상태의 투사체임은 변함없다. 이러한 상태는 「승리자 김안드레아」 같은 비시적(非詩的) 찬탄을 유로(流露)케도 하지만, 그의 신앙의식의 이러한 무갈등성이 결국 나중에 가톨릭의 시적 구현을 중단하게 하는 중요한 역설적 원인이 된다고도 할 수 있다.

4. 정지용 '종교시편'의 의미와 한계

기독교적 인식에 의하면, 신의 계획과 섭리가 이루어지는 구체적 현장이 바로 역사이고 시간이다. 따라서 신의 뜻 안에서 인간의 삶과 전체의 역사 과정은 그 자체가 하나의 유기체적인 통일(organic unity)을 이루게 된다. 물론 그 통일성 안에서 인간의 자유 의지 혹은 지상적 삶의 갈등이나 혼돈은 중요한 구성 요소가 된다. 신의 완전성과 인간의 유한성의 대비가 인간의 몰주체성을 그대로 기약하는 것은 아니라는 것에 종교의 자기 딜레마가 숨어 있지만, 기독교에서는 특히 인간 갈등의 필연성과 그 치유 과정으로서의 역사의 가치를 강조한다.

그러나 정지용에게 '종교시편'은 이러한 인간적 갈등의 치유 과정 혹은 인간의 자유 의지가 강조되기보다는 시인 자신의 고고한 정신적 편향 혹은 귀족주의를 담아내는 외피의 성격이 강했다. 그는 일관되게 객관적이고 총체적인 역사나 자기 자신의 내부에서 솟구치는 본성이나 욕망의 갈등에 눈 돌리지 않고 지상과 격절(隔絶)하는 혹은 신성을 곧바로 욕망하는 '고산식물'과 '별'의 세계를 눈을 들어 앙망(仰望)했던 것이다. 따라서 그에게 종교란 실질적으로 세계를 해석하고 거기에 의미를 부여하는 준거가 되거나 내면 생활의 실질적 버팀목이 되기보다는, 세속적인 인간적 갈등을 신성 기투(企投)라는 형식으로 소멸시킴으로써 딛게 되는 초속적 고답과 평정의 세계였던 셈이다.

종교시라는 것이 인간에게 종교적 충동을 자극하여 복음을 전파해주며 논쟁적인 신학에 대해 종교 정신을 이해시켜 세속적 휴머니즘과 성서적 신성 원리를 조화시키는 데 그 목표가 있다는 점에서 시적 양식 안에서 규율과 자유 그리고 모험과 책임을 동반하는데, 정지용 시에서 그것은 자유와 모험보다는 규율과 책임이 승했다는 점도 지적되어야 할 것이다.

그럼에도 불구하고, 정지용의 가톨릭시는, 그의 개인사에서나 우리 문학사 전체 과정에서 간과할 수 없는 유의미성을 띤다.

먼저 정지용의 가톨릭시는 그의 시 전체 과정 중에서 의미있는 계기를 이루는 구체적 세계이다. 비록 그 세계가 '지금 이곳'의 삶의 정황(Sitz im Leben)에서의 해석과 통찰을 다소 결여하고는 있지만, 정지용 개인사에 국한해서 본다면 그것은 여전히 일관되고도 완강하게 자신의 문학적 목표와 질감이 반영된 연속적 실체였다고 할 수 있다. 그에게 그것은 정신주의에 대한 인력(引力)과 현실인식에 대한 일정한 척력(斥力)의 역할을 동시에 수행한 힘이었던 것이다.

둘째 우리 문학의 척박한 가톨릭시 전통 중에 가장 빛나는 언어적 성과를 선구적으로 개척하였다. 그는 종교시편들을 통해서도 한결같이 은유의 형식, 감각적 실체의 묘사, 상승의지의 표출, 한계의식의 자각, 지성소(至聖所)를 지향하는 열정 등을 보여주었다. 그것은 우리의 가톨릭시의 역사 중 가장 뛰어난(물론 정지용 개인사에서 퇴행적 요소가 다소 있다 하더라도) 성과를 보인 것이었다.[12]

마지막으로 비록 그것이 투사와 몰입의 방식이었지만, 신성 혹은 형이상에 대한 시적 갈망을 감각적 실체로 전치(轉置)시켜 표현한 영역을 선보였다는 점이다. 그러나 인간적 갈등과 치유 과정의 배제는 커다란 흠이 아닐 수 없는데, 그래서 이를테면 "그의 종교시는 삶의 경험에 대한 새로운 이해의 방식으로 나온 것이 아니다. 그것은 독실한 믿음을 가진 한 개인이 그의 신앙 고백을 통하여 마음의 화평을 찾는 세계"13) 라는 진단이 가능한 것이다.

결국 정지용은 문학적 귀족주의 혹은 시적 정신주의를 시종일관 지킨 시인이다. 그것은 초기시에 나타난 감각 위주의 이미지즘이나 중기시에 나타난 초월 지향의 가톨릭시나 후기시의 동양 정신 혹은 상고주의나 모두 이형동궤(異形同軌)의 것이다. 그에게는 감각조차 이러한 귀족성을 드러내는 정신의 등가물이었던 것인데, 그의 감각이 퇴폐나 잠정 과잉의 감상주의와 이어지지 않았던 것도 그 때문이다. 따라서 그의 금욕주의적 엄격함이나 철저한 언어적 훈련도 그런 귀족성의 외적 표지였던 것이다. 마찬가지로 종교도, 정신주의도 그의 이러한 기율이나 생리를 드러내고 구체화하는 의장이었다고 보아도 틀리지 않을 것이다. 그래서 그의 종교시편들은 『백록담』의 정신주의 혹은 동양 정신으로 넘어가는 한시적 심연이 아니라 그 나름의 문학적 연속성의 실체였던 것이다.

이것은 "시인은 정정한 巨松(거송)이어도 좋다. 그 위에 한 마리 맹금이어도 좋다. 굽어보고 高慢(고만)하라"14)는 시인적 기질의 반영이기도

---

12) 아무튼 정지용은 가톨릭이라는 외래 종교의 이념에 기대어 시를 쓴 몇 안 되는 근대시인 중의 하나이다. 그러나 가톨릭과 일정하게 차별화된 개신교적 토대에서 창작 활동을 한 윤동주·김현승·박두진의 성과는 이와 다른 각도에서 심화된 연구를 지속해야 할 것이다. 따라서 정지용 종교시편의 성취는 '가톨릭'에 제한했을 때 확보되는 문학사적 의미인 것이다.
13) 김종철, 「1930년대의 시인들」, 『한국근대문학사론』(임형택·최원식 편), 한길사, 1984, 463면.
14) 정지용, 「詩의 擁護」, 『정지용전집』 2, 민음사, 1991, 246면.

할 것이다. 나아가 그것은 식민지 근대를 사는 고고한 지식인이 문학을 통해 자아 동일성을 구성하고 유지하려 했던 그 나름의 기율이었을 것이다. 이제 우리는 3년 남짓한 그의 종교시편의 생성과 소멸 과정을 보면서, 그것이 그 자체로 진공의 공간이 아니라 정지용의 문학적 모색의 다양한 프리즘 중 가장 관념이 승하고 신앙인으로서의 숨결을 가장 직접적으로 불어넣은 시기였다고 본다. 그러니 그에게 "신앙이야말로 시인의 일용할 神(신)적 糧道(양도)"가 아니었겠는가.

정지용 시력(詩歷)은 초기시의 감각과 중기시의 타자 추구가 '정신'으로 통합되는 드라마와 같다고 할 것이다. 그래서 「향수」나 「바다」에서 보인 그의 뛰어난 감각, 종교시편의 수직적 초월의지, 그리고 『백록담』에 나타난 산정(山頂)의 정밀(靜謐) 세계는 모두 한결같이 지속성 있는 정지용의 문학적 순환궤도였던 것이다. 그러나 그것은 말할 것도 없이, 현실(혹은 지상의 논리)을 일정하고도 완강하게 등진 귀족주의자의 현실관이 그대로 반영된 것이고, 그의 해방직후의 작품인 「애국의 노래」나 「그대들 돌아오시니」에서도 고스란히 이어져 현실과의 정면 대결을 피하기 어려웠던 역사적 격변기를 맞아 시적 파탄을 빚는 근본적 까닭이 된 것이다. 이 모두는 정지용이 시종일관 현실을 정직하게 응시하지 않고 감각이나 종교, 정신의 외피를 두르고 귀족적 초월이나 격절을 택한 결과이기도 하다.

제4장
김달진 시의 근원과 지향
불교적 사유와 관련하여

1. 김달진 시의 경개

김달진 시의 경개(景槪)는 자연에의 침잠과 종교적 초월의 경계에서 발원하고 구성된다. 잘 알려져 있듯이, 그는 한국 근대시의 난숙기였던 1930년대 이후, 자연 사물을 대상으로 한 빼어난 관조적 가편들을 써낸 시인이다. 당대의 시사적 문맥이 카프와 구인회로 대변되는 서구 미학의 전성기였다는 점을 회상할 때, 그의 이러한 일관된 자연 관조의 미학은『시문학』으로부터 시작하여『문학』,『시원』등으로 이어지는 순수 서정의 계보와 닮아 있으면서, 동양적 미학을 완성하려는 개성적인 시적 기획이었다고 할 수 있다.

그런가 하면 김달진은 불경과 동양 고전의 역해(譯解)에도 남다른 노력을 보임으로써, 종교적 사유를 평생 동안 지속해온 학자이기도 하다. 물론 이 분야의 적공(積功)이 그의 개개 시편과 밀접한 연관을 맺고 있

다고 단언하기는 어렵지만, 그럼에도 불구하고 그의 시편들이 그 기저
에 노장(老莊)과 불교 사상으로 대표되는 동양적 사유를 깔고 있다는 점
은 부인되기 어렵다. 그 점에서 김달진 시의 근원은 자연 형상과 동양
적 사유라는 두 축을 미학적 근간으로 하고 있다 할 것이다.

따라서 우리는 김달진 시의 일관된 근원이라고 할 수 있는 자연 형상
이 동양적 사유 그 가운데서도 불교적 사유와 이어지는 속성을 탐색할
필요와 마주친다. 그 결과 우리는 그가 지향한 것이, 시를 사유의 단순
한 외피가 아니라 사유의 안쪽에서 스스로 오롯이 빛나는 구체적 육체
로 표상하려는 것이었음을 확인하게 될 것이다.

2. 자연 형상 속에 담긴 근원적 사유

최근 일련의 탈(脫)근대 논의들을 통해 우리는 '전통'에 대한 반성적
인식을 강력하게 경험하고 있다. 그것은 그동안 통합된 윤리 규범에 의
해서만 '전통'이 지탱되었던 것에 대한 근원적 반성이자, 국수주의적 태
도로의 회귀에 대한 경계를 동반한 반성이기도 하다. 이러한 인식을 통
해 우리는 문학에서의 '전통'이 실천적이고 역동적인 창조적 개념이라
는 경험을 얻게 되었는데, 이러한 전통의 함의를 시에 투사했을 때 우
리는 어렵지 않게 '자연' 형상의 전통과 만나게 된다. 그만큼 우리 시사
에서 자연이 갖는 소재적 우세종으로서의 위치는 단연 절대적이다. '자
연'은 원형성, 보편성, 직접성 등을 거느리면서 모든 시인들의 경험 속
에 광범위하게 녹아 있는 어떤 것이다.

한국의 전통적 시의식 속에서 '자연'은, 전통 사상을 담아내는 일종
의 형이상학적 매개 역할을 수행해온 흔적으로 충일하다. 한국의 전통

사상은 아름답고도 심원한 '자연'에 의해 시의 표면으로 부상하였다. 그
것은 협소한 인간 중심주의를 넘어 자연과 인간이 근원적으로 동일한
존재로서 생명을 구가하고 있음을 강조하고 있다. 또한 그것은 도구적
이성에 익숙한 근대인으로서는 상상하기 어려운 심오함을 담고 있기도
하다. 김달진 시의 근원은 바로 이러한 심원한 자연에의 구경(究竟) 속에
있다. 그 결과를 담은 성과가 바로 시집 『청시(靑柿)』(1940)이고, 그로부터
40여 년을 격하여 나온 『올빼미의 노래』(1983)라 할 것이다.

> 그는 나에게 밤 올빼미의 눈물을 주었다
> 그는 나에게 땅속의 두더지의 遁迹을 주었다
> 그는 나에게 다람쥐와 고슴도치의 비겁도 주었다
> 그러나 그가 가진 참으로 자랑스러운 영광인
> 삼림 속의 이름 없는 어린 꽃의 '미'와 '향기'와 '힘'을 배우지 못했기 때문에
> 나는 아직 그를 놓지 못하고 껴안고 있다
>
> ―「고독」(『청시(靑柿)』)

시인은 자연이 건네준 "밤 올빼미의 눈물"과 "땅속의 두더지의 遁迹
(둔적)" 그리고 "다람쥐와 고슴도치의 비겁"을 한몸에 거느리고 있다. 눈
물을 머금고 '둔적'을 택하고 있는 이 '고독'의 은둔자는, 자연이 가진
"참으로 자랑스러운 영광인 / 삼림 속의 이름 없는 어린 꽃의 '미'와 '향
기'와 '힘'"을 아직 배우지 못하여 여전히 자연 속에 서 있다고 고백한
다. 여기서 '그'로 지칭되는 초월적 존재는, 절대적 신(神)이라기보다는
자연 속에 편재(遍在)하는 신성을 환기하는 일종의 심미적 형상이라 할
것이다. 그만큼 김달진 시의 '고독'은, 자연과 더불어, 인간을 격하여,
자발적으로 선택한 삶의 미적 형식이 된다. 그것이 자연의 '미(美)'로 강
조되고 있는 것이다. 이처럼 자연을 껴안고 있는 고독의 은둔자는, 염인
(厭人)의 속성보다는 신성한 기운을 찾아 떠나는 구도(求道)의 속성을 견
지하고 있다.

원래 동양 미학에서의 '미(美)'는 '도(道)'의 속성을 공유하고 있다. 따라서 동양 미학 속에서 '자연'은 심미적 외관으로서만이 아니라 비가시적 '도'를 비유하는 형상으로 줄곧 나타난다. '자연'은 그만큼 시에 의미를 주는 제재이면서, 시에 질서와 통일성을 부여하는 원리가 되어왔다. 다음 시편도 그러한 원리가 반영된 결과일 것이다.

> 훨씬 높은 새로 개어난 먼 동쪽 하늘은 푸른 바다
> 가벼운 點雲―흰 돛이 하늘에 달렸다
> 마침 석양이 먼 숲에 떨어져
> 가까이 곱게 나부껴 빛나는 것도 있고
> 아득히 수평선 너머로 너머로 사라지는 것도 있다
> ―「소경(小景)」,(『청시(靑柿)』)

이 산뜻한 소품(小品)은 하늘과 바다를 유비적으로 병치하고 있다. 새로 개인 하늘을 푸른 바다로, 하늘 위에 떠 있는 "가벼운 點雲(점운)"을 흰 돛으로 구성하였다. 그때 숲 쪽으로 지는 석양은, 자연의 순환 원리 곧 빛나는 '생성'과 쓸쓸한 '소멸'의 질서를 한꺼번에 경험케 해준다. "가까이 곱게 나부껴 빛나는 것"과 "아득히 수평선 너머로 너머로 사라지는 것"이 삶의 양가적 원리였던 것이다. 이처럼 시인은 자연 사물이 각솔기성에 따라 존재하면서도, 그 존재들을 통해 사물의 이치를 발견하는 '이물관물(以物觀物)'의 방법을 보여주고 있다. 결국 김달진은, 자연이 갖는 생성과 소멸의 원리를 통해, "우리말이 갖는 세련된 아름다움으로 새로운 우주관을 나름대로 차원 높게 설정해서 철학적 이념의 깊이를 추구"(이윤수)했던 것이다.

사실 '자연'을 매개로 하는 이러한 김달진 시의 균형과 조화의 미학은, 물질적 운용에 의해 생의 형식이 규율되는 근대성 일반에 대한 깊은 회의에서 촉발된 것이기도 하다. 자연스럽게 시의 지향은, 불가해한 '운명'이라든가 비가시적인 '도'를 적극적으로 상상하면서, 내적 완성을 꾀하려는 사색에 주어지게 된다. 그 내적 완성의 과정을 보여주는 시편이 다음 사례이다.

> 밤이 깊어 보던 책 덮어두고
> 혼자 귀떨어진 화로를 안고 앉아
> 숲 속에서 주워온 밤을 구워 閑雅한 식욕을 채워본다
> 가끔 창 밖으로 지내가는 바람 소리 들으며
>
> 지금 이 밤에 내 마음은
> 가을 언덕 황혼의 달빛 아래 서 있는 새꽃같이 枯淡 하나
> 오늘 들은 애인의 결혼일도 잊고 있다
>
> —「고담(枯淡)」(『청시』)

　　시인이 발화하는 '枯淡(고담)'의 지경은, "혼자 귀떨어진 화로"에 밤을 구워먹으면서 "閑雅(한아)한 식욕"을 채우는 과정에 있다. 거기에 읽던 책과 "가끔 창 밖으로 지내가는 바람 소리"가 배경처럼 놓여 있다. 여기서 "혼자 귀 떨어진 화로" 또한 '고담'의 상관물일 것이다. 이처럼 시인의 마음은 "가을 언덕 황혼의 달빛 아래 서 있는 새꽃같이 고담"하다. 세상의 일은 그것이 비록 "오늘 들은 애인의 결혼일"일지라도 잊혀져 있을 뿐이다. 그 '애인'은 "깊은 밤 뜰 우에 나서 / 멀리 있는 애인을 생각하다가 / 나는 여러 억천만 년 사는 별을 보았다"(「애인」, 『靑柿』)에서처럼, 인간에서 자연으로 중심이 전이되는 매개 기능을 수행하고 있다. 그것이 '고담'이라는 내적 완성의 방법으로 준용되고 있는 것이다.

> 憂愁에 젖은 가을 하늘이
> 나직히 내려 깔리는 황혼
> 여기는 창경원 앞 거리
> 숱한 오가는 사람들인데
> 아무도 제가

쓸다 남은 길 위의
낙엽 밟으며 가는 줄을 모른다.

— 「낙엽」(『竹筍』, 1980)

　비교적 만년에 쓰여진 이 시편은, "우수에 젖은 가을"의 초상을 담고
있다. "하늘이 / 나직히 내려 깔리는 황혼"은 아마도 시인 자신의 표백일
것이다. 창경원 앞 거리에서 숱하게 오가는 사람들, 그 안에서 시인은
그들 가운데 "아무도 제가 / 쓸다 남은 길 위의 / 낙엽 밟으며 가는 줄을
모른다"고 말한다. 이는 한평생 "여윈 가슴을 파고드는 애끈한 孤愁(고
수)"(「표박자」, 『청시』)를 담고 왔던 시인이, 생이야말로 "슬픔인가 하면 기
쁨이요, 고독인가 하면 法悅(법열)이요, 諦念(체념)인가 하면 焦燥(초조)이
기도"(「작가의 말」, 『올빼미의 노래』) 하다는 것을 보여주는 장면이 아닐 수
없다. 그것이 쓸쓸하게 떨어진 '낙엽'을 통해 환기되고 구성된 것이다.
　이처럼 '자연'은 김달진 시의 지향을 담는 그릇으로 시종 기능해왔다.
이때 '자연'은 사물의 근원이자 원형으로서의 의미망을 가진다. 시인의
생각에 의하면, 자연의 일부일 뿐인 인간 역시 이러한 창조적 자연을
안에 간직함으로써 다시 자연을 재창조하는 기능을 가지게 된다. 많은
예술이 자연을 통해 '풍류', '영원', '조화' 같은 이념형을 구성하였지만,
김달진 시에서의 자연은 어떤 알레고리로도 드러나지 않고, 구체적 육
체를 가진 '존재 전체' 혹은 '우주 전체'로 현현되고 있을 뿐이다. 이는
자연과 인간이 분리되어 존재하지 않고, 상호 교융을 통해 일종의 유기
체를 구성하고 있음을 알려준다. 특별히 서경(敍景)의 속성이 강하게 나
타날 때조차, 시인은 자연의 외관을 충실하게 묘사하는 동시에, 그러한
우주적 원리와 생의 형식을 한껏 유추하고 있는 것이다.

3. 김달진 시와 불교적 사유

김달진 시의 사상적 배경이 노장 사상과 불교적 사유에 있다는 점은 여러 차례 지적되었다. 하지만 그 가운데서도 '무위(無爲)'를 핵심으로 하는 노장 사상의 육화는 비교적 많이 규명되었으나, 불교적 사유의 시적 구체에 대해서는 논의가 미루어져온 감이 적지 않다. 왜냐하면 그 스스로 승려였고 뛰어난 역경(譯經) 학자였지만, 그의 시에서 불교적 사유나 감각은 뚜렷한 외양으로 드러나지 않고 시의 배면으로 가라앉아 있었기 때문일 것이다. 또한 그것이 충분히 내면화되어 기표 차원으로 직접 환원되지 않았기 때문일 것이다.

우리가 잘 알듯이, 불가에서는 언어를 통해 진리를 계시할 수 없음을 역설한다. 이는 현묘한 진리의 세계에 대한 가없는 신뢰를 표현하는 역설의 사유 방법이다. 물론 불교에서 '언어'는 가없는 상상력의 경계를 승인한다. 그래서 그 언어는, 『유마경』에서 말하는 불이법문(不二法門)처럼, 침묵 너머의 침묵이기도 하다. 김달진은 이러한 언어를 통해, 불타의 일생을 재구한 장편 서사시집 『큰 연꽃 한 송이 피기까지』(1984)와 선시집 『한 벌 옷에 바리때 하나』(1990)를 펴낸다. 만년에 불교와 시의 결속을 적극적으로 꾀한 것이다. 물론 이러한 지향은, 그의 초기 시편 속에서부터 간취되는 일관된 속성이기는 하지만, 후기로 올수록 강화된 측면이기도 하다. 이를 통해 그는 지상의 분별지(分別智)가 구획지어놓은 수많은 경계선들을 해체하면서 궁극적으로 대립성이 소멸되는 통합 과정을 꿈꾼다. 그리고 세속과 탈속(脫俗)의 불가분리성을 증언하면서, '있음 / 없음', '존재 / 부재', '삶 / 말'의 경계를 해체하고 있다.

밤이 깊어가서
비는 언제 멎어지었다.

꽃 향기 나직히
새어들고 있었다.

모기장 밖으로
잣나무 숲 끝으로
달이 나와 있었다.
구름이 떠 있었다.

풍경 소리에 꿈이 놀란 듯
작약꽃 두어 잎이 떨어지고 있었다.
의희한 탑 그늘에
천 년 세월이 흘러가고, 흘러오고······

아, 모든 것
속절없었다.
멀리 어디서
버꾸기가 울고 있었다.

—「고사(古寺)」(『올빼미의 노래』)

　오래된 산사에서 시인이 택하고 있는 선미(禪味)는, 조지훈 시편과 깊
이 닿아 있으면서도, 그보다 훨씬 내면의 표백으로 경사되어 있다. 밤이
깊어 비는 멎고, 그 사이로 나직한 꽃 향기가 새어든다. 달과 구름이 잣
나무 숲 사이로 떠오르고, 풍경 소리가 들리고, "작약꽃 두어 잎"이 떨
어진다. 봄밤의 애상처럼 흘러갈 듯이 보이는 이 시상은, 탑 그늘에 서
려 있는 천년 세월 속에서 모든 것의 속절없음을 고백하는 불교적 사유
로 이어진다. 거기에 멀리 어디서 우는 뻐꾸기의 울음이 화답한다. 이러
한 고요하고도 심원한 풍경 속에서 시인은, 허무와 고독이 자신의 생의
질료였음을 말하는 동시에, 일생을 "얼음같이 차야 할 나의 漂泊(표박)
의 꿈"(「향수」)을 남루하게 고백하고 있는 것이다. 이같이 자연 사물들과

어울리면서 생의 허무와 고독을 깨달아가는 선취(禪趣)의 속성은 후기 시편에서 더욱 두드러지게 된다.

그런데 이러한 시의 성향은, 선사들이 추구해온 '운수시(雲水詩)'와는 다른 것으로서, 존재의 형이상학을 내밀하게 보여주는 기능을 행한다. 대개 선사들의 시에서 자연은, 자연 경물에 대한 예찬이나 자연 속의 즐거움과 자유로움 혹은 자연으로의 몰입 등으로 나타난다. 그것을 불가에서는 '행각(行脚)'이라 하여 각지를 돌아다니며 하는 수행으로 표현하기도 한다. 하지만 김달진 시의 그것은 운수행각이라기보다는, 은둔자의 자기 완성으로 그 무게중심을 할애한다. 후기 시편으로 올수록 이러한 성향은 점증(漸增)한다.

> 소년은 가만가만 다가갔다.
> 나비는 날아갔다.
> 두 번 세 번 되풀이하다
> 끝내 잡았다.
> 의기양양한 소년의 손등에
> 신록의 햇빛이 쏟아진다.
>
> 노인은 벤치에 앉아
> 발끝에 기어가는
> 개미 한 마리 내려다보며
> 寥寥한 오월의
> 햇빛을 등지고 앉아 있다.
> ―「나비와 개미」(『한 벌 옷에 바리때 하나』)

소년은 날고 있는 나비를 몇 번 놓치다 끝내 잡아서는 의기양양하다. 그 소년의 손등에 "신록의 햇빛"이 쏟아진다. 하지만 노인은 벤치에 앉아서 그저 무심히 발끝으로 기어가는 개미 한 마리를 내려다볼 뿐이다.

그의 등 뒤로 "寥寥(요요)한 오월의 / 햇빛"이 내려앉아 있다. 여기에는 '소년 / 노인', '나비 / 개미', '신록의 햇살 / 요요한 햇살'이라는 대립항이 등장한다. 시인으로서는, 살아 생동하는 세계와 쓸쓸하게 고요한 세계의 대조를 보인 것이다. 그 안에서 시인은 천상의 비상(나비)과 지상의 포복(개미)을 동시에 보여주면서, 생성과 소멸, 눈부심과 눈물겨움, 밝음과 '요요'함의 생의 원리를 관조한다. 그 가운데 노경(老境)의 사람과 자연이 구가하는 "요요"한 경지는, 시인이 궁극적으로 가 닿은 지경(地境)이 될 것이다.

이러한 시의 과정은 "안 보이는 것이 없다. / 내가 못 보는 것이다. // 안 들리는 것이 없다. / 내가 못 듣는 것이다. // 안 되는 것이 없다. / 내가 못 하는 것이다"(「참다운 법」, 『한 벌 옷에 바리때 하나』)에서처럼 생의 원리를 파악해내는 그의 시적 지향이 반영된 것이다. 그의 언어는 이처럼 양립 불가능한 것들의 양립 양상 곧 양가성(ambivalence)에 대한 언어로 현상된다. 그것이 우주적 존재(cosmic being)로서의 스케일을 보여줌과 동시에, 가장 하찮은 미물 속에서 주객 분리 개념이 급격히 소멸하는 과정을 경험케 하는 '선'의 언어로 나아가고 있는 것이다.

> 나를 세우는 곳에는
> 우주도 굴 속처럼 좁고
> 나를 비우는 곳에는
> 한 간 협실도 하늘처럼 넓다.
>
> 나에의 집착을 여의는 곳에
> 그 말은 바르고,
> 그 행은 자유롭고,
> 그 마음은 무위의 열락에 잠긴다.
> ─「나」(『한 벌 옷에 바리때 하나』)

그야말로 제행무상(諸行無常)과 제법무아(諸法無我)의 경지를 술회하고 있는 이 시편은, 나를 세운다는 일과 나를 비운다는 일의 대조를 보여준다. "나를 세우는 곳"에서는 드넓은 우주도 좁아지고 "나를 비우는 곳"에서는 비좁은 협실도 하늘처럼 넓어진다. 마치 초기 시편 「샘물」에서 "조그마한 샘물은 바다처럼 넓어진다"고 노래했던 우주적 인식이 새롭게 재현된다. 그러니 "나에의 집착을 여의는 곳"에서만이 "그 말은 바르고, / 그 행은 자유롭고, / 그 마음은 무위의 열락에 잠긴다"고 할 것이 아닌가.

이러한 무위와 무아의 결속은, 그의 시편을 "노장적 사상과 불교적 사상이 합류하는 지점"(최동호)에 위치시킨다. 그가 시를 통해 수행하는 묵언정진(默言精進)의 진정성을 보여주는 대목이 아닐 수 없다.

> 불빛 아래 비치는 흐릿한 모습
> 팔십세의 내 늙은 시력을 안타까워하다가
> 돋보기 쓰고 가까이 다가가니
> 처음 보는 그 얼굴의 주름살이여.
>
> 중도 아닌 것이, 俗人도 아닌 것이
> 그래도 삼십여 년 불경을 뒤적였네.
> 부처 보기, 사람 보기 부끄러워라.
> 중도 아닌 내가, 속인도 아닌 내가.
>
> 기나긴 어둔 이 밤 언제 샐런가
> 다시 얻기 어려운 덧없는 이 몸을
> 천만 시름 속에 몸부림치네.
> 어둠을 깨치는
> 새벽 종소리는 언제나 들릴런가.
> ─「某月 某日」(『한 벌 옷에 바리때 하나』)

만년의 그는 '돋보기'와 '주름살'로 상징되는 "불빛 아래 비치는 흐릿한 모습"으로 등장한다. 그는 자신을 "중도 아닌 것이, 俗人(속인)도 아닌 것이"라고 표현한다. 그래도 삼십여 년 동안 불경을 뒤적이면서 "부처 보기, 사람 보기" 부끄러운 언어적 수행을 해온 그로서는, 이 기나긴 어둠이 지나면 "다시 얻기 어려운 덧없는 이 몸"이 사라져갈 것을 사유한다. 이때 "어둠을 깨치는/ 새벽 종소리"는 한 자연인의 소멸을 의미하면서도 그 어느 '某月(모월) 某日(모일)'에 "여기 한 自然兒(자연아)가/ 그대로 와서/ 그대로 살다가/ 자연으로 돌아갔다"(「비명」, 『한 벌 옷에 바리때 하나』)는 고백을 각인처럼 남기는 물리적 표지(標識)가 된다. 결국 "중도 아닌 것이, 俗人(속인)도 아닌 것이" 일생 동안 보여준 시세계는 "禪的(선적) 감각과 허심의 세계"(김재홍)로 수렴되는 것이다.

4. 맺음말

우리가 보아왔듯이, 김달진 시의 근원과 지향은, 자연 형상과 불교적 사유에 놓여 있다. 더 많은 가작들이 인용될 수 있었을 것이다. 김달진 시편들이 보여준 이러한 불교적 사유의 시적 결속은, 우리 근대시 전체의 권역에서 보더라도 매우 이채로운 바 있다. 그것은 단순한 서경과 이념적 알레고리를 동시에 넘어설 수 있는 가능성을 안고 있기 때문이다. 그의 시적 생애는 그렇게 갈무리되어, 이제 우리의 시사적 자산으로 "寥寥(요요)"하게 걸어 들어오고 있는 것이다.

가을비 지난 뒤의
산뜻한 마음

지팡이 들고 혼자 뜰을 거닐면
저녁 햇빛에 익어가는 단풍잎.

아무 일도 없이 뒤언덕에 올라가
아무 생각 없이 서성거리다가
그저 무심히 그대로 내려왔다.
아까시아숲 밑에 노인이 앉아 있다.

　　　　　　　　　　　　—「가을비」(『한 벌 옷에 바리때 하나』)

　　"가을비 지난 뒤의 / 산뜻한 마음"은, 지팡이 들고 혼자 뜰을 거니는
노경의 시인을 연상시킨다. 마찬가지로 "저녁 햇빛에 익어가는 단풍잎"
역시 조락(凋落)을 앞둔 황혼의 삶을 구체적으로 환기한다. 시인은 이렇
듯 만년에 "아무 일도 없이 뒤언덕에 올라가 / 아무 생각 없이 서성거리
다가 / 그저 무심히 그대로" 살아가는 생의 궁극적 경지를 보여준다. 이
아무 일도 없고 아무 생각도 없고 그저 무심한, 말하자면 '무사무념무
상무심(無事無念無想無心)'의 시간들은, 불교적 사유가 가 닿은 궁극적 생
의 형식이 아닐 수 없다. 그때 발견하는 "아까시아숲 밑에 노인이 앉아"
있는 풍경은, 그러한 생의 구경을 경험한 시인 자신의 자화상이라 할
것이다.
　　대개 불교적 상상력은 '관법(觀法)'에서 비롯하고 완성된다. '관법'이
란 단순히 제법(諸法)의 실상만을 꿰뚫어보는 데 머물지 않고, 하나의 상
(像)을 통해 궁극의 세계를 상상함으로써 그 세계를 내면 속에서 구체화
하는 기능을 궁극적으로 수행한다. 김달진 시의 자연 형상과 거기서 발
견되는 생의 원리는, 이러한 '관법'의 결과로 나타난 것이다. 「육바라밀
(六波羅蜜)」(『한 벌 옷에 바리때 하나』) 같은 연작 시조 역시, 그 연장선상에
서 의욕적으로 생성된 것일 터이다.

　　참배 손님들 다 돌아가고

스님의 저녁 예불 끝난 뒤에는
저 오랜 부처님은
바람 소리 물소리만을 밤새 들으리.

밤벌레 우는
그 곁의 돌에 쭈구려 앉아
이제껏 내 무슨 생각에 잠겨 있었던가
그만 잊었다.

　　　　　　　　　　—「바람 소리 물소리」(『한 벌 옷에 바리때 하나』)

　모두들 돌아가고 혼자 남게 된 산사에서 시인은, "저 오랜 부처님"만
이 바람 소리와 물소리를 밤새 들을 것이라고 노래한다. 시인 역시 "밤
벌레 우는/그 곁의 돌에" 앉아 자신을 깊이 되돌아본다. 이 바람 소리
물소리 들리는 산사가 바로 "나에의 집착을 여의는 곳"이고, 앞의 시편
에서 보았듯이 "아무 일도 없이/아무 생각 없이/그저 무심히" 살아가
는 정신적 경지를 은유하는 곳이기도 하다. "그만 잊었다"는 마지막 시
행의 선언은, 그래서 산사에서 경험하는 비승비속(非僧非俗)의 한켠을 선
명하게 보여주는 발화라 할 것이다.
　이처럼 김달진 시의 궁극적 지향은, 불교적 사유를 통해 '자연'을 감
각적 외경이나 단순한 즐김의 대상이 아닌, 그 자체로 우주적 현장이자
생의 원리로 사유하게끔 하는 데 놓여진다. 그것은, 그가 오래 전에 노
래했던 "고독과 적막의 슬픈 사상"(「고독한 동무」, 『청시』)이, 그의 후기 시
편에까지 일관되게 작용한 결과였던 것이다. 그 "고독과 적막의 슬픈
사상"이, '요요'하게, 그의 시편 안쪽에서 빛나고 있는 것이다.

제5장
서정주 시의 종교성
『화사집』의 기독교적 구성 원리

1. 머리말

　최근 미당(未堂) 서정주(徐廷柱, 1915~2000)의 시에 관한 비평적 관심이 그 어느 때보다 높아져가고 있다. 민족민주 운동의 고양에 발맞춘 민족문학 주체논쟁과 납·월북작가들의 해금 그리고 리얼리즘 미학의 광범위한 소개로 상징되었던 1980년대의 주류 비판 이론이 그 중심적 역할이 소거된 채 미완의 담론으로 남게 되고, 리얼리즘과 모더니즘을 대척적 미학 운동으로 이해했던 정신사적, 미학적 관행에 대한 일정한 반성이 행해지면서 우리 문학의 핵심적 화두는 급속하게 우리 문학의 '근대성 / 반근대성 / 탈근대성'의 의미 또는 그것의 성취 부분으로 이월되었다. 그와 같은 전이(轉移)의 행간에 그동안 운동사적 시각에 의해 언제나 뒷전으로 밀려나 있던 미당이나 김춘수(金春洙) 또는 김동리(金東里) 등에 대한 관심이 전면에 등장하게 되었고, 그들의 작품 세계 또는 미적 자의식 속에 개재되어 있는 긍정적이고 독자적인 특장들을 준별하려는 연구자들의 의욕 또한 어느 때보다도 충천해 있는 것이다. 물론 이전에도 이들의 탁월한 문학적 성취에 대해서는 꾸준하고도 무게있는 논의가 있어온 터였다. 그러나 최근 일고 있는 그들에 관한 관심의 고조는 그 뜻이 각별한 바 있다. 그것은 그 논의가 우리 문학의 전통적 맥락과 근대적 충격의 역학 관계에 대한 섬세한 자각을 동반하고 있기 때문이다. 그 과정의 핵심에 미당 시가 위치하고 있음은 주지하는 바와 같다. 또한 이와 같은 미당 시에 대한 새삼스런 학문적 관심은 이제 우리 시 연구가 언어 미학과 사상적 깊이가 만나 합류하는 정점(頂點)에 대한 관심으로 옮겨져가고 있다(그동안 문학운동적 또는 이념적인 파행성과 적대성 속에서 우리 시 연구는 한쪽이 다른 한쪽에 대해 의식, 무의식적으로 심각한 생래적 배타성을 띠고는 했다)는 긍정적 의의와 더불어 자신의 이론적 근거가 바닥에 이르면 연구 대상을 바꿈으로써 연구자적 존재 의의를 스스로에게 부과하려 했던 자기 변신의 한 현상이라는 부정성 역시 부분적으로 견지하고 있다고 보인다.

아무튼 어느새 시인으로서의 나이 갑년(甲年)을 넘기며 누구도 범접하기 힘든 대가적 품격을 유지했던 미당의 시는 우리에게 아득하기 짝이 없는 양적 경이와 질적 균질성으로 다가온다. 그동안 축적되어온 비평적 재단에 의하면 미당 시에 대한 평가[1]는 '찬(贊) / 반(反)' 또는 '호(好) / 오(惡)' 등의 가치평가적, 정서적 이분법을 훨씬 벗어나 비평 하나하나가 그 나름의 치밀한 분석력과 그의 시를 이해하려는 연구자들의 험난한 지적 여정을 열어보이는 수준 높은 담론을 한결같이 이루고 있다. 그것의 대체적인 경개(景槪)는 미당 시의 변모 과정이라든가 언어 미학

---

1) 미당 시의 변화에 대한 비판적 견해와 긍정적 견해를 각각 대표하면서 비평적 진경을 보이는 논문에 우리는 김우창과 천이두의 글을 예거할 수 있다. 김우창, 「한국시와 형이상」, 『궁핍한 시대의 시인』, 민음사, 1987; 천이두, 「지옥과 열반」, 『시문학』, 1972, 6~9월 참조

적 의미(율격, 이미지, 상징), 종교적 의미, 미적 특성, 나아가 민족어의 구현 등이고, 최근에는 '근대의 초극' 논의와 미당의 초기시를 연결지으려는 시도까지 생겨나고 있다. 이와 같이 그에 대한 평가가 역동적인 다양성과 풍요로움을 띠는 것은 시인의 질적, 양적 풍요로움이 곧 비평의 풍요로움을 태생시킨 가장 대표적인 예라고 할 것이다.

이제 우리는 이와 같은 연구사적 토대 위에서 미당 초기시의 결실인 처녀 시집 『화사집(花蛇集)』(1941)의 구성 원리를 새롭게 검토함으로써 미당 시가 초기부터 치밀하고 일관된 실현 원리에 의해 씌어졌다는 사실을 실증적으로 검색해 보려 한다. 그럼으로써 미당이 단순한 낭만주의적 유미주의 시인 또는 광기의 시인이 아니라 철저하게 지적인 통제를 가하며 시작(詩作)을 일관되게 해온 지나칠 정도로 철저한 시인임을 느낄 수 있는 근거를 마련할 수 있을 것이다.

2. 『화사집』의 구성 원리

60여 년간 정력적으로 지속된 미당 시는 대부분의 논자들이 공감하고 있듯이, '반항과 일탈 지향에서 너그러운 긍정으로' 또는 '내적 갈등의 세계에서 관념의 형이상학을 통해 갈등이 해소되는 영원성(永遠性)의 시학으로' 진행되어왔다. 이와 같은 그의 시적 궤적을 우리가 염두에 둘 때, 우선 눈에 띄는 제1특성은 그의 지칠 줄 모르는 시력(詩歷)의 일관성과 힘일 것이다. 그는 10대 후반에 시를 쓰기 시작하여(첫 작품 「그 어머니의 부탁」, 『동아일보』, 1933.12.24) 20대에 동인지 『시인부락(詩人部落)』 창간을 주도하였고, 30대에 한국 문단의 중진 반열에 들었으며, 40줄 이후에는 이미 한국 문단을 대표하는 대가 시인으로 추앙받아왔다. 그러나 그 역시, 일찌감치 대가적 반열에 든 이가 항용 그러하듯이, 젊은 날의 치열한 구체성의 세계로부터 서서히 탈각하여 추상성 또는 깊은 관념의 세계로 급속하고도 갈등없는 진입을 보였던 것이 사실이다. 이러한 급속한 전이와 변모는 가난하고 불구적인 우리의 근대시사가 보여왔던 대체적인 양상 곧 젊은 시인들이 대가로 진입하는 과정의 전형적인 한 사례일 것이다. 그러나 이러한 시적 변이를 두고 우리는 초기시에서는 좋았는데 뒤로 갈수록 말이 아니더라는 인상 비평을 그에게 손쉽게 덧씌울 수 없다. 왜냐하면 초기시가 그 다음 시기 작품의 잣대로 남아서도 안 되지만, 그보다는 한 시인의 변모를 두고 퇴행이나 진전이라는 선조적(線條的) 안목으로 쉽게 낙인찍는 것보다 그 사이에 일관되게 흐르는 지속성의 요소를 성실히 검토하는 일이 훨씬 비평적 성실성을 보이는 것이라는 이유 때문이다. 이 부분에서 미당 시는 단연 문제적이고, 우리로서는 결코 짧지 않은 그의 시적 이력 이면에 흐르고 있는 일관성을 찾아내야 하는 책무가 따르게 되는 것이다. 그 첫 단계로 『화사집』을 검토하는 것은 자연스런 수순이겠지만, 그 까닭은 단지 그것이 시인의 초기시라는 시기적인 문제에 멈추는 것이 아니라 이 시집이 미당 시의 일관성을 강력하게 암시하는 하나의 '세계'를 이루고 있기 때문이다.

그렇다면 『화사집』은 미당에게 무엇이었는가. 우리가 보기에 이 시집은 미당에게 처녀 시집이라는 단순한 감격과 비로소 한 명의 시인이 되었다는 자기 확인 이외에 더욱 상징적인 의미를 띠고 있는 것이 분명하다. 우리는 다음과 같은 미당의 발언에 유의하면서 그 의미를 찾을 수 있다고 본다.

이런 神話 헬레니즘을 나는 기독교의 구약성서의 솔로몬 왕의 '雅歌' 등에 보이는 고대 이스라엘적 陽明性과 이때는 거의 혼동하고 있었던 일이다. 내 『花蛇集』을 주의해서 보아준 이라면 이 혼동을 여러 곳에서 쉬이 발견할 수 있을 것이다. 내 공부와 성찰은 이때는 아직도 기독교의 구약을 불교, 도교, 유교 등과 아울러 자세히 음미해야 할 동양정신의 일환임을 주의할 만한데 이르지 못했고, 다만 그 생태에 있어서 솔로몬의 '雅歌'적인 것과 그리이스 신화적인 것의 근사치에만 착안하여 양자의 그 숭고하고 陽한 육체성에만 매혹되어 있었던 것이다.[2](고딕체 인용자)

우리가 미당의 이 회고에서 특히 눈여겨볼 대목은 고딕체로 된 부분인데, 바로 이 언급이 『화사집』에 의식적으로 반영된 시집 구성 원리를 유추해볼 수 있게끔 해주는 단서가 되기 때문이다. 그렇다면 그의 말대로 우리가 이 시집을 "주의해서 보아"줄 경우 '발견'할 수 있는 예사롭지 않은 『화사집』의 구조는 무엇인가. 먼저 시집의 구성부터 사실적으로 살펴보자.

시집의 표지를 열면 '사과를 물고 있는 뱀'의 그림이 펼쳐져 있다. 이 그림은 상식적으로 볼 때, 구약 『창세기』에 나오는 선악과(善惡果)와 뱀(사탄)의 신화가 반영된 결과일 것이다. 이 삽화가 시집의 권두를 장식한 까닭은 시집 제목에 대해 시인 나름으로 암시하려 했던 것일 가능성이 가장 높지만, 구약의 신화 체계가 이 시집의 가장 강력한 연역원(演繹源)이 될 수 있는 가능성 또한 시사하고 있다. 아다시피 창세기 신화는 인류의 조상 이브가 뱀의 유혹에 못 이겨 선악과를 따먹음으로써 신의 노여움을 사는 이야기가 펼쳐지는데, 그 이후 저주와 유랑 그리고 원죄가 인간의 역사 안으로 들어오게 되는 것이다. 이와 같은 『창세기』의 메시지가 이 시집의 주요 골격이 될 수 있는 개연성은 이로써 높아지게 된다. 그 다음 모두 다섯 개의 중간 제목에 의해 24편의 시가 묶여 있는데, 중간 제목의 이름은 각각 '자화상(自畵像)', '화사(花蛇)', '노래', '지귀도시(地歸島詩)', '문(門)'이다.

---

2) 서정주, 「내 시에 대한 나의 해설」, 『서정주』(동국대 한국문학연구소), 도서출판 연희, 1980, 178면.

첫 장에 중간 제목으로 설정된 '자화상(自畵像)'이 나오고 그 다음 쪽에 제목이 생략된 「자화상」 전문이 실려 있다. 중간 제목과 작품 제목이 같이 처리된 예이다. 그 다음 두 번째 항목으로 설정된 '화사' 아래 소제목을 각각 달고 있는 작품이 여섯 편 수록되어 있는데, 그 작품들이 「화사」, 「문둥이」, 「대낮」, 「맥하(麥夏)」, 「입마춤」, 「가시내」이다. 다음 '노래' 아래 「와가(瓦家)의 전설」, 「도화도화(桃花桃花)」, 「수대동시(水帶洞詩)」, 「봄」, 「서름의 江(강)물」, 「벽(壁)」, 「엽서(葉書)」, 「단편(斷片)」, 「부흥이」 등 모두 아홉 편이 차례로 실려 있다. 다음 '지귀도시' 아래 「정오의 언덕에서」, 「고을나(高乙那)의 밤」, 「웅계(雄鷄)(上)」, 「웅계(下)」 등 네 편이 실려 있고, 마지막으로 '문(門)' 아래 「바다」, 「문」, 「서풍부(西風賦)」, 「부활(復活)」 등 네 편이 실려 있는 것이 『화사집』의 전모이다. 시집의 발문(跋文)을 같은 『시인부락』 동인이었던 김상원(金相瑗)이 쓰는 것을 마지막으로 이 시집은 끝을 맺고 있다. 따라서 이 시집은 모두 총 5부 24편의 작품으로 구성(삽화와 발문 포함)되어 있음을 알 수 있다.

이와 같은 순서에 의해 짜여진 시집 구성을 놓고, 우리가 주목하려는 것은 위에 인용한 미당의 언급에서 특히 고딕체 부분의 "나는 기독교의 구약성서의 솔로몬 왕의 '아가(雅歌)' 등에 보이는 고대 이스라엘적 양명성(陽明性)과 이때는 거의 혼동하고 있었던 일"이라는 대목이다. 그가 그리이스적 육체성과 보들레르적 감각을 시작의 제1원리로 받아들여 형상화한 것은 틀림없는 그의 시의 의식적 요소이다. 그러나 그에 못지않게 미당이 세례를 받은 것은 (물론 신앙적 요소는 전무하지만) 성서로 대표되는 기독교적 사유 체계이다. 그에게 그것은 외적 표지로서의 '이념(신념)'이 아니라 하나의 무의식적이고 보편적인 원형으로 내면화되어 있었음에 틀림없다. 그와 같은 무의식적 경도를 그는 "혼동하고 있었다"고 표현한 것이다. 이러한 표현에 유의할 때, 우리는 『화사집』의 구성이 희랍적 헬레니즘이나 동양 전래의 정신과는 전혀 그 토대를 달리하는 (미당에게는 '혼동'된) 성서의 원리를 닮았다는 데 착안할 수 있다. 실제로 우리는 성서와 『화사집』의 구성 원리를 나란히 도시(圖示)하여 다음과 같은 상동적 유비(類比) 관계를 추출할 수 있다.

『花蛇集』	신구약 성서
'自畵像'	카오스에서의 창조
'花蛇'	타락(실낙원, 저주, 원죄)
'노래'	방황(유랑) - 귀향
'地歸島詩'	십자가와 고난
'門'(『歸蜀途』로 나아가는 門)	부활(구속, 새로운 세계의 열림)

이와 같이 나란히 풀어 놓은 두 책의 구성 원리는 통시적 일관성은 물론, 하나의 드라마적 구조를 공통적으로 함유하고 있다. 그것은 흡사 존 번연(John Bunyan)의 『천로역정(天路歷程)』이 지니고 있는 궁극적 상승 구조를 떠올리게 하는 극적 구조의 모습을 띠고 있다. 대개 '카오스에서의 창조' – '타락(실낙원), 저주, 원죄' – '방황과 유랑 그리고 귀향' – '그리스도의 십자가와 고난' – '부활(새로운 세계의 열림)'의 연쇄 체계가 신구약을 가로지르는 핵심적 구성 원리라고 할 때, 우리는 『화사집』의 목차가 작품이 발표된 시기순(또는 그 역순) 같은 관성적 짜임이나 대등한 주제의 병렬적 짜임이 아님은 물론, 성서의 그것과 상(像)이 겹치는 구조를 띠고 있음을 알 수 있다. 또 그러한 구성은 이 시집이 '자화상'에서 '화사'와 '노래'의 단계를 지나 '지귀도시'에 이르러 '부활'의 '문'을 발견하는 하나의 힘겨운 상승 구조를 지니고 있기 때문에, 그 안에 실린 시 한 편 한 편이 각자 다른 서정적 주체를 설정하고 있지만, 크게 보아 하나의 일관된 서정적 주체의 편력기라는 또 하나의 큰 틀을 시인이 염두에 두고 시집을 구성했음을 알 수 있게 하고 있다. 그럴 경우 이 시집은 젊은 서정주 스스로 서정적 주체로 현신(現身)하여 방황과 유랑을 거쳐 귀환 및 재생(또는 부활)에 이르는 하나의 성장기 또는 편력의 기록으

로 읽힐 수 있는 것이다.3)

그러므로 그의 시는 헬레니즘과 헤브라이즘이라는 서양의 양대 사조로부터 일정한 영향 관계를 "혼동하"며 동시에 수용한 모습을 띤다. 그의 시에 줄곧 나타나는 눈물의 선지자(先知者) '예레미야'나, '이브', '카인' 등은 그러한 주제를 강화해주는 시적 캐릭터로 등장하고 있다. 따라서『화사집』은 미당 시 편력 전체 과정으로 보면 하나의 출발점의 의미를 띠고, 특히 젊은 날의 주체할 수 없는 열정과 그 간단없는 육정을 노래하고 있지만(특히 「자화상」, 「화사」, 「문둥이」 같은 작품이 대표화될 경우), 이미 그 자체 안에 하나의 성장기적인 완결된 드라마가 내장되어 있다고 할 수 있다.

또한 이 시집은 일제 말기라는 당대(1941) 시사의 주류적 분위기와는 배치되는 방향, 이를테면 민족 현실에 대한 시적 탐구나 그 정반대의 친일적 경향, 또는 자연이나 상고(尙古) 취향의 시적 전통과는 전혀 다른 철저한 개인적 차원의 영혼의 이력으로 짜여져 있다. 그것은 마치 성서가 히브리 백성들의 덧없는 욕망에 의해 좌절되는 신의 뜻을 그리고 있고, 나아가 그들의 유랑과 방랑 그리고 결국 그리스도의 영과 육 전인(全人)에 걸친 '부활'을 통해 '영원성'의 세계로 나아가듯이, 이 시집도

---

3) 시집『花蛇集』이 가지고 있는 독특한 짜임새에 관해서는 이미 최현식의 적절한 지적이 있었다. 그는 "그(서정주—인용자)는『화사집』을 어떤 하나의 일관된 체계와 주제를 염두에 두고 제작한 것으로 보인다. 즉『화사집』은 개별 시들의 발표시기와는 무관하게 구성되어 있는 바, 1939년 10월『시건설』에 발표된 「자화상」을 맨 앞에, 같은 해 7월 19일『조선일보』에 실린 「부활」을 마지막에, 첫 시의 뒷부분과 마지막 시의 앞부분에는 관능적 생명력과 신성(神性)적 육체성에 대한 열망을 담은 시들을, 그리고 가운데에 시인으로서의 자의식이 표나게 드러난 시들을 배치하고 있다. 이런 배치가 보여주는 것은 '돌아온 탕자'의 의식에 비유되는, 시인의 내적 성숙 혹은 귀향의 면모와 밀접히 관련되는 것으로 판단된다"(고딕체 인용자)고 하면서 첫 시집을 묶는 시인으로서의 자의식이 미당에게 중요했음을 규명하고 있다. 물론 연구자가 성서적 구조를 언급하고 있지는 않지만, 특히 고딕체 부분의 지적은 시집 전체의 드라마적 구조를 간파한 시사적 발언이라고 보인다. 최현식, 「서정주의 시집 미수록시 연구 1」,『1950년대 남북한 시인 연구』(한국문학연구회 편), 국학자료원, 1996, 376면.

그러한 일관된 통일적 원리를 그 안에 숨기고 있는 것이다.

여기서 그의 초기시에 나타나 있는 양상을 "육체가 정신과 분리되어 생겨나는 타락과 괴로움의 인식이며, 프로테스탄트적 육체관의 한 변형"[4]으로 읽은 김현의 탁견은 매우 수긍할 만한 독법(讀法)일 것이다. 반면 서정주의 시를 가리켜 "論理(논리) 대신에 하나의 生理(생리)가 거기서 왔다"[5]고 한 백철(白鐵)의 지적은 기층 정서를 추출한 면은 일견 타당하지만, 그의 시 전체를 하나의 생리적 차원으로 떨어뜨림으로써 구조적 안목을 결한 것이 된다.

그만큼 우리는 이 시집을 미당이 지은 '시의 집'이자, 그의 시를 근본적으로 읽게 해주는 미당 시의 연원이라고 생각한다. 그 안에 그가 이루어갈 정신적 내력과 역사, 공간 그리고 영혼의 흐름이 하나의 극적 구성으로 살아 숨쉬고 있기 때문이다. 따라서 이 시집은 그동안 쓴 작품들을 단순히 '모은' 것이 아니라 미당이 새로이 '만든' (거기에는 발표된 시들의 취사선택과 재배열이라는 섬세한 지적 작업이 담겨 있다) 또 하나의 '작품'인 것이다. 물론 이러한 예단이 그 '시의 집' 안에 담겨 있는 시편 낱낱을 자세히 검토하는 과정에서 설득력을 얻을 것은 자명한 이치이다.

3. 드라마적 구조로서의 『화사집』의 세계

이렇듯 일관되게 계획된 구성 원리를 가지고 편성된 『화사집(花蛇集)』은 과연 어떠한 시적 세부를 그 안에 내장하고 있는가. 물론 우리는 『화사집』을 이루고 있는 낱낱의 시편들이 모두 충실하게 이와 같은 구

---

4) 김윤식·김현, 『한국문학사』, 민음사, 1987, 260면.
5) 백철, 『조선신문학사조사―현대편』, 백양당, 1949, 354면.

성 원리를 뒷받침하는 알리바이로 작용한다고는 보지 않는다. 그것은 당연하게도 미당 스스로 시 한 편 한 편을 쓸 때 시집 구성 원리를 상정하고 연역적으로 시를 쓴 것이 아니기 때문이다. 시집 구성 원리라는 것 자체가 이미 씌어진 작품을 두고 그것들을 취사선택하여 나중에 하나의 책으로 꾸미는 사후적 작업에서 귀납되는 것이고, 또한 시집 구성의 일관성을 해치는 작품일 경우 시집에서 누락되는 경우도 허다하다. 따라서 우리가 미당의 시를 이해하려고 할 경우, 시집 전체의 구성 원리라는 문맥 외적으로 한 편 한 편 작품들을 자세히 읽는 것은 더없이 중요한 연구자적 실천일 것이다.

그럼에도 불구하고 우리는 이 글에서 각각의 시편들이 이러한 시집 구성 원리와 맺는 친연성에 주목하는 것을 일차적 과제로 삼으려고 한다. 그것이 바로 미당이 시집 구성을 통해 드러낸 근본적 욕망을 일목요연하게 읽는 일이 될 것이기 때문이다. 그런 뜻에서 이 시집의 서시격인 「자화상」은 그와 같은 작업을 수월케 해주는 상징적인 암시를 보여주는 명편(名篇)일 것이다.

> 애비는 종이었다. 밤이기퍼도 오지않었다.
> 파뿌리같이 늙은할머니와 대추꽃이 한주 서 있을뿐이었다.
> 어매는 달을두고 풋살구가 꼭하나만 먹고싶다하였으나…… 흙으로 바람벽한 호롱불밑에
> 손톱이 깜한 에미의아들.
> 甲午年이라든가 바다에 나가서는 도라오지않는다하는 外할아버지의 숯많은 머리털과
> 그 크다란눈이 나는 닮었다한다.
> 스물세햇동안 나를 키운건 八割이 바람이다.
> 세상은 가도가도 부끄럽기만하드라
> 어떤이는 내눈에서 罪人을 읽고가고
> 어떤이는 내입에서 天痴를 읽고가나

나는 아무것도 뉘우치진 않을란다.

찰란히 티워오는 어느아침에도
이마우에 언친 詩의 이슬에는
멫방울의 피가 언제나 서꺼있어
볓이거나 그늘이거나 혓바닥 느러트린
병든 숫개만양 헐덕어리며 나는 왔다.

— 「자화상(自畵像)」 전문6)

시집의 권두에 실려 있는 이 시는 2연 16행으로 되어 있다.7) 1연에
등장하는 "애비", "할머니", "어매", "외할아버지" 등은 일차적으로 서정
적 주체의 가계(家系)를 일러주는 핵심적 구성원의 사실적 재현으로 읽
힐 수 있다. 이미 미당의 나이 스물셋에 이 작품이 씌어졌다는 후주(後
註)를 보더라도 이 시의 허두는 사실성에 바탕하고 있을 개연성이 높다.
그러나 가족의 내력을 강한 이산성(離散性)과 봉건적 가부장제로 인한
피폐("늙은할머니"나 "손톱이 깜한 에미"는 모두 가계의 내력에 은폐되어 있는 '희

---

6) 시 끝부분에 "註. 此一篇昭和十二年丁丑歲仲秋作. 作者時年二十三也"라고 적혀
있다. 서정주, 『花蛇集』, 남만서고, 1941. 이 시집은 같은 『詩人部落』 동인이었던 오
장환(吳章煥)을 발행인으로 하여 1백부 한정판으로 출간되었다. 앞으로 본고에서는 별
다른 표기가 없는 한 이 시집에서 시를 인용한다. 참고로 민음사판 전집(1995)은 원시
집과 비교할 때 서지적 오류가 더러 눈에 띈다. 일례를 들면 「自畵像」에 나오는 '서껴
있어'라는 구절을 '서겨있어'로 처리한 것은 원뜻에도 위배되고 원래의 서지와도 불일
치한다. 또한 『花蛇集』에 실려 있는 「瓦家의 傳說」과 「桃花桃花」의 순서가 전집에는
뒤바뀌어 있다. 그리고, 이것은 심각한 문제의 하나인데, 「水帶洞詩」에 나오는 '仙旺
山'이 '仁旺山'으로 처리되고 있는 것은 문제라고 아니할 수 없다. 그 밖에 띄어쓰기
가 빈번히 불충실하게 재현되어 있다. 서지적 주의를 요하는 문제이다.

7) 물론 보기에 따라서는 3연으로 처리될 가능성이 높은 작품이다. 이는 6행과 7행 사
이에서 연이 갈라서느냐 아니면 두 행이 한 연 속에서 이어지느냐 하는 문제일 터인
데, 실제 『花蛇集』의 허두에 수록되어 있는 이 시를 읽어보면 6행에서 한 쪽이 끝나
고 다음 쪽에서 7행이 시작됨으로써 그 분리 여부를 알 수 없게 되어 있다. 다만 민음
사판 『미당시전집』(1995)에서는 같은 연으로 처리하고 있고, 보통 2연으로 처리하고
있기도 하다. 그러나 구조상으로는 3연으로 읽는 것이 그 서술구조의 정합성이나 서
정적 주체의 목소리의 변화 리듬상 어울릴 것 같다.

생'의 표상이다), 그리고 불우한 가족사로 형상화하는 데는 서정적 주체의 가계로부터의 '홀로서기'라는 허구적 욕망이 근본적으로 자리잡고 있다고 볼 수 있다. (또한 이 대목은 개인사적 사실성과 무관하게 민족사적 보편성을 매개하려는 시적 진술로 읽을 수 있기도 하다) 따라서 이 시의 근본 구조는 하나의 주체가 형성되어가는 카오스적인 과정이 가계적 내력으로부터의 일탈 욕망으로 나타나고 있다. 그러나 그 형성 과정은 온전하거나 원만하지 않고 '바람'이라는 매체가 상징하듯 신산하고 불구적 형식으로 이루어진 것이다.

따라서 "나를 키운건 八割(팔할)이 바람"이라는 말은 반어적 의미가 짙다. '바람'이 나를 '키운건' 아닐테니 말이다. 다시 말하지만 오히려 그것은 그의 온전하고도 원만한 성장을 가로막는 신산스런 어떤 외압이었을 가능성이 높다. 그리고 그 '바람'[8])에는 이중적 의미가 숨어 있다. '바람'은 그에게 가혹한 외적 고난이기도 했지만 그 안에서 스스로 키운 내적 운동력이자 생명력의 기율이기도 했던 것이다. 한편으로 '바람'은 그의 삶을 이끌기도 했지만, 그 스스로 '바람'을 초래하기도 하였던 것이다.

'바람'에 의해 길러진 주체가 가장 처음으로 느끼는 자의식은 '부끄러움'이다. 그는 타자가 자신을 '죄인'이나 '천치'로 보는 냉대와 홀시에는 "아무것도 뉘우치진 않"지만, 그 스스로의 원죄의식만은 충실히 받아들인다. 그에 바탕한 자기 검색의 정직성이 예의 "부끄러움"에 나타나 있다면, 타자가 읽고 가는 이미지들은 그의 생애에서 뉘우침을 줄 정도의 외적 충격이 되지 못하기 때문이다. 그 뉘우침의 동력은 철저히 자기 '내부'에서 나오는 것이다. 이와 같은 타자와의 소통 단절 또는 자기 안으로의 응결은 이 시기 미당의 정신 편력을 이해하는 데 귀중한

---

8) 송하선은 미당 시에 나타나 있는 '바람' 이미지가 "형이하의 바람에서부터 형이상의 바람으로 발전해가고 있"다고 본다. 이는 후에 펼쳐질 미당 시의 전개 과정에 비추어 볼 때 적절성있는 지적이다. 송하선, 『미당서정주연구』, 선일문화사, 1991, 35면.

하나의 단서가 된다. 그것은 그가 '죄인'이나 '천치' 또는 '문둥이', '앉은뱅이' 같은 불구의 형상을 노래하지만 그것은 한시적이고 잠정적인 현상일 뿐이라는 것, 그리고 "찰란히 티워오는 어느아침"을 맞아 자기 정체성이 형성될 것이라는 암시이다. 따라서 시인의 자존(自存) 논리는 자신의 '시'와 삶에 대한 자존(自尊)에 철저히 바탕을 두고 있다.

마지막 연의 "이슬/피", "볕/그늘"의 대위(對位)는 그것을 깊이 상징한다. 이슬 속에 피가 섞인 상태, 볕과 그늘의 경계가 지워진 상태, 그것은 주체의 적(敵)이 독립적 개체가 아니라 '자신의 혈관(血管) 속에 적(敵)이 있다'는 근대적 의미의 아이러니를 떠올리게 하는 일종의 내적 모순의 동력이다. "이마우에 언친 詩의 이슬"과 그 안에 섞인 "멫방울의 피"9)는 그래서 양가적 의미를 띨 수밖에 없다.10) "병든 숫개"는 자조적인 자기 인식의 한 변용적 표현인데, 앞서의 "종"의 유전(遺傳)된 모습이기도 하다. 그것은 병든 '육체', 병든 '자아', 병든 '개인', 병든 '삶'을 의미하지만, "헐덕어리며" 갈 수밖에 없는 주체에 의해서, '이슬'에 얹힌 '피'에 의해서, 거듭난 '정신'으로, '세계'로, '사회'로, '詩'로 확산, 진화될 것이기도 하다.

따라서 이 작품은 기층적 심상의 말들에 철저하게 토대를 둔 데다

---

9) 서정주의 시에 끊임없이 나타나고 있는 '피'의 이미지에 관해서는 그 지속과 변이의 양상이 천이두의 통찰에 의해 적절히 논구된 바 있다. 그는 미당의 시세계가 "단적으로 말해서 이 '피'를 처리하여온 생애"라고 하면서 그것이 강렬한 관능의 생명력에서 한(恨)의 상관물로, 그리고 종교적 구도의 과제로 변모하고 있음을 밝히고 있다. 본고는 서정주 초기시의 결실인 『花蛇集』에 나타난 '피'의 성격이 다분히 맹목성을 띠고 있는 카오스적 열정 곧 하나의 주체를 형성해가는 생명의 근원적인 힘을 상징하고 있다고 보려 한다. 천이두, 「詩人에 있어서의 이디엄考」, 『문학과 시대』, 문학과지성사, 1982, 참조.

10) "어째서 자유에는/피의 냄새가 섞여 있는가를" 하고 노래한 김수영(金洙暎)의 「푸른 하늘을」에 이 이미지는 다시 반영되는데, 물론 두 시의 '피'의 성격은 다르지만 '자유'의 이미지 안에 또는 주체의 '견고성' 안에 '피'라는 카오스적 열정이 필연적으로 개재해 있다는 사유는 사물의 빛과 음영을 제대로 꿰뚫은 혜찰의 한 양상으로 공통적이다.

"발표 이후 근 50년의 풍화에도 불구하고 여전히 신선하며 충격적인 직접성"[11] 때문에 강력한 호소력으로 다가오지만, 크게 보아 『화사집』의 처음, 다시 말해서 카오스적인 역사와 편력을 통해 주체를 정립해가는 하나의 '창조' 원리가 상징적으로 암시되어 있는 출발의 시편이다.

그 다음 '화사' 항목에 나오는 작품은 원죄와 실낙원의 형상에 한결같이 기여한다. 처음 작품인 「화사」는 디오니소스적인 논리에 의해 씌어진 시편인데, 대부분의 사람들이 공감하듯, '보들레르'적인 색채가 짙은 작품이다. 흔히 '뱀'에 대한 양가적 모순(ambivalance)을 보이는 것으로 유명한 이 작품은 그 '뱀'을 통해 원시적 생명력과 짙은 감각성으로 생의 본원적 충동의 에너지인 리비도를 형상화하고 있다. 그러나 그 리비도라는 것이 혐오와 동경이라는 이율배반적 정서에 탐닉되어 일어나고 있다. 그것은 미당 스스로 구약의 실낙원의 신화적 요소에 근본적인 상상력의 토대를 둔 채, 인간 육체에 대한 깊이있는 긍정을 덧보탠 결과로 보인다. 육체의 '내던져진 밑바닥'에의 참여를 보들레르에게서 배웠다고 그가 말한 것도 그러한 생각의 한 축을 뒷받침하고 있음은 물론이다. 결국 이 시는 동시대에 씌어졌던 신석초(申石艸)의 「뱀」[12]을 연상케 하면서 인간의 욕망이 초래하는 근본적 원죄의식과 저주의 형상을 잘 그리고 있다는 점에서 인간의 원죄와 타락의 형상을 떠올리게 하기에 족한 작품이다.

그 점에서는 「문둥이」 역시 궤를 같이 하는데, 화해로운 자기 실현을 차단당한 불구의 실존을 낮과 밤을 교차하면서 노래하는 이 작품은 엽

---

11) 유종호, 「시인과 모국어」, 『사회역사적 상상력』, 민음사, 1995, 176면.
12) 원래 '뱀' 이미지는 관습적 상징으로 볼 때, 천국의 질서를 파괴한 존재나 질서의 새로운 형식인 지식의 비전적 전수자로 인식된다. 또 그것은 악의·상징이나 불길한 힘으로 인지된다. 그와는 반면, 아주 드물게, 그것은 풍요로움의 가시적 형태이며 남근(男根)을 상징하여 조상들의 지하의 동반자로 인식되기도 하였다. 그런면에서 미당의 '미/추'의 양가적 현신으로서의 뱀 이미지는 일단 관습적 상징을 벗어난 독자성이 있다고 보아야 할 것이다. 아지자·올리베이리·스크트릭, 장영수 역, 『문학의 상징·주제 사전』, 청하, 1992, 301~304면 참조.

기적이고 도착(倒錯)된 인간의 모습을 통해 숙명으로서의 저주를 그리고 있다. 이 시에 나타난 미학적 역동(逆動)은 미당 초기시가 근본적으로 갈등과 불화로 그리고 신의 축복은커녕 저주와 숙명의식으로 점철되었다는 뚜렷한 증좌가 될 수 있을 것이다. 이처럼 "정상적인 입사(initiation)에서 배제될 수밖에 없는"[13] 존재들인 '문둥이', '앉은뱅이', '벙어리' 등은 낙원에서 추방된 비극적 인간의 상관물들이고, 곧 근대가 몰고온 합리적 질서로부터 철저히 이격된 존재들의 육성을 담고 있는 것이기도 하다. 「대낮」과 「맥하(麥夏)」, 「입마춤」, 「가시내」 등도 역시 육정에 바탕한 순수에의 의지, 곧 합리성이라는 근대의 지표에 대한 네거티브 전략의 일환으로 씌어진 작품들이다. 그것은 한결같이 "저놈의 뒤를 따르는 것"(「花蛇」)과 "님은 다라나며 나를 부르고……"(「대낮」), "오라고 오라고 오라고만 그러면"(「입마춤」) 등의 강렬한 유혹과 "石油(석유) 먹은듯…… 석유 먹은듯…… 가쁜 숨결"(「화사」)이나 "밤처럼 고요한 끌른 대낮에 / 우리 둘이는 웬몸이 달어……"(「대낮」), "땀흘려 땀흘려 / 어지러운 나—ㄹ 엎드리었다"(「맥하」), "땅에 긴 긴 입마춤은 오오 몸서리친"(「입마춤」), "입술이 붉어 온다"(「가시내」) 등처럼 육정에 친화하는 강렬한 에로스에 토대한 원죄의식이 중추를 이루고 있다.

이러한 작품들에서 공통적으로 보이는 병적인 문맥에서 미적 동기를 찾고 이를 예술화하는 구원의 의지가 말하자면 미당의 초기시가 취한 시학의 명징한 하나의 특색일 것이다. 따라서 이러한 직정적 호흡이 탈윤리적 세계와 낙원상실, 그리고 근대 부정의 일계기를 형성하고 있음은 자연스러워 보인다. 이러한 점은 『시인부락』 동인이었던 함형수(咸亨洙)나 오장환(吳章煥) 등이 보였던 반전통적 모더니즘과 함께 음미해볼 만한 근대문학의 독자적인 한 정경이다. 여기서 우리는 그동안 문학사적 관행이 그에게 붙인 '생명파(生命派)'라는 이디엄에 대해 긍정할 수

---

13) 최현식, 「서정주 초기시의 미적 특성 연구」, 연세대 석사논문, 1995, 40면.

있게 된다. 서정주의 초기시는 '미(美) / 추(醜)', '선(善) / 악(惡)'의 가치론적 공존을 통한 이원론적 구조를 띠면서 그것이 전통적인 정한(情恨)의 세계에서 벗어나 인간 생(生)으로 초점이 맞춰지며 건강성과 울분 나아가 관능의 세계에 탐닉할 수 있는 자양이 되어주었다는 측면에서 미당의 강렬한 생의 지향은 독자적인 미질(美質)이 된다고 할 수 있기 때문이다.

그 다음 '노래' 항목은 그의 정신 편력의 다채성과 고단함을 동시에 불러주는 그야말로 '노래'이다. "내裸體(나체)의 에레미야書"(「도화도화」)나 "고요히 吐血(토혈)하며 죽어갔다는"(「와가의 전설」) 한 여인의 전설이 주요 정조를 지배하고 있는 가운데 우리가 주목해야 할 것은 이 노래들 사이에 간주곡으로 들어 있는 특정 시편 곧 일차 귀향시편인 「수대동시」이다. "흰 무명옷 가라입고" "내넋의 시골"로 돌아온 "숫스러워지는 생각"의 서정적 주체는 "별 생겨나듯 도라오는 사투리"를 매개로 자기 자신이 "오랫동안 나는 잘못 사렀구나"라는 회한에 잠긴다. 그리고 "설ㅅ고 괴로운 서울女子를 / 아조 아조 인제는 잊어버"리고 "금女동생을 나는 얻으리"라는 귀향의 의욕을 밝힌다. 여기서 '서울女子'는 "솟작새 같은 게집의이얘기는, 벗아 / 인제 죽거든 저승에서나 하자"(「엽서─동리에게」)에서 읊었던 그 여인이기도 하다. '서울 / 水帶洞(수대동)', '서울女子 / 금女동생' 등을 갈라 자아를 후자쪽으로 가라앉히는 이 작품은 "머잖어 봄은 다시 오리니"나 "새로 수대동 살리"와 같이 다시 주체로 서는 귀환 과정을 잘 보여주는 수작이다.

또 우리는 이 중간제목의 항이 상징하는 의미에 주목하기 위해서 그의 실질적인 등단작인 「벽(壁)」에 유의해볼 필요가 있다. 이 시에 나타난 의식은 충분히 의식화된 것은 아닐지라도 그의 시적 원천이 근대 일반에 대한 적극적 항의로 나타난 것임을 간접적으로 적시해주고 있는 단적인 예라고 할 수 있다.

덧없이 바래보든 壁에 지치어
불과 時計를 나란이 죽이고

어제도 내일도 오늘도 아닌
여긔도 저긔도 거긔도 아닌

꺼저드는 어둠속 반딧불처름 까물거려
靜止한 「나」의
「나」의 서름은 벙어리처럼……

이제 진달래꽃 벼랑 햇볏에 붉게 타오르는 봄날이 오면
壁차고 나가 목매어 울리라! 벙어리처럼.
오-壁아.

— 「壁(벽)」 전문

　"불과 時計(시계)를 나란이 죽이"는 일에 매진하고 있는 서정적 주체
의 행동이 시 전면을 이끌고 있는 이 작품은 '불'(가시권)과 '시계'(시간성)
에 대한 부정을 시공간에 얽매이지 않고 일상으로 겪고 있는 유폐된 자
의 정서를 담고 있다. 이 작품은 '벽'과 '어둠속'을 하나의 이미지로 일
치시키며, '정지(靜止)'(시간적, 시각적)된 '벙어리'의 설움을 감옥 이미지와
실제의 말없음표로 나타내고 있다. 이런 '닫힘'의 이미지는 마지막 4연
1행에서 상상적 '열림'으로 바뀌어 "벼랑"으로 나타나게 된다. 여기서
'벼랑'은 위기를 뜻하지만 동시에 열림을 상징하는 공간이기도 한데, 불
가항력적인 어둠의 이미지가 상상 속에서 '벼랑'과 '햇빛'과 '봄날'로
열리는 것이다. 단절감만 절대적으로 증폭되어 있는 상황에서 '벼랑'이
라는 통로는 이 편력의 마지막 관문인 「門」 또는 "돌門"('부활」)으로 이
어지는 가교 역할을 하고 있다.
　'불과 시계', 그것은 말할 것도 없이 근대를 표상하는 핵심적인 사물

들 또는 그것의 이미지이다. 따라서 이 시는 닫혀 있는 일상과 근대적 합리주의에 대한 반발, 불안의식의 반영이기도 하다. 이 시에서 '壁'은 기본적으로 차단(遮斷)의 이미지를 띠는데, 그것은 또한 "나는 무수한 벽 속에 앉았다. / 벽은 돌보다 음산하다. // 손톱으로 새긴 것은 / 화초가 아니요, 線(선)의 고민들이었다. // 태양이 없음이 아니나 / 태양이 있음이 슬픈 이유가 되었다."14)는 이산(怡山)의 시에 나타나듯 당대의 보편적인 차단의식으로서의 이미지이다. 그러나 그것은 절대적인 차단은 될 수 없다. 왜냐하면 인간의 의지는 '벽'에 '문'을 낼 수가 있고, 그곳으로 탈출할 수 있기 때문이다. 결국 수인(囚人) 이미지 또는 일종의 감옥 이미지가 갇힘과 울음으로 대표되는 '벙어리', '종', '문둥이', '부흥이' 등의 정서적 상관물을 거느리는 이 시는 '문'으로 나아가는 실존적 '유랑'과 '방랑'의 이미지를 잘 나타내고 있는 작품이다. 이 과정을 "미당의 시적 탐구는 이 근원적인 비극의 조건 속에서 낙관적인 힘을 발견해 나가는 과정"15)이라고 본 김화영(金華榮)의 선언적 진술은 그와 같은 편력의 한 마디를 잘 나타내준다.

다음 '지귀도시' 항목은 미당이 제주 남단의 지귀도라는 섬에 유박하면서 쓴 네 편의 시를 수록하고 있는데, 상당 부분 그리스도의 성서적 이미지와 겹쳐 읽을 수 있는 작품들이다. 이 작품들의 시간 배경은 대체로 한낮[正午]이고, 공간적 배경은 섬에서 쓴 작품답지 않게 '바다'가 아니고 '언덕'이다. 이 시공간적 메타포는 그리스도의 십자가 사건의 시공간과 그대로 겹친다는 것을 알 수 있다. 또 '지귀도'에는 신인(神人) 고을나(高乙那)의 손(孫) 일족(一族)이 산다고 하는데, 그 '神人'이라는 것 역시 그리스도의 이미지와 일치한다.

첫 작품인 「正午의 언덕에서」는 구약의 '아가(雅歌)'의 한 구절 곧 "향기로운 산우에 노루와 적은사슴같이있을지어다"라는 말을 부제로 삼

---

14) 김광섭, 「푸른 하늘의 顚落」, 『憧憬』, 대동인쇄소, 1938.
15) 김화영, 『미당 서정주의 시에 대하여』, 민음사, 1984, 23면.

고 있다. 시 곳곳에는 십자가상의 그리스도의 원형적 이미지로 보이는 표현이 많이 나온다. "눈물어린 눈"과 "다붙은 내입설의 피묻은 입마춤"은 수난의 이미지이고, "황금 태양을 머리에 달고/沒藥(몰약) 麝香(사향)의 薰薰(훈훈)한 이꽃자리/내 숫사슴의 춤추며 뛰여 가자"는 대목은 그리스도의 수난의 시간과 장소인 "正午의 언덕"과 더불어 그것을 강하게 상징한다. "윙윙거리는 불벌의 떼"는 그 수난의 치열함을 보이고 있다. 더 나아가 「웅계(雄鷄)(下)」는 그리스도 수난의 대표적 표상 곧 '어린 양' 이미지의 변용으로 읽힌다. 다시 말해 그리스도의 속죄양 의식이 침윤되어 있는 십자가 사건의 반영으로 보이는 것이다. "닭의벼슬은 心臟(심장)우에 피인꽃이라/구름이 왼통 젖어 흐르나/막다아레에나의 薔薇(장미) 꽃다발"은 바로 그리스도의 영상이며 막달라 마리아는 그리스도의 부활 사건을 목격하는 성서적 인물이기도 하다. "해바래기 줄거리로 十字架(십자가)를 엮어/죽이리로다. 고요히 침묵하는 내닭을죽여……// 카인의 쌔빩안 囚衣(수의)를 입고/내 이제 호을로 열손까락이 오도도떤다"는 부분은 십자가 희생의 이미지를 그대로 각인한다. 앞 작품의 '숫사슴'이 여기서는 '수탉[雄鷄]'로 변용되어 있을 뿐이다.

다음은 마지막으로 '門' 항목이다. 이 부분은, 이미 암시한 대로, 새로운 세계로의 열림이라는 전회(轉回)가 이루어지는 『花蛇集』의 대미(大尾)이다. 그 첫 작품은 「바다」인데 거기에는 시대적 질곡과 고통을 벗어나려는 서정적 주체의 의지가 예언자적 형식을 지니며 표현되어 있다. "애비를 잊어버려/에미를 잊어버려/형제와 親戚(친척)과 동모를 잊어버려,/마지막 네 게집을 잊어버려,"는 그리스도가 출가(出家)하면서 부정하고자 했던 모든 세속적 관계와 상이 겹친다. 그러면서 "눈뜨라. 사랑하는 눈을뜨라…… 청년아,/산 바다의 어느 동서남북으로도/밤과 피에젖은 國土(國土의 오식 – 인용자)가있다"는 대목으로 이어지면서 "가라!"는 명령어법이 지속되고 있다. 이 명령은 서정적 주체의 자기 다짐으로서, 그것을 통해 비로소 새로운 세계로 열리는 '문'에 다다르게 된다. 그 새로운 세계의 열림을 보여주는 상징적 의미의 작품이 바로 「문」이다.

> 밤에 홀로 눈뜨는건 무서운일이다
> 밤에 홀로 눈뜨는건 괴로운일이다
> 밤에 홀로 눈뜨는건 위태한일이다
>
> 아름다운 일이다. 아름다운일이다. 汪茫한 廢墟에 꽃이 되거라!.
> 屍體우에 불써 이러나야할, 머리털이 흔들흔들 흔들리우는, 오—이時間. 아까운 時間.
>
> 피와 빛으로 海溢한 神位에
> 肺와 발톱만 남겨 노코는
> 옷과 신발을 버서 던지자.
> 집과 이웃을 離別해 버리자.
>
> 오—少女와같은 눈瞳子를 그득이 뜨고
> 뉘우치지 않는사람, 뉘우치지않는사람아!
>
> 가슴속에 匕首감춘 서릿길에 타며 타며
> 오느라, 여긔 知慧의 뒤안깊이
> 秘藏한 네 荊棘의 門이 운다.
>
> —「門」 전문

'廢墟(폐허)(=소멸, 무생명) / 꽃(=생성, 생명)', '屍體(시체)(=누워있음) / 이러나야할'의 대위를 설정하고 전자들의 부정성을 후자들의 생성지향의 이미지로 강하게 견인하고 있는 이 시의 정조는 '肺(폐)와 발톱(육체)'만 남기고 '옷과 신발(인위)' 내지는 '집과 이웃(세속적 관계)'을 모두 '이별(離別)' 하라는 것에서 극에 이른다. 그것은 앞의 작품과 함께 바로 그리스도가

공생애로 진입하는 과정을 연상시켜주고 있다. 그것은 그에게 '秘藏(비장)(또는 悲壯)한 荊棘(형극)의 門'이지만, 그 '형극의 문'이 곧바로 「부활(復活)」에 이르는 '돌門'이 된다는 아이러니는 우리가 다 아는 바이다. 이와 같은 '門'을 여는 상상력은 그의 다음 시집 『귀촉도(歸蜀途)』(1948)의 "군이 잠긴 재ㅅ빛의 문을 열고 나와서"(「密語」)나 "문 열어라 문 열어라"(「門 열어라 鄭道令아」) "大門열고 中門열고 / 돌門을 열고"(「누님의집」) 등에 이어지는데, 서정적 주체는 그것을 "知慧(지혜)"라고 일컫는다. 이 '지혜'를 통해 서정적 주체는 "부활"에 이르게 된다.

> 내 너를 찾아왔다 臾娜. 너참 내앞에 많이있구나 내가 혼자서 鍾路를 거러가면 사방에서 네가 웃고오는구나. 새벽닭이 울때마닥 보고싶었다······내 부르는소리 귓가에 들리드냐. 臾娜, 이것이 몇萬時間만이냐. 그날 꽃喪阜 山넘어서 간다음 내눈동자속에는 빈하눌만 남드니, 매만저볼 머릿카락 하나 머릿카락 하나 없드니, 비만 자꾸오고······燭불밖에 부흥이우는 돌門을열고가면 江물은 또 몇천린지, 한번가선 소식없든 그어려운住所에서 너무슨 무지개로 네려왔느냐. 鍾路네거리에 뿌우여니 흐터저서, 뭐라고 조잘대며 햇빛에 오는 애들. 그중에도 열아홉살쯤 스무살쯤되는애들. 그들의눈망울속에, 핏대에, 가슴속에 드러앉어 臾娜! 臾娜! 臾娜! 너 인제 모두다 내앞에 오는구나.
> ─「復活(부활)」 전문

'삶'과 '죽음'이 미분리된 경지를 노래하고 있는 이 시는 그야말로 삶과 죽음의 상상적 교섭을 보이는 작품이다. 상상 속에서 이승과 저승을 잇는 혼교(魂交)의 가교(架橋) 역할은 "돌門"이 하는데, 그러나 그것 또한 "江물"을 건넌 후에야 가능한 것이다. "돌門"과 "江물"을 지나 서정적 주체가 겪는 죽은 애인의 전신(轉身)과 환생의 환시(幻視) 또는 착시(錯視)는 그 존재의 편재성(遍在性)을 확인하는 생각의 여정으로 진행된다. 여기서 시적 주인공 '臾娜'는 앞서 「수대동시(水帶洞詩)」와 「엽서(葉書)」에서 서정적 주체가 망각 의지로 천명한 존재들의 환생적 상관물들이다.

그녀는 "그어려운住所에서 너무슨 무지개로 네려"온 "모두다 내앞에 오는" 존재이다. 이러한 열림과 생명의 재생 이미지는 다음 시집 『귀촉도(歸蜀途)』의 첫 작품인 「밀어(密語)」로 연결된다.16) 첫 시집의 마지막 작품과 두 번째 시집의 첫 작품이 의미심장하게 연결되고 있는 하나의 풍경이다.

이처럼 『화사집(花蛇集)』은 일관되고 정연한 드라마적 구조로 짜여져 있다. 그러나 이 시집을 지나 미당의 세계는 주지하듯, "수틀 속의 꽃밭을 보듯" 일원적인 정신주의적 조화의 상태로 나아간다. 그것은 "질마재"나 "신라(新羅)"처럼 설화 속의 공간으로 상징되기도 하고, 인연(因緣)이나 윤회(輪廻) 같은 종교적 이념 및 표상으로 나타나기도 한다. 이때 미당의 그와 같은 변이양상을 지적하는 다음의 발언은 한국 근대시의 전형적인 구도를 축약한 적실성있는 평가로 자리한다.

> 서정주의 시적 발전(갈등과 분열의 세계에서 조화로운 일원적 평화 또는 화해로의 진행—인용자)은 한국의 현대시 50년의 핵심적인 실패를 가장 전형적으로 보여준다. 그의 초기시의 특징은 한쪽으로는 대담한 리얼리즘을 그 특징으로 했다. 이것은 육체와 정신의 필연적인 갈등, 개인과 사회의 갈등을 솔직하게 인정함으로써 가능한 것이었다. 그러나 후기시에 있어서의 종교적인 또는 무속적인 입장은 그 직시적(直時的)인 구제의 약속으로 그의 현실감각을 마비시켰다. 서정주는 매우 고무적인 출발을 했으나, 그 출발로부터 경험과 존재의 모순과 분열을 보다 넓은 테두리에 싸쥘 수 있는 변증법적 구조를 발전시키는 방향으로 나아가는 대신, 그것들을 적당히 발라 맞추어 버리는 일원적 감정주의로 후퇴하였다.17)

---

16) 김윤식, 『한국근대문학사상연구 2』, 아세아문화사, 1994, 223면.
17) 김우창, 앞의 글, 66면.

4. 마무리–'미당'이라는 이중 또는 다중의 언어

우리는 이 글에서 미당의 첫시집인 『화사집』이 특수한 시인의 욕망에 의해 수미일관한 지적 통제로 구성되어 있는 하나의 드라마적 구조를 띠고 있음에 대해 주목해보았다. 그러나 이후의 미당은 우리가 보기에 시의 정신사적 맥락으로 볼 때 언제나 하나의 강력한 결여태로 인지된다. 그러나 그를 시적 양식론 또는 모국어를 바탕으로 하는 언어 예술로서의 시의 지평 위에다 모셔놓고 읽을 때, 그것은 다른 누구도 흉내내지 못하는 눈부신 광휘를 발휘한다. 이것을 우리는 미당에 관한 가치론적 딜레마로 불러도 무방할 것이다.

그를 "언어의 정부로서 논술할 필요가 있다"[18]는 고은(高銀)의 다분히 격앙된 감상적인 견해는 그럼에도 불구하고 여전히 강한 설득력을 얻고 있고으며 웅숭깊은 시적 의장(意匠) 또한 그가 개척한 풍요로운 근대시적 권역이지만, 굴곡의 역사마다 그가 보여준 정치지향적이고 반역사적인 행태는 시와 삶을 불가분리성으로 여겨온 우리 민족의 인식 관행에서 언제나 마뜩지 못한 판단을 불러오기에 족한 것이었다. 그만큼 서정주의 시는 문자 그대로의 '정직성'에서 비껴서 있는 세계이기도 하다. 그런 의미에서 그의 시는 '이중(또는 다중)'의 언어이다. 초기시의 강력한 리얼리즘 역시 삶의 토로로서 띠는 정직성과는 무연한 것이다. 김수영이나 이상(李箱) 또는 김남주(金南柱) 등의 시에서 보이는 시와 삶의 일치 부분이 언제나 그의 시에는 결여 부분으로 강력한 개성을 발휘한다. 다음 시는 그에 대한 유연한 시사(示唆)가 될 것이다.

> 바다속에서 전복따파는 濟州海女도
> 제일좋은건 님오시는날 따다주려고

---

18) 고은, 「서정주문학의 시대」, 『역사와 더불어 비애와 더불어』, 한길사, 1979, 143면.

물속바위에 붙은그대로 남겨둔단다.
詩의전복도 제일좋은건 거기두어라.
다캐어놓고 허전하여서 헤매이리요?
바다에두고 바다바래여 詩人인것을…….

— 「詩論(시론)」 전문19)

미당의 제7시집 『떠돌이의 詩』(민음사, 1976)의 맨 앞에 수록되어 있는
이 시는, 시인들이 자신의 중간 생애에 하나쯤 으레 하듯이, 자신의 시
적 지향과 시의식을 시로 밝혀 놓은 작품이다. 그렇다면 그가 나중에
주려고 기다리는 "님오시는날"은 언제인가. 그것은 그의 생애에서 찾아
오지 않았을 것이다. 이 '유예'와 '감춤'의 연쇄 체계가 미당 시학의 자
아상이기 때문이다.

결국 미당 시의 전체 구도를 섭렵하고 거기에 그 나름의 질서를 부여
하고 그것을 사조적 명칭이든 미학적 개념이든 총괄하여 하나의 틀로
명명(命名)하는 행위는 지금으로서는 거의 불가능에 가깝다. 이는 물론
미당 시의 광활함이라는 현실적이고 물리적인 까닭이 일차적이겠지만,
그보다는 미당 시의 변화 과정 자체가 개념화를 생래적으로 거부하고
있을 뿐 아니라 그 자체도 워낙 굴곡과 변이가 섬세하여 단선적인 변화
구도나 몇몇 핵심적인 어휘로 상징되기 어렵기 때문이다. 반역사주의에
근본적으로 토대하고 있는 미당 시학의 눈부심, 그것은 친일이나 해방
후의 일관된 정치지향적인 처신 및 발언 등으로 그의 반역사성을 북돋
우는 징후들을 음각(陰刻)으로 거느린다. 또한 미당의 시는 이른바 시문
학파나 모더니즘이 겨냥했던 언어적 심미성이나 전위적 실험성과는 철
저히 격리된 독자적인 형이상학의 관념 속에서 구성된다. 그것은 '역사
(이야기1) / 설화(이야기2)'의 이분도식을 통해 전자에서 후자로 이행하는
관념적 곡예의 세련성이라는 이름으로 불리워도 될 것이다.

---

19) 서정주, 『미당시전집 1』, 민음사, 1995, 406면.

반면 미당의 시적 궤적은 우리 모국어(민족어) 또는 지방어(방언)가 가진 시적 가능성의 최상의 구현이라는 그만의 독자적인 시사적 공적으로 남는다. 이는 그의 시에 담겨 있는 현실일탈성이나 비(反)역사성을 핵심적으로 문제삼아도 여전히 상찬되어야 할 부분이다. 그러나 세속의 갈등을 통해서 삶의 드라마를 서사적이든 서정적이든 시의 한 국면으로 처리하여 '구체적 보편성'으로 나아가는 것이 시적 언어의 담지 영역이라고 할 때, 미당의 시적 영역은 위의 '구체적'이 사상된 '무갈등의 보편성'으로의 쾌도난마식 진입이라고 해야 할 것이다. 그것이 「자화상」에서부터 「부활」까지의 거리 또는 '리얼리즘'에서 '영원성'이라는 보편성의 시학으로 나아가 '역사'에서 '설화'로 이월하는 그의 정신주의 지향의 시적 궤적의 흔적이라고 할 것이다.

이제 우리는 미당 시의 눈부신 시적 성취라는 다분히 선입견적인 정보의 틈새를 힘겹게 비집고 들어가 그의 시가 이루고 있는 정신사적 변화가 이루고 있는 무갈등의 처리 방식을 지양(止揚)하는 지혜를 배워야 할 것이다. 그것이 나이 드는 헛헛함을 종종 달관(達觀)과 빛 또는 생명성의 시학으로 변환하는 우리 시사의 대부분의 중견 시인들을 포함한 반성적 독서가 될 것이다. 이와 같은 안목을 통해 우리는 서정주를 다시 정치사회적 지평 위에다 외롭게 세워 놓고 정신사적 또는 민족사적 특수성을 논거로 하여 그를 꼼짝 못하게 하는 심문(審問)적 태도에서 멀찍이 벗어날 수 있을 것이다.[20] 또 동양사상에 의한 서구의 극복이라는

---

20) 이런 면에서 서정주에 대한 비판적 논의인 다음 두 논의는 대조적 성격을 띤다. 전자는 서정주의 시세계를 그의 친일 행적과 권력지향적 개인사에 맞추어 재단하여 그의 시가 오롯한 시정신과 현실 포착력, 역사적 통찰력, 지식인적 고뇌와 진지함 등이 결여되어 있음을 추궁하는 반면, 후자는 서정주의 시가 구현하고 있는 종교적 깊이와 시어의 매혹성의 이면에는 세속 또는 구체적 현실의 갈등을 떠난 무갈등의 세계가 드리워져 있다고 비판한다. 특히 율격 자체가 시의 의미 형성에 적극적으로 기여한다는 입론 아래 미당 시가 그것의 결여태임을 논증하고 있다. 장세현, 「'서정주를 다시 보자'를 다시 보자」, 『시인과 사회』 5호, 1994년 여름; 임우기, 「미당 시에 대하여 — '회귀'의 아름다움?」, 『그늘에 대하여』, 강, 1996 참조.

무매개적인 단선논리적 상찬에서도 탈피할 수 있을 것이다. 그런 시각이 전제될 때에야 '미당 시를 다시 읽자'는 다소 계몽적이고 시대퇴행적인 슬로건이 우리 문학사에서 여전히 유효할 것이다.

제6장

지상적 사랑과 궁극적 근원을 향한 의지

박목월 시의 종교적 상상력

1. 박목월 시편의 층위와 성격

박목월(朴木月, 1916~1978)은 우리 근대시사에서 간결한 단형 서정시의 완성자로서, 자연 속에 수런대는 감각적 실재와 형이상학적 의미를 적출하고 형상화한 이른바 '자연 시인'으로서, 무엇보다도 '청록파(靑鹿派)'라는 저널리스틱한 유파적 명칭의 한 구성원으로서 널리 기억되고 있는 시인이다. 그의 이러한 넓은 인지도는, 그가 남긴 시편들이 여러 계층의 사람들의 뇌리와 교양 체험 속에 깊이 뿌리를 내리고 있다는 증거인 동시에, 몇몇 고정된 해석 및 평가가 그의 이러한 인지도 주위를 강력하게 감싸고 있을 것이라는 추측을 가능케 한다. 특히 한번 시사적 명명을 얻으면 좀처럼 그 세계에 대한 재해석이 쉽지 않은 우리 강단 비평의 관행으로 볼 때, 지금까지의 박목월에 대한 주된 평가가 그의 첫 시집이기도 한 3인 공동시집 『청록집(靑鹿集)』(1946)에 실려 있는 초기 시편에 한정되어 있다는 것은 그에 대한 새로운 해석을 더욱 어렵게 만드는 요인이라 할 것이다.

그러나 최근 박목월에 대한 연구는 그의 시작 전체로 그 범위를 넓혀가고 있다. 특히 초기 시편들보다 미학적으로 한 단계 아래 취급을 받곤 하였던 중기 및 후기 시편에 대한 일정한 재평가가 활발하게 진행중에 있는데, 이는 전체적인 박목월 상(像)의 정립을 위해서도 바람직하고 다행스런 일이 아닐 수 없다. 물론 개별 시편들의 시적 완성도나 미학적 성취에 의미 부여를 할 경우, 초기 시편의 성취는 우리 시사에서 단연 우뚝 선 자리에 있다. 그러한 초기의 서정 단시에 비하면 후기의 시로 올수록 시적 긴장은 풀어지고 수사적 의장 또한 소박해지는 것이 사실이다. 그러나 이 두 세계 사이를 일정하게 퇴행하는 형상으로 바라보는 시각 역시 서정 단시 위주로 시사적 주류를 삼아왔던 그 동안의 문학사적 감각과 무관하지 않을 것이다. 따라서 우리에게는, 박목월 시의 전체 편력을 바라보는 새로운 안목과 논거가 불가피하게 요청되고 있다 할 것이다.

그의 시세계의 변이 양상은 대체로, 초기 시편이 주로 '자연'에 초점을 맞춘 서정 단시였다면, 중기 시편은 생활의 세목이나 인생론적 의미에 중심을 둔 것들, 그리고 후기 시편은 존재론적 감각과 신성에 대한 관심에 주로 무게중심을 둔 것들이었다고 할 수 있다.[1] 그러나 이러한 시기적·단계적 변이 양상의 적실성을 그대로 승인한다고 하더라도, 우리로서는 그 세계들 사이를 두루 관류하는 어떤 일관성에 주목할 필요를 느끼게 된다. 그리고 그러한 일관성이 규명될 경우, 박목월 시의 편력이 과연 어떤 하나의 종국을 향하여 나아간 귀결인가, 퇴행인가, 끝없

---

1) 그가 펴낸 시집을 시기별로 구분한다면, 이 글에서는, 『靑鹿集』(1946)과 『山桃花』(1955)를 초기 시편으로, 『蘭·其他』(1959)로부터 『晴曇』(1964), 『慶尙道의 가랑잎』(1968)에 이르는 10여 년 동안 창작된 것들을 중기 시편으로, 『어머니』(1968), 『無順』(1976) 그리고 유고시집으로 펴낸 『크고 부드러운 손』(1979)을 후기 시편으로 보려 한다.

는 병치인가, 아니면 지속적으로 하나의 중심을 견지한 세계인가가 그 나름으로 밝혀질 것이다. 이 글은 마지막 시각, 곧 박목월의 전체 시작 과정이 소재나 기법, 정조의 현저한 변화에도 불구하고 매우 중요한 하나의 저류(底流)를 지속한 결과이었음을 밝히는 데 목적을 둔다. 그것은 그의 시가 일관되게 '종교적 상상력'이라고 부를 수 있는 어떤 지향성, 곧 궁극적 '근원'에 대한 관심으로 펼쳐졌다는 것을 뜻한다. 이때 '근원(根源)'이란 인류 역사의 기원(origin) 같은 시간적 의미의 것이기도 하지만, 형이상학적 궁극으로서의 가치 지향적 귀결점의 뜻도 함의한다. 따라서 이러한 지향성은, 우리 시사의 양대 산맥을 형성해왔던 현실주의적 안목이나 형식탐구의 미학과는 근본적으로 층위가 다른, 말하자면 '제3의 지대'로서의 본질 탐구의 시각이라고 할 수 있을 것이다.

이러한 박목월 시의 근원 지향성에 대한 탐색은 최근 수행된 몇몇 선행 연구2)에서 매우 치밀한 성과를 얻고 있는 가운데 있다. 이들 연구 성과는 박목월 시의 구조가 근본적으로 은유 시학에 바탕을 둔 근원 지향의 세계임을 밝히고 있으며, 나아가 "근원을 통해 물질성과 현실성으로부터 초월할 수 있는 가능성"(금동철)과 "반근대의식"(최승호)을 보여주었다고 분석하고 있다. 본고는 이들의 시각과 궤를 같이하여 박목월 시가 초기 시편 이후 꾸준히 하나의 인상적 주제와 방법을 구성하고 있음을 생각해 보려 한다. 그것을 우리는 '종교적 상상력'이라는 범주로 탐침해 보려는 것이다.

---

2) 금동철, 「박목월 시에 나타난 근원의식」, 『관악어문연구』 24집, 서울대 국어국문학과, 1999; 최승호, 「박목월론―근원에의 향수와 반근대의식」, 『국어국문학』 126집, 국어국문학회, 2000.

2. 서정시와 '종교적 상상력'

본래 인간이 갖는 '종교적 상상력'이라는 것은 두 가지 층위에서 발원되고 결정(結晶)되고 실현된다. 그 하나가 일상적이고 세속적인 자아를 뛰어넘는 어떤 '초월적 존재(혹은 궁극적 실재, ultimate reality)'에 대한 열망과 동일화에 대한 욕망에서 발원하는 것이라면, 또 하나는 그와 반대편의 것으로서 지상적(地上的) 혹은 세속적 인간으로서의 현세적 욕망의 실현 의지와 연결된다. 전자가 인간이 숙명적으로 갖는 물리적 · 육체적 한계를 극복하고 좀 더 온전한 상태나 근원적 세계를 바라는 초월 혹은 구원의 의지와 관련된다면, 후자는 인간 사회에서의 윤리적 · 생활적 갱신 의지와 맞물린다. 물론 후자의 경우, 현세적 기복(祈福)의 욕구가 기초적인 보상 심리를 이루고 있는 것이 사실이지만, 공동체적 사랑의 실현이라든가 선(善)의 구현 같은 가치들도 중요한 요소를 이룬다.

따라서 이러한 '종교적 상상력', 이를테면 영원성에 대한 추구, 신성(神聖)의 지상적 복원에 대한 의지, 초월 의지, 영성에 대한 내밀한 감각과 그것의 추구, 사랑의 지상적 구현, 그리고 모든 불가시적 세계에 대한 견자(見者)로서의 역할을 자임하는 지향성 등의 시적 수용은 그 자체로 매우 중요한 우리의 탐구 과제이다. 더구나 '종교적 상상력'의 매개를 거쳐 통합되고 있는 '서정시'와 '종교' 양자는 언어적 형식에서 매우 밀접한 구조적 상동 관계를 형성하고 있는데, 서정시나 종교의 언어가 제한된 물리적 언어 구조를 통해 근원적인 실재를 파악해 보려는 충동으로 가득하다는 점에서, 그것들의 근원 탐구적 성격은 상동성을 띠게 되는 것이다. 따라서 이러한 서정시와 종교의 언어적 상동성, 그리고 그것들이 추구하고 실현하려는 세계의 유사성, 마지막으로 서정시 자체의 주제적 · 미학적 갱신 가능성을 종교가 제공하는 측면 등은 독자적인 탐색 가치를 띤다.

이 글은 이러한 양자의 상관성에 주목함으로써, 우리 시사에서 시를 바라보는 안목이 윤리적·이념적·미학적 형상에 치우쳤던 점을 반성하고, 우리 시에 맥맥히 흐르는 형이상학의 전통 특히 '종교적 상상력'에 대한 긍정적 조감이 필요하다는 생각을 근저로 한다. 또한 그 결과로 나타나는 영성의 추구, 초월 의지, 신성 탐색의 열망, 그리고 실존과 고백 사이의 긴장 같은 의미망을 탐색함으로써, '종교적 상상력'의 시적 수용의 다양한 양상을 규명하려는 것이 이 글의 부분적인 의도가 되는 셈이다.

특히 이 글의 대상이 되는 '기독교'에 범주를 한정할 경우, 그것은 두 가지로 말해질 수 있는 것인데, '역사적 기독교'와 배타적이고 구심적인 '이념으로서의 기독교'가 그것이다. 전자가 다양한 체험이 강조되는 상상력의 원천 역할을 한다면, 후자는 구심적인 교리나 원리가 강조된다. 여기서는 후자는 논외로 하고, 전자 곧 '종교적 경험'에 대한 시각만 견지한다.

모든 '종교적 경험'이란 우리들의 경험 세계를 구성하는 모든 것의 근거가 되는 궁극적 실재에 대한 반응이고, 이 경험은 지성이나 정서, 의지 중 어느 하나만을 가지고 참여하는 것이 아니라 통합된 하나의 인격(박목월의 시어로 하면 '全身')으로 참여하는 것이다. 박목월은 이러한 '종교적 경험'이라는 프리즘을 통해 초기 시편으로부터 일관되게 초월적 존재의 완전성과 그것의 투영으로서의 지상적 질서(자연, 인간, 신성)를 노래하였다. 그것이 초기 시편에서는 신성의 모형 혹은 계시로서의 '자연'으로, 중기 이후에는 가족으로 기호화되는 지상적 인간에 대한 지극한 '사랑'으로, 후기 시편에서는 신의 섭리에 대한 강한 긍정의 세계로 간단없이 나타났던 것이다. 따라서 박목월의 시편은, 다양한 실험과 변모에도 불구하고, 이러한 '종교적 상상력'의 일관된 전제와 전개로 나타났다고 할 수 있다.

3. 초기 시편−신성의 상상적 모형으로서의 '자연'

박목월 초기 시편의 제재는 주지하듯 '자연'이다. 그러나 그것은 약육강식의 생존 원리가 지배하는 물리적 자연이나 농경 국가의 생존의 터전으로서의 자연이기보다는, 시적 주체의 인생관이나 태도 같은 것이 반영된, 말하자면 주체의 상상 속에서 변용된 이상태(理想態)로서의 '자연'이다. 그의 초기 시편을 대표하는 「청노루」나 「윤사월(閏四月)」을 보면, 이러한 가설은 충분한 설득력을 갖는다.

이 시편들의 배경이랄 수 있는 '머언 산 청운사'나 '자하산' 혹은 '송화가루 날리는 / 외딴 봉우리' 같은 공간은 구체적이고 실재적인 국토의 어느 부분에 대한 사실적 묘사의 소산이 아니다. 오히려 그것은 작품의 실질적인 서정적 주인공이랄 수 있는 '청노루', '눈 먼 처녀' 등과 함께 원형적이고 상상적인 선험적 이상(理想)이 투사된 '상상적 자연'이라고 할 수 있다. 이는 기독교에서 말하는 '일반 계시'로서의 자연의 모습에 매우 가깝다. 이를 두고 "박목월의 자연은 훨씬 더 상상된 자연이라고 할 수 있다. 결론적으로 말하면 그의 시의 풍경은 자연과 인간의 진정한 混融(혼융)의 소산이 아니라, 주관적인 욕구에 의하여 꾸며낸 자기만족의 풍경"3)이라고 하는 지적이 있었거니와, 그만큼 박목월 초기 시편의 공간은 시적 주체의 관념적 열망이 투사된 궁극적 근원으로서의 본향(本鄕)의 형상을 띤다.

그러한 온전한 상상적 실재로서의 자연의 모습은 "芳草峰(방초봉) 한나절 / 고운 암노루"(「삼월」)나 "술 익는 마을마다 / 타는 저녁 놀"(「나그네」), "山은 / 九江山 / 보라빛 石山"(「산도화 1」) 같은 형상으로 꾸준히 변용되어 재현된다. 그래서 그것은 "인간이 속세의 먼지를 털고 스스럼없

---

3) 김우창, 「韓國詩와 形而上」, 『궁핍한 시대의 詩人』, 민음사, 1987, 55면.

이 찾아가서 그 속에 포근히 안길 수 있는 자연"4)이 되고 있는 것이다. 그가 일관되게 고수해온 담수채(淡水彩)의 동양 화법은 이러한 선험적 이상의 상상적 복원을 위한 매우 적실한 방법론이었다고 할 수 있다.

물론 「산이 날 에워싸고」나 「밭을 갈아」 같은 농경적 삶의 터전으로서의 자연도 드물게 나타나고는 있지만, 이는 지류일 뿐이다. 설사 그러한 핍진한 실재적 광경이 나타난다고 하더라도 그것은 노동의 고단함이나 식민지 근대의 피폐한 농촌사회의 반영으로 선택된 것이 아니다. 그것은 다만, 인간적 삶의 유한성 혹은 불모성을 은유하는 상징적 풍경으로서의 면모만 제한적으로 지니고 있는 것이다.

이처럼 박목월의 초기 시편에 줄곧 나타나는 '자연'은 그 자체로 농민적·농경적 의미의 실재적 자연이 아니라 시적 주체의 신성 지향성 혹은 근원 지향성이 낳은 '에덴(Eden)'의 모습을 한 자연이다. 이러한 신성의 편재적(遍在的) 거소로서의 자연은 그의 시를 이루는 가장 근원적인 방법적 전제가 된 것이고, "자연 속에 초월적인 어떤 종교적인 힘이 들어있다는 믿음"5)은 그의 시의 인식론적 전제가 된 것이다. 따라서 신성의 편재성은, 그의 시 구석구석에서 신성을 은유하는 것들로 몸을 바꾸어 나타나게 된다.6)

---

4) 이형기, 「朴木月論」, 『박목월─한국현대시인연구 13』(이형기 편저), 문학세계사, 1993, 121면.

5) 최승호, 앞의 글, 403면.

6) 연전에 김준오는 박목월 시에 나타난 '자연'을 두고 "朴木月의 초기 자연시에서 인간 부재는 자연적 질서 속에 인간과 인간의 유기적 관계가 소멸된, 즉 인간이 소멸해 버린 현상이었다"고 지적함으로써, 그의 시에 나타난 '자연'이 인간의 구체적·현실적 질서를 떠나 상상 속에서 복원된 것임을 암시한 바 있다. 김준오, 『詩論』, 문장사, 1984, 269~270면. 반면에 최근의 한 논의는 박목월의 초기 시편이 상상적이고 이상향의 모습을 띠는 '자연'이 아니라, 오히려 '자연'과 '인간'이 상호 조응하는 평화로운 모습을 구현했다고 보고 있다. 권혁웅, 「박목월 초기시의 구조와 의의」, 『돈암어문학』 12집, 돈암어문학회, 1999. 그러나 이러한 권혁웅의 분석이 논리적으로 타당하다고 하더라도, 그 조화된 모습 자체가 화자의 상상 속에서 재구(再構)된 하나의 이상태(理想態)임은 분명하다.

그런데 "丹靑(단청)이 낡은 대로 / 닫혀 있"(「춘일」)는 풍경이나, "풀섶
아래 꿈꾸는 옹달샘"(「구황룡」) "仙桃山(선도산) / 水晶(수정)그늘 / 어려 보
랏빛"(「목단여정」) 같은 선경(仙境)은 이러한 그의 신성적 근원에 대한 지
향이 매우 통(通)종교적이고 범신론적이며 원형적이었음을 말해주고 있
다. 그래서 눈 먼 소녀가 "문설주에 귀 대이고 / 엿듣고 있"(「윤사월」)는
것은 신(神)의 음성이기도 하고, 잃어버린 그리움의 대상에 대한 애태움
이기도 하고, 신성의 상상적 모형으로서의 자연의 침묵의 소리(sound of
silence)이기도 하다. 그것은 그가 어느 봄날 들었던 "누구나 / 인간은 / 반
쯤 다른 세계에 / 귀를 모으고 산다. / 滅(멸)한 것의 / 아른한 음성 / 그 발
자국 소리"(「四月 上旬」, 『청담』)이기도 한 것이다.

그러나 이러한 전제는 후기 시편으로 갈수록 현저하게 기독교의 모
습으로 경사되거니와, 이러한 기독교인으로서 갖는 의식은 그로 하여금
가족이나 신(神) 같은 범주에 대한 강한 긍정과 사랑으로 나아가게 하였
다. 특히 후기 신앙 시편의 경우, 이러한 방법적 전제는 매우 역동적으
로 관철되고 있다. 그의 신앙 시편의 서시라고 할 만한 다음 작품도 그
러하다.

어머니와 함께 소년은 등성이를 넘어 집으로 돌아왔다. 水曜日 밤의 짙푸
른 밤하늘. 별자리가 치렁치렁 널려 있었다. 가슴이 벅차 떨리는 목소리로 소
년은 어머니께 여쭈었다.

─하나님은 제 마음을 아실까요, 어머니.
고개를 몇 번이고 끄덕이며 어머니는 소년의 손을 꼭 쥐어 주었다.
소년은 밀끔하게 숙성했지만 아직도 어린 티를 벗지 못했다. 그러나 세례를
받고 나자, 갑자기 자기 자신도 어머니에게는 하루 아침에 어른이 된 것같이
느껴졌다.
水曜日의 불이 환한 밤예배. 짙푸른 밤하늘.
　　　　　　　　　　　　　　　─「水曜日의 밤하늘」 중에서(『어머니』)[7]

이 시는 비록 그가 등단한 후 30년이 지나 발표된 것이지만, 박목월의 신앙인으로서의 자아가 형성되는 원형적 경험을 담고 있는 작품이다. 그의 후기 시편의 대종을 이루는 이른바 '신앙 시편'의 원류(源流)에 해당한다고 할 수 있겠다. 이 작품의 정조는 수요일 밤 예배를 드리고 나오는 모자(母子)의 풍경에서 비롯된다. 아마 이때 화자는 세례를 받은 것으로 보인다. 기독교의 세례가 중생(重生, regeneration)의 경험과 치유의 경험 그리고 속죄의 은사 등을 중첩적으로 표상한다고 할 때, 그가 예배를 드리고 나서면서 바라본 밤하늘에 "치렁치렁 널려 있"는 빛나는 별들은 세례 후에 얻은 화자의 거듭남의 감격이 투영된 이른바 '객관적 상관물'이라고 할 수 있다. 이 통과의례를 겪고 나서, 화자는 만유(萬有)의 근원이자 궁극인 신성에 대해 직접적인 눈을 뜨게 되는 것이다. 이러한 소년기의 경험을 바탕으로 박목월은 시종 궁극적 '근원'에 대한 철두철미한 긍정과 추구 그리고 신성적 가치에 대한 공감과 내면화를 지속한 것이다.

그러나 눈 여겨 볼 것은, 박목월의 이러한 신앙적 자아로의 입문(initiation) 과정이 '어머니'라는 강력하고도 절실한 매개를 거쳐 이루어진다는 점이다. 신앙의 기원으로서의 어머니, 박목월에게 '어머니'는 신과 자신을 매개하는 연결고리이자, 신성 그 자체의 가시적 현현(顯現)이기도 하다. 어머니는 그에게 "언제나 / 당신은 제 안에 계시고 / 외로울 때 어려울 때 / 부르기만 하면 / 눈물어린 啓示로 당신은 / 제 안에서 살아납니다"(「어머니의 기도 3」)라는 고백을 가능하게 한다. 그래서 박목월에게 '근원'과 '어머니'는 등가적 결합이 가능한 관계망을 이루게 된다. "어머니의 기도로써 / 내게 내리신 하나님의 은총"(「어머니의 성경」)에 감사하고,

---

7) 이 글에서 인용하는 시편은 모두 『朴木月詩全集』(서문당, 1993)에 의거한다. 『어머니』는 1968년에 박목월이 펴낸 연작시집인데, 이 작품은 시적 자아와 경험적 자아의 일치를 존중한다는 측면에서 초기 시편의 정조와 주체를 견지한다고 보아도 좋을 것이다.

"당신은 / 봄밤에 느지막하게 뜨는 달무리. // 아른한 꿈 속에서도 꿈을 꾸게 하는 / 넉넉하게 테두른 영혼의 달무리"(「찬가」)라는 영생의 가교로서의 지위 또한 어머니에게 부여되는 것이다. 위 작품에서 "그러나 세례를 받고 나자, 갑자기 자기 자신도 어머니에게는 하루 아침에 어른이 된 것 같이 느껴졌다"고 고백하는 것이 이를 입증하고도 남는 대목이다.

한편 초기 시편에서 줄곧 보이는, "그믐달처럼 사위어지는 목숨"(「산이 날 에워싸고」) 같은 유한자로서의 자기 인식이라든가, "내ㅅ사 애달픈 꿈꾸는 사람 / 내ㅅ사 어리석은 꿈꾸는 사람"(「임」)이라는 표현처럼 비애 어린 자기 인식은 박목월의 신앙적 자아의 또 하나의 근간이 된다. 따라서 박목월의 초기 시편에 나오는 대립 구도라면, '완결된 공간으로서의 자연'과 '유한자로서의 자아'의 대위적(對位的) 관계 인식이라고 할 수 있을 것이다.

결국, 박목월의 초기 시편에 구현된 종교적 상상력은 신성의 모형으로서의 완전한 자연이라는 배경과, 그 자연과 조화되는 '靑노루'로 대표되는 신성한 존재들, 그리고 그에 대비되는 유한자로서의 실존적 자각 등을 담고 있다고 할 수 있다.

4. 중기 시편―생활적 구체와 지상적 사랑

그러나 무엇보다도 중요하게 강조되어야 할 박목월 시의 종교적 상상력의 핵심 중의 하나는, 이러한 신성 탐구의 근원 지향성이 '피붙이'로 대변되는 인간들에 대한 지상적(地上的) 사랑에 연계된다는 점이다. 이 점에서 박목월 시는 종교적 상상력을 자신의 삶의 깊이 안에서 완결하고 있거니와, 이는 초속적(超俗的) 고답(高踏)이 아닌 생활적 구체로 그의 신성이 하강함으로써 종교의 지상적 가치를 확장하고 있음을 말해주는 것이다. 이를 두고, '휴머니즘'이라고 명명할 수는 있겠지만, 박목월의 정신적 지향은 어떤 이념적·가치 지향적 긴장을 띠는 것이 아니라 그러한 긴장이 풀릴 대로 풀린 원초적 의미의 연민과 사랑이라고 해야 할 것이다. 여기서 비로소 박목월 시는 초기 시편의 '자연'이라는 소재를 벗어나 신성의 편재성(遍在性)이 녹아 있는 '가족(혈육)'이라는 공동체적 범주에 눈을 뜬다.

> 棺이 내렸다.
> 깊은 가슴안에 밧줄로 달아내리듯.
> 주여.
> 容納하옵소서.
> 머리맡에 聖經을 얹어주고
> 나는 옷자락에 흙을 받아
> 좌르르 下直했다.
>
> 그 후로
> 그를 꿈에서 만났다.
> 턱이 긴 얼굴이 나를 돌아보고
> 믿님!
> 불렀다.
> 오오냐. 나는 全身으로 대답했다.
> 그래도 그는 못 들었으리라.
> 이제
> 네 音聲을
> 나만 듣는 여기는 눈과 비가 오는 세상.
>
> 너는
> 어디로 갔느냐.
> 그 어질고 안스럽고 다정한 눈짓을 하고

형님!
부르는 목소리는 들리는데
내 목소리는 미치지 못하는.
다만 여기는
열매가 떨어지면
툭하는 소리가 들리는 세상.

—「下棺」 전문(『蘭·其他』)

피붙이인 동생의 죽음을 조상(弔喪)하는 이 시는, 죽은 자를 떠나보내는 제의(祭儀)적 형식인 '하관식'을 통하여 망자(亡者)에 대한 남은 자들의 연민과 사랑의 극진함을 감각적으로 전해주는 명편이다. 이 시의 주된 심상은 이른바 '하강의 이미지'이다. "棺이 내렸다", "밧줄로 달아내리듯", "좌르르 下直했다", "눈과 비가 오는 세상", "열매가 떨어지면" 등에서 보이는 어둡고 무거운 하강 이미지는, 그대로 아우의 죽음을 환유하면서 화자의 내면적 깊이를 가늠케 하고 있다. 특별히 "좌르르"와 "툭"이라는 두 의성어는 이 시의 감각적 충실성과 더불어 지상과 천상 혹은 삶과 죽음 사이의 거리를 물리적으로 알려주는 매개어이기도 하다. 곧 감각이 소멸한 곳(죽음)과 살아있는 곳(삶)의 아득한 거리를 그렇게 확연한 소리 심상으로 표현한 것이다. 여기서 '밧줄'은 관을 달아내리는 구체적 사물이기도 하지만, 그러한 삶과 죽음의 건널 수 없는 거리를 잇는 교량 혹은 매개의 역할을 함으로써, 살아남은 자의 사랑을 전달할 수 있는 통로가 되고 있기도 하다. 그래서 그 밧줄은 "깊은 가슴 안에" 달아내리는 것일 터이다. 결국 이 시에서 박목월은 죽음이라는 불가항력적 사건을 통해, 피붙이에 대한 각별하고도 절절한 사랑을 노래함으로써, 그의 시적 지향이 천상의 어떤 초월성이 아니라 지상의 사랑에 무게중심을 두고 있음을 알려주고 있다.

그만큼 『蘭·其他』 이후의 세계는 생활정서의 표나는 수용으로 특징지어지는 생활적 구체와 지상적 사랑의 세계이다.[8] 이러한 정서는 "元

曉路에는/終點 가까이/家族이 있다/서로 등을 붙이고/하룻밤을 지내는 측은한 和睦들/(…중략…)/이처럼 떨어지는 모든 것을/소중하게 받아 주시는/끝없는 부드러운/그 손을/내가 느끼기 때문이다"(「회귀심」)라는 진술에서도 각별하고 애틋하게 지속된다.

地上에는
아홉 켤레의 신발.
아니 玄關에는 아니 들깐에는
아니 어느 詩人의 家庭에는
알 電燈이 켜질 무렵을
文數가 다른 아홉 켤레의 신발을.

내 신발은 十九文半.

---

8) 시집 『蘭·其他』의 세계는 박목월의 새로운 세계가 펼쳐지는 전환점의 성격을 띤다. 그것은 생활적 구체를 시 속에 담았다는 것과 시어로서 일상어를 선택하는 것이 잦아졌다는 것이다. 참고로 『蘭·其他』 출간 직후에 한 저널에서 김종길 시인과의 대화에서 박목월 스스로 밝힌 대목은 읽어둘 만하다.
　　김 : 제가 보기에는 『蘭·其他』는 이때까지의 박선생의 시의 청산이면서 하나의 전환점이라는 이중의 의의를 갖는 것 같아요.
　　박 : 저 자신도 그렇게 생각하고 있습니다만 …… 뭐랄까, '시를 생활한다'고 할까요. 시가 그렇게 부담이 되질 않아지는 것 같아요.
　　김 : '시가 부담이 되질 않아진다'는 건? 구체적으로 말씀해 주셨으면…….
　　박 : 뭐 시를 쓴다고 따로이 도사릴 필요를 느끼지 않는단 말입니다.
　　김 : '시를 쓴다고 도사린다' 흔히 쓰는 말 같습니다만, 이대의 '도사린다'는 건 달리 말하면 '시'를 너무 지나치게 의식하는 것, 그런 뜻이 아닐까요?
　　박 : 네, 그렇습니다. 제 생각엔 '도사린다'는 건 대개 시인으로서 원숙하기 이전에 취하는 자세 같아요. 그런데 지금의 저의 경우에 있어서는 특히 이런 뜻이에요. '시'와 '생활'을 일원화시킨다는 것, 그것도 '생활'을 '시' 쪽으로 끌어다 붙이는 게 아니라, 시를 생활 쪽으로 끌어온다는 겁니다.
　　김 : 말하자면 '紫霞山'에서 '元曉路'로 내려오신단 말씀이군요?
　　박 : 네 그렇습니다. 그리고 또 하나의 뜻은, 이건 시어 문제가 됩니다만, 시어라는 것을 따로 장만하지 않고 일상생활에서 쓰는 말을 그대로 쓴다는 겁니다.
　　김종길, 「『蘭·其他』-박목월 씨와의 대담」, 『새벽』, 1960.4. 여기서는 김종길, 『詩論』, 탐구당, 1970, 39~40면에서 인용.

눈과 얼음의 길을 걸어,
그들 옆에 벗으면
六文三의 코가 납납작
귀염둥아 귀염둥아
우리 막내둥아

微笑하는
내 얼굴을 보아라
얼음과 눈으로 壁을 짜올린
여기는
地上.
憐憫한 삶의 길이여.
내 신발은 十九文半.

아랫목에 모인
아홉 마리의 강아지야
강아지 같은 것들아.
屈辱과 굶주림과 추운 길을 걸어
내가 왔다.
아버지가 왔다.
아니 十九文半의 신발이 왔다.
아니 地上에는
아버지라는 어설픈 것이
存在한다.
미소하는
내 얼굴을 보아라.

─「가정」 전문(『청담』)

　이 작품에 담겨 있는 삶의 고단함과 혈육 혹은 자신을 향한 끝없는
연민의 자의식 역시 박목월 시의 중요한 주제적 지향점의 하나이다.

"시련은 신의 긍휼하신 선물"(「무제」,『크고 부드러운 손』)이라고 그는 썼다. 박목월은 가장으로서의 책임과 즐거움을 이렇듯 곡진한 시 한 편에 녹여내고 있는데, 이처럼 가정은 박목월에게 신성이 거소하는 공간보다 더욱 절실하고도 실질적인 생활 공간이자, 지상적 사랑의 실현 장소이기도 하였다. 그것은 비록 "終點近處의 쓸쓸한 / 下宿집"(「효자동 뻐꾹새」)이거나 적막한 "元曉路三街 電車終點"(「終點에서」)의 공간이지만, 삶의 고단함으로 빚어질 만한 갈등과 불화가 배제된 화해의 공간이다. 이것이야말로 그의 긍정적인 인생관의 한 표지이거니와, 이는 그의 근원 지향의 상상력이 '가정'이라는 울타리에서 화해의 정조로 수렴된 구상(具象)이라고 해야 할 것이다. 그럼으로써 이토록 가난한 삶에서 "허나, 人間이 / 평생 마른옷만 입을까부냐. / 다만 頭髮이 젖지 않는 / 그것만으로 / 나는 고맙고 눈물겹다"(「某日」)고 말하는 감사가 가능해지는 것이다.

"지상" 곧 "가정"에는 "문수가 다른 아홉 켤레의 신발"이 산다. 이 삶은 "눈과 얼음의 길을 걸어" "얼음과 눈으로 벽을 짜올린" "연민한 삶"이다. 그런데 이러한 삶의 반응으로 나타나는 것이 "미소하는 내 얼굴"이다. 이는 물론 반어적으로 읽을 수도 있겠지만, 삶에 대한 연민과 긍정이 안팎을 이루는 사실적 진술로 보는 것이 옳다. 비록 "굴욕과 굶주림과 추운 길을 걸"으면서 살아가는 가난한 삶이지만, 지상적 사랑의 절절함은 그것을 온기로 녹여내고 있는 것이다. 이러한 주제는 이 외에도 「전화(電話)」, 「과육(果肉)」, 「비의(秘意)」, 「회귀심(回歸心)」, 「동행(同行)」, 「일박(一泊)」 등의 신앙 시편에 담겨 있으며, "고뇌는 인류의 벗을 길 없는 / 영원한 숙명. 아담의 이마에 절이는 소금. / 그러나 인고로 신을 볼 수 있는 / 그것은 또한 신의 은총"(「동행」)이라는 고백에서 그 명료함을 드러낸다.

이 두 편의 중기 시편에서 우리는 박목월 시가 서정 단시에서 다소 장형화된 생활적 구체로 시선을 돌렸다는 사실을 짐작할 수 있다. 더불어 '죽음'과 '삶'이라는 두 축에 대한 매우 충실한 감각적 실재성을 통해 지상적 사랑을 노래하고 있음을 주목할 수 있다.

뭐락카노, 저 편 강기슭에서
니 뭐락카노, 바람에 불려서

이승 아니믄 저승으로 떠나가는 뱃머리에서
나의 목소리도 바람에 날려서

뭐락카노 뭐락카노
썩어서 동아밧줄은 삭아내리는데

하직을 말자 하직 말자
인연은 갈밭을 건너는 바람

뭐락카노 뭐락카노 뭐락카노
니 흰 옷자라기만 펄럭거리고……

오냐. 오냐. 오냐.
이승 아니믄 저승에서라도……

이승 아니믄 저승에서라도
인연은 갈밭을 건너는 바람
뭐락카노, 저 편 강기슭에서
니 음성은 바람에 불려서

오냐. 오냐. 오냐.
나의 목소리도 바람에 날려서.

— 「離別歌」 전문(『慶尙道의 가랑잎』)

이 작품 역시 '죽음'이라는 물리적 사건에 대한 반응의 한 양상을 담

은 시이다. 이 시에 나타난 죽음의 상황은 「하관(下棺)」처럼 구체적이지
는 않다. 시 속의 상황은 강물을 사이에 두고 강기슭 저편에 있는 '너'
와 세월의 강을 떠 흘러가는 뱃머리에 선 '나' 사이의 불가능한 소통 상
황이다.

'강'은 둘 사이를 이승과 저승으로 갈라놓고 있다. 강 이쪽의 화자는
강 저쪽의 목소리를 듣지만 바람에 날려서 그 의미를 파악할 수 없고,
다시 되묻는 나의 목소리 역시 바람에 날린다. 썩어서 삭아 내리는 동
아밧줄은 이승에서 너와 내가 맺었던 인연이다. 그러나 이승의 인연은
끝났더라도 저승의 일은 알 수 없다는 데서 "하직을 말자, 하직 말자 /
인연은 갈밭을 건너는 바람"이라는 구절이 이어진다.

"하직맙시다 / 이것은 동양적인 하직의 인사"(「방문」)라고 스스로 표현
한 이 '하직을 말자'는 말은 들리지 않는 너의 말일 수도 있고 나의 마
음속 인삿말일 수도 있다. 그래서 화자는 "오냐. 오냐. 오냐. / 이승 아니
믄 저승에서라도……"라고 대답한다. '다시 만나자'가 생략된 이 말 속
에 실린 강한 안타까움에도 불구하고, '오냐. 오냐. 오냐.'에 실려 있는
것은 죽음을 체념으로써 받아들이는 태도이다. 그것은 인생의 원숙한
연륜에서 나오는 체관적(諦觀的) 태도이기도 하다. 따라서 이 작품의 기
본 정조는 "죽음에 대한 의식과 또 거기서 우러나는 허무감을 곁들인
달관"[9]인 셈이다.

이 작품은 '죽음'이라는 사건을 통해 오히려 생의 긍정과 달관에 이
르는, 그의 종교적 상상력의 순응적 면모를 보여준다. 그래서 그의 시
는, 근대가 우리에게 부과한 삶의 복합성, 이를테면 주체와 대상의 갈
등, 욕망과 현실의 괴리, 근원의 상실 같은 것을 단순화하면서, 생의 치
열성보다는 생의 넉넉한 순리적 수용이라는 자세를 견지한다. 이는 적
극적인 의미에서의 '초월'과도 다른, 그야말로 "또한 인생의 참뜻을 짐

---

9) 이형기, 「자연·생활·고향회귀」, 『나그네』(박목월), 미래사, 1991, 146면.

작한 자의 / 너그럽고 넉넉한 / 눈물이 갈구하는 쓸쓸한 식성"(「寂寞한 食慾」)일 뿐이다.

이러한 박목월 시의 제한적 성격은 근대 비판의 의미를 적극적으로 띠기에는 아쉬운 점이라고 할 수 있을 것이다. 모든 인간은 소외된 방식으로 존재하며 세계와의 진정한 대화 국면은 열려 있지 않다는 점이 그에게는 참조점이 되지 않는다. 또한 물신화된 속도전으로 대변되는 근대의 구성 원리에 대한 대안적 비판 행위로서의 시작 행위로는 존재의 심층에 대한 통찰 또한 빈곤하다. 그러기에는 그의 시가 다소 원형적이고 질박한 순응적 자세가 강하다고 할 수 있다.

> 祈禱와 詩가 겹친 時間을
> 환하게 눈을 뜨고
>
> 말씀과 말이 부풀어
> 내 안에 잦아지는 한 꼬투리의 自然.
>
> 진실로 우리의 삶이 쓰디 쓴 汁 같지만
> 당신을 위한 술을 빚게 하시고,
>
> 이 時間에 열리는 열매마다
> 작은 하늘이 깃들게 하옵소서.
>
> 새삼, 무엇이 짐이 되고 괴로울 것인가.
> 기도와 詩가 살아나는 時間에
>
> ──「이 時間을」 중에서(『晴曇』)

릴케적 정조를 강하게 띠고 있는 이 시는 그의 신앙 시편 중에서는 이른 시기의 작품이지만, 이러한 그의 긍정과 수용의 자세를 잘 일러주는 작품이다. "기도와 시가 겹친 시간"이란 무엇인가. 그것은 그의 시작

행위가 신의 섭리를 수용하는 신앙의 원리와 상동성을 띠는 것이라는 사실을 암시하고 있는 것이다.

결국 중기 시편에 구현된 종교적 상상력은 혈육에 대한 지극한 사랑과 신의 섭리(죽음)에 대한 긍정 그리고 생활적 구체를 시 속에 끌어들인 것으로 집약된다고 할 수 있다.

5. 후기 시편―근원으로서의 '큰 타자'에 대한 긍정

중기 시편에서 맹아를 보이던 신앙 시편으로의 표면화는 후기 시편에 이르러 더욱 본격화된다. 그래서 그의 후기 시편에서 "화자와 대상의 관계는 신앙적인 경건함이라는 정서를 매개로 함으로써 내재적이거나 지상적인 화해가 아니라 초월적이거나 천상적인 화해의 양식으로 드러난다"[10]는 지적이 가능해진다. 그러나 박목월 시에서 지상(地上)의 문제는 늘 중요한 관심사였으며, 다만 후기 시편에서 종교적 상상력이 신성에 대한 강한 긍정으로 무게중심을 현저히 옮겼다는 진단이 저 정확할 것이다.

박목월의 후기 시편이 생활적 구체성을 담은 채, 존재론과 인생론 그리고 종교적 편향으로 흐르고 있음은 이미 지적한 바 있다. 언어의 세공성과 함축성으로 특징지어지는 초기 시편의 기율은 후기 시편으로 오면 거의 자취를 감추게 되고, 박목월은 산문화된 시형을 통해 자신의 정신적 입지를 비교적 명료하게 드러내고 있다. 특히 유고시집이자 신앙 시편의 집적물인 『크고 부드러운 손』은 하나의 경건한 신앙인으로

---

10) 이승훈, 「事物로 통하는 하나의 창」, 앞의 책, 162면.

서 더 나아가 세상의 번쇄로부터 격절되어 형이상학적 열망을 원고지에 두루 탐침했던 시인으로서의 박목월을 구체적으로 알려주고 있다.

> 빈 것은
> 빈 것으로 정결한 컵.
> 세계는 고드름막대기로
> 꽂혀 있는 겨울 아침에
> 세계는 마른 가지로
> 타오르는 겨울 아침에.
> 하지만 세상에서
> 빈 것이 있을 수 없다.
> 당신이
> 서늘한 체념으로
> 채우지 않으면
> 信仰의 샘물로 채운다.
> 그리고
> 오늘 아침에는
> 나의 창조의 손이
> 薔薇를 꽂는다.
> 로오즈 리스트에서
> 가장 매혹적인 죠세피느·불르느스를.
> 투명한 유리컵의
> 중심에.
>
> ─「빈 컵」 전문(『砂礫質』)11)

비어 있다는 것(결핍), 그것은 가득 채워짐(충일)을 열망하는 신앙적 자아의 은유적 정황이다. 그래서 '빈 컵'은 그것 자체로 "정결한" 신앙인의 모습이 된다. 그러나 아이러니컬하게도 화자는 "빈 것이 있을 수 없

---

11) 원 발표지는 『詩文學』(1972.3)이다.

다"고 한다. 왜냐하면 "당신"이 그것을 비어 있는 상태로 놓아두지 않기 때문이다. 그는 반드시 "서늘한 체념으로 / 채우지 않으면 / 신앙의 샘물로 채운다."

여기서 말하는 "서늘한 체념"이란, "모든 것은 / 제나름의 한계에 이르면 / 싸늘하게 체념한다"(「限界」)에서 볼 수 있듯이, 인간의 한계에 대한 자각과 그때에야 비로소 시작되는 신(神)의 섭리에 대한 체념적 긍정이다. 그 서늘함이 아니라면 절대자는 "신앙의 샘물" 같은 부드럽고 온기 있는 어떤 것으로 빈 컵을 채운다. 그러니 신의 섭리는 화자에게 선택적인 그 무엇이 아니라, 절대적으로 수용해야 하는 은총일 뿐이다. 물론 이러한 자각은 이성적 원리에 의한 것이 아니고 신앙적 경험에 의한 것이다.

또한 시인은 "원고지에 / 잉크가 스며든다. // 오늘의 물거품 안에서 / 순하게 빨려드는 / 잉크의 숙연한 / 수납"(「이순」, 『무순』)에서처럼 "생에 대한 철학적 성찰과 허무를 다스리려는 자의 숙연한 겸허"와 "슬픔의 외부세계에 대하여 최대한 표면장력을 지닌 채 웅크리는 시인의 내적 응집"[12]을 보여준다. "노우트를 편다. / 시를 쓰기 위하여 / 붓을 대지 않는 그것의 / 순결한 처녀성. / 그 정결한 공백은 / 이미 신과 접해 있다. / 새벽의 상아의 말씀처럼 / 대리석 돌결의 말씀처럼 / 순수의 방향으로 타오르는 / 불꽃의 말씀"(「평일시초 1」)에서처럼 신과의 교융(交融)에 대한 강한 긍정과 수납 의지를 보이는 것이다.

걸으면서
안으로 중얼거리는 주기도문.
진실로
당신이 뉘심을

---

12) 김용희, 「박목월 시의 가벼움과 무거움 ─ 절제가 지닌 말의 온기」, 『시안』, 1999년 겨울, 210면.

全身으로 깨닫게 하여 주시고
오로지
순간마다
당신을 확인하는 생활이 되게
믿음의 밧줄로
구속하여 주십시오.
그리하여
나의 걸음이
사람을 향한 것만이 아니고
당신에게로 나아가는 길이 되게 하시고
漢江橋를 건너가듯
당신의 나라로 가게 하여 주십시오

    ― 「거리에서」 중에서(『크고 부드러운 손』)

이 또한 박목월 신앙 시편이 다다른 하나의 극점을 보여주는데, "전신으로 깨닫"게 되는 "당신"의 존재, 그것을 "믿음의 밧줄"로 연결시켜 달라는 간구는 매우 고백적이고 기투(企投)적이며 그 나름으로 실존적이다. 문제는 김현승의 고독의 결정이나 단독자 의식, 윤동주의 속죄양 의식, 박두진의 메시아 의식 등과는 다른, 생활 감각으로서의 신앙 의식이라는 점, 그리고 복합성으로서의 세계 인식이 아니라 단순화된 감각에 시종하고 있다는 것이 박목월 신앙 시편의 특징이라면 특징이다.

나이 60에 겨우
꽃을 꽃으로 볼 수 있는
눈이 열렸다.
神이 지으신 오묘한
그것을 그것으로
볼 수 있는
흐리지 않는 눈
어설픈 나의 주관적인 감정으로

彩色하지 않고
있는 그대로의 꽃
불꽃을 불꽃으로 볼 수 있는
눈이 열렸다.

세상은
너무나 아름답고
충만하고 풍부하다.
神이 지으신
있는 그것을 그대로 볼 수 있는
至福한 눈
이제 내가
무엇을 노래하랴.
神의 옆자리로 살며시
다가가
아름답습니다.
감탄할 뿐
神이 빚은 술잔에
축배의 술을 따를 뿐.

―「開眼」 전문(『크고 부드러운 손』)

신약성서 『요한복음』에 나오는 실로암 못가의 기적 체험을 인유(引喩)
하고 있는 이 작품은 "있는 그대로"를 보는 눈, 그 영안(靈眼)의 중요성
을 계도하고 있다. 이는 육욕과 허튼 욕망에 사로잡힌 세속적 자아에
대한 자계(自戒)이자 근시안적인 정열의 무익함에 대한 자성(自省)의 기
록이다. 이는 "영혼의 장님이여 / 안다는 그것으로 / 눈이 멀고 / 보인다는
그것으로 / 보지 못하는 / 오만과 아집 속에서 / 진흙을 이겨 / 눈에 바르게
하라"(「믿음의 흙」, 『크고 부드러운 손』)는 단호한 진술과 함께, 신의 섭리를
긍정할 수밖에 없는 인간 이성의 불구성을 표현하고 있다.

결국 후기 시편에 구현된 종교적 상상력은 '큰 타자'인 '당신'을 수용하는 태도, 자신의 생활과 정신에 선재(先在)하는 절대자에 대한 무한 긍정의 태도로 나타났다고 할 수 있다.

6. 맺음말

이처럼 박목월 시는 자연의 신성성에서 사물의 구체성으로, 그리고 그것을 통해 관념의 비의(秘儀)를 드러내는 작법에서 체험의 직접성으로 그 무게중심을 옮겨갔다. 그러나 초기 시편의 낭만적 동경이나 중기 시편의 사랑과 연민, 후기 시편의 신성 긍정은 모두 그 나름의 종교적 상상력의 구현 양상이라고 할 수 있다.

이로써 우리는 박목월 시가 초기 시편의 순조로운 심화보다는, 역동적이고 모순율적인 자기 갱신을 부단히 추구했으며, 그것은 시적 주체의 전면화를 통한 산문성의 수용, 일상성의 시화, 생활적 구체와 신성의 질서를 자연스럽게 묵수(墨守)하고 승인하는 궤적을 밟았다고 할 수 있다. 따라서 우리는 박목월 시의 전개 과정을 통해 근대시의 한 첨예한 자기 변모 양상을 접할 수 있을 것이다. 이러한 변모의 궤적은 "주관으로서 도색하지 않고 신이 이룩하신 세계를 그것으로 바라볼 수 있을 만큼 소란스런 핏줄이 가라앉"(『晴曇』 후기)기를 기다려온 순수서정 시인이 걸어온 자기 확인의 노정기(路程記)라 할 수 있을 것이다.

세계의 근원에 대한 궁극적 관심(ultimate concern), 그것은 '존재-존재자'의 관계에 대한 근원적 관심이기도 하지만, 인간을 비롯한 모든 현상들을 서로서로 의존하며 존재하는 존재자로 보게 하고, 존재자들을 있게 하는 원인을 존재 자체로 보게 만드는 세계관적 전제에서 가능한 것이다. 그러나 '신앙'이라는 인식 및 행위가 거기에 개입할 경우 그 '존재'는 전지전능한 신 곧 우주 주재의 원리이자 실체가 되는 것인데, 박목월은 이러한 '존재' 탐구를 시종 행한 시인이다. 그래서 그는 방법 적 자각이 형이상학의 빈곤을 충당해주는 것이 아님을, 그리고 삶의 구 체와 근원적 실재는 인간의 감각과 상상 속에서 소통하고 몸을 바꾸는 이형동체(異形同體)임을 말한 시인이기도 한 것이다.

또한 그의 신앙 시편들은 성과 속의 갈등이나 영혼과 육체간의 갈등 이 아니라 비교적 신(神)의 섭리를 수용하는 순응적 작품들이었다. 그는 신앙 시편에서도 고전적 절제와 내용의 투명성을 중시하였고, 실험적 전위보다는 언제나 소통 가능한 서정으로의 복귀를 지속하였다. 난해성 과의 성실한 싸움을 통해 일상어를 통한 생활 시편의 구축에 남다른 기 여를 하기도 하였다. 더불어 그는 초월과 구원으로 특징지어지는 '기독 교 시'[13]의 외연을 넓혀 신의 섭리를 시 안에, 생활 안에 수용하는 넉넉 한 인생론적 함의를 구축하기도 하였다.

그래서 그에게 종교는 "절대의존의 감정"(슐라이어마허)이자, "무한 타 자와의 접촉에서 생기는 경외와 신비의 감정"(오토)이기도 한 것이었다. 물론 종교를, 실재와 가치에 관한 진리를 추구하는 최선의 방법에 관한 일련의 상호 연관성 있는 신념들 또는 그러한 신념들로 결정되는 태도 및 실천의 총체라고 규정할 경우, 박목월의 그것은 비실천적이며 비복 합적이다. 그래서 그의 시들은 경험적 합리성과는 어느 정도 격절(隔絶) 된 근원 체험의 반응의 소산이라고 할 수 있는 것이다.[14] 그는 그 안에

---

13) 따라서 우리가 포괄적 의미에서 '기독교시'라고 할 경우, 그것은 문학의 구조적, 양 식적 개념이 아니다. 그것은 그 안에 담긴 소재, 상상력, 세계관 등이 기독교의 역사적 혹은 이념적 자장을 형성하고 있는 징후적, 내용적 개념이다. 그래서 우리는 그 자신 탁월한 종교시인이기도 했던, 같은 청록파 시인인 박두진이 말하는 "사상이나 신학이 란 면에서 다루어지지 않고, 순전한 信仰情緖, 기독교 생활적인 정서와 그러한 인생 관 혹은 精神이 주제가 되었을 경우 마찬가지로 基督教詩 혹은 기독교 信仰詩라고 말할 수 있을 것"(「韓國 基督教詩의 問題點」, 『現代詩의 理解와 體驗』, 일조각, 1995, 47면)이라는 제언을 수긍하게 된다.

서 심미적·정서적 요소의 근원을 발견하고 시종 자신의 존재 가치가 초월적인 실재에 뿌리박고 있다는 확신에 의거하여 경험 세계 내에서 자신이 경험하고 인지한 것들을 상상과 신앙의 눈 속에서 구체화한 것이다.

---

14) 이는 박목월이 이성적 사고와 분석적 작업이 필수적인 시론(詩論)을 별로 남기지 않은 것과도 연관된다. 이는 그의 문학이 어수룩한 인정의 세계를 근간으로 하고, 경험적 합리성이나 도구적 이성의 세계를 벗어난 '근원' 혹은 '궁극적 실재'를 추구하는 것이 본령임을 방증하는 것이다. 또한 그는 자신의 시작(詩作) 행위를 그는 "無償의 행위"로 말한 바 있는데, 그것은 사회적·공리적 가치를 초월하는 생명감과 무한의 숨결을 강조하는 시관(詩觀)으로 볼 수 있다. 공리성과 도구적 이성을 넘어선 '근원'의 자리, 그곳이 박목월 시가 가 닿으려고 했던 궁극적 욕망의 자리라고 할 수 있을 것이다. 이승훈, 『한국현대시론사』, 고려원, 1993, 168~172면 참조.

제7장

기독교 의식을 통한 신성 지향의 완성

박두진론

1. 들어가면서

혜산(兮山) 박두진(朴斗鎭, 1916~1998)의 시는, 우리가 두루 알고 있듯이, 그 양적 경이로움과 질적 균질성으로 우리 앞에 우뚝 서 있다. 시력(詩歷) 갑년(甲年)을 꼭 채우고 마감된 그의 시의 지층은 풍요롭고 아득하여, 그의 작품 세계를 헤아리고 준별하려는 연구자들의 의욕을 오히려 왜소하게 하고 있다. 물론 이와 같이 풍부하고 웅숭깊은 그의 시적 권역은 후세대의 정치(精緻)한 해석과 온당한 의미 부여를 기다리는 미지의 영역으로 존재하지만, 그의 시편 하나하나는 스스로 자신들을 존재 증명하면서 문학사의 뚜렷한 페이지로 이미 각인되어 있기도 하다. 이제 박두진의 시는, 그를 '청록파'라는 유파적이고 저널리즘적인 용어로 착근시켜온 비평적 관행들을 뛰어넘는, 그야말로 새로운 시사적 명명을 기다리고 있는 것이다.

혜산의 시세계는 자연, 인간, 신이라는 세 가지 기본축을 토대로 전개되었다고 평가된다. 많은 이들은 이를 두고 '자연→인간→신'이라는 시기적, 단계적 변모로 설명하고 있지만, 어차피 그것들은 처음부터 일관되게 서로 넘나들며 그의 개별 시편 안에서 통합적인 형상화를 이루어왔다. 혜산 스스로 "일찍이 나는 내 일생의 詩作(시작) 단계로서 초기에는 〈自然〉 다음에 〈人間〉 다음에 〈社會〉와 〈人類〉, 그 다음으로 혹 노년기란 것이 내게 허락된다면 그때에 가서 〈神〉에 대한 것을 쓰리라고 대체로나마 작정한"[1] 바 있다고 말한 것이 강력한 알리바이가 되어 그 동안 학계나 평단에서는 그의 시의 전개 과정을 분절적 단층으로 조감(鳥瞰)하는 시각이 우세했지만, 우리는 시의 변모상 못지 않게 그 저류(底流)에 흐르는 일관된 주제적 일관성과 방법적 모색에 대해 주목해야 할 것이다. 이는 물론 통시적 연구[2]를 기본항으로 하면서 그 안에서 지속적인 형상으로 나타나고 있는 이념이나 정신을 파악하는 절충적 방법을 요청할 것이다. 그러한 시각과 방법을 통해서 우리는 그의 시에 나타나는 지속과 변화의 양 측면을 동시에 탐구할 수 있을 것이다.

이 글은 혜산의 시세계를 이끌고 있는 기본적이고 근원적인 정서적, 이념적 기반이 '기독교 의식'이라는 것을 전제로 하여 출발한다. 사실 그는 자신의 수많은 에세이들에서 자신의 삶이 시와 신앙을 날줄과 씨

---

1) 박두진, 『시인의 고향』, 범조사, 1958, 209면.
2) 대개 박두진의 시세계를 3단계의 발전 과정으로 보는 시각이 우세하다. 그것의 경개(景槪)를 보이면 다음과 같다.
　제1기: 『청록집』(1946), 『해』(1949)가 나온 시기로서 '자연'을 통한 긍정의 세계와 민족적 소망, 종교적 이상주의를 표현한 단계이다.
　제2기: 『午禱』(1954), 『거미와 星座』(1961), 『人間密林』(1963), 『하얀 날개』(1967)가 나온 시기로서 그의 시선이 '현실'로 옮겨지고 역사적, 사회적 모순과 '인간'의 부조리에 저항하는 모습과 민족애, 인류애에 헌신하려는 휴머니즘의 성격을 드러낸 시기이다.
　제3기: 『高山植物』(1973), 『使徒行傳』(1973), 『水石列傳』(1973), 『野生代』(1977), 『抱擁無限』(1981), 『수석영가』(1984)의 시집을 통해 '근원'적인 존재 문제에 주목하고, '신'의 창조 세계를 노래하는 이른바 신앙 체험의 시기이다.

제7장 기독교 의식을 통한 신성 지향의 완성　271

줄로 삼아 진행되어왔다고 누차 고백하고 있다. 그의 산문적 발언을 고스란히 인준하여 편의적인 비평적 잣대로 원용하는 일은 물론 경계되어야 하지만, 그의 시를 일별하고 차분히 귀납해본 경우에 한해서 보다라도 혜산 시의 정신적, 방법적 자장은 '기독교 의식'이라고 부를 만한 어떤 범주에 귀속된다고 보아 별로 틀리지 않다. 이러한 그의 시적 특색이 그 동안 유신론적 실존주의나 관념 일변도의 추상미학에 비우호적이었던 우리 근대문학사의 흐름에서 비평적 호의를 못 얻었던 것도, 우리가 잘 아는 바이다. 그러나 시인의 정신과 방법이 하나의 종교적 이념에 토대를 두었고 또 그것을 시적으로 변용하며 확대, 심화해왔다는 판단이 설득력을 가진다면, 우리는 그의 시세계를 온당하게 해명하는 일차적인 안목 역시 그 안에서 빌려와야 한다고 본다. 따라서 우리는 혜산 시의 전체 과정에서 '기독교 의식'이라고 부를 만한 정신적, 방법적 형질을 통해 그의 시가 갖고 있는 특성에 대해 생각해 보려 하는 것이다.

물론 '기독교 의식'이라는 것도 '리얼리즘'이나 '낭만주의'처럼 단일한 이념이나 방법으로 귀착시켜 범주화할 수만은 없는 풍요로운 내포를 거느리는 개념일 것이다. 복음주의적 시각과 자유주의적 시각이 상이할 것은 자명한 이치이고, 사제적 전통과 예언자적 전통의 맥락이 차이가 크다. 또한 성서를 해석하고 적용하는 부분에서도 기독교는 공통된 합의를 가진 역사가 없다. 어떻게 보면 통일된 '기독교 의식'은 허구 또는 이미지일 뿐이고, 모두의 마음 속에서 구현되는 각자의 해석과 신념만이 '기독교 의식'의 외연을 이루고 있는지도 모른다. 혜산이라고 예외는 아닐 것이다. 그는 기독교적인 상상력과 어법, 소재들을 시 안에 분명히 거느리고 있지만, 그것은 자신만의 체험과 인식으로 숱하게 변용된 어떤 것일 수밖에 없다. 따라서 우리가 그의 시에서 검출하려는 '기독교 의식'이라는 것은, 일반화되고 통념화된 어떤 일련의 강령이나 교조와는 비교적 무관한 것이다.

열아홉 되던 해(1934)에 누님의 권유로 신앙의 문에 들어선 혜산은, 민족적으로는 우리 것 모두를 빼앗긴 상태였고, 개인적으로는 가난의 고통이 극에 달했을 때 '바로 이것이구나!' 하면서 신앙 세계에 들어섰다고 한다. 그는 흰옷 입은 조선인들이 모여서 우리말로 기도하는 모습(모국어로 기도하는 그 축복!)에 말할 수 없는 감동과 충격을 받아, 피압박과 수탈로 특징지어지는 당대적, 개인적 상황을 초시대적 '구원'의 이미지로 극복하면서 신앙을 받아들이게 된다. 이러한 혜산 신앙의 출발 곧 민족사적 특수성과 보편적 구원 신앙의 통합은 그의 생애 내내 그의 시를 길어올릴 수 있었던 매우 중요한 자산이었던 것이다.

2. 혜산 시의 '자연관'에 반영된 기독교 의식

혜산은 자신의 아호가 암시하듯, 줄곧 '자연'이라는 상관물을 자신의 관념이나 정서를 드러내는 시적 근간으로 삼은 시인이다. 물론 이와 같은 현상은 대부분의 서정시들이 가지는 보편적 기율일 수도 있겠지만, 혜산에게는 각별하고 의미있는 창작 방법이자 인식론적 진경(進境)이 되고도 남는다. 혜산이 추구한 자연은 생태학적 관점에 의거한 환경으로서의 자연이나 문명비판적 대안으로서의 자연으로 현현하지 않는다. 오히려 그것은 그의 정신과 이상을 구현하는 관념의 매개체이자 그것에 형식과 육체를 부여하는 우의적(寓意的) 대상으로 줄곧 나타난다. 그가 그리는 신앙적 이데아의 세계, 그것이 모든 인간적 갈등을 해소한 이상향이라면, 자연은 그의 이러한 기독교 의식이 침윤된 대상물(代償物)이자 동시에 거기에 우리의 역사와 삶을 빗대고 상징하려는 시인 스스로의 시적 전략의 수원(水源)이기도 할 것이다.

그는 일상에서 겪는 일들, 자신의 육체 속에서 움트는 정서의 결들, 역사 속에서 체험하는 어마어마한 변이들에 형식을 부여하기 위해서 곧잘 '자연'으로 달려갔고, 그 '자연'을 관념 및 의지와 등가적인 관계 속에서 보편화시켰다. 따라서 그의 '신자연(新自然)'(정지용)은 인간 주체와 분리되는 객관적 실체나 심미적인 관조적 대상으로서의 자연이 아니고, 인간의 내면적 정서에 교응하는 주관적 변이의 대상만도 아니며, 바로 시인의 의식 속에서 선택, 재구성된 '관념화된 자연'임에 우리는 주목하여야 한다. 그 관념의 내질을 형성하는 것이 '기독교 의식'에 빚진 바 크다는 것이 이 글의 일차적인 관점이 되는 셈이다.

혜산이 태어나고 유년 시절을 보낸 경기도 안성의 '고장치기'라는 마을은 넓은 들판 한가운데 스물 남짓한 오막집이 엎드려 있는 쓸쓸하고 가난한 곳이었다. 그 마을에서 학교에 다니는 아이는 혜산의 집 형제 정도였다. 그의 집도 농가는 아니었지만 댓 마지기 남의 땅을 소작하며 가난한 생활을 했다. 주일이나 방학이 되면 지게를 얻어 지고 나무를 하러 산으로 가곤 했던 어린 혜산, 새소리 물소리를 따라 혼자 산골짜기를 들어가면서, 소박한 자연에 대한 강렬한 애착과 신비한 교감을 얻었으며, 고독에 대한 강한 매혹과 영원한 나라에 대한 동경을 배웠다고 한다. 고향과 유년에 대한 아름다운 기억은 유고 시집(『당신의 사랑 앞에』, 홍성사, 1999)에 실려 있는 시 한 편(「뻐꾹새, 고향」)에 고스란히 담겨있다.

어쩔꼬 나 되돌아가 어린 날의 그리움
숲 속으로 들어가며
뻑 뻑꾸욱, 또 뻑꾹
전설처럼 눈에 하나 핏빛 딸기 붙이고
불러도 대답 없는 그리운 이 그이
찾아 헤맨 뻑꾹처럼
울어 예었었다.

16세 때부터 습작을 시작하여 『아(芽)』 등의 문학동인지에 민요조 서정시나 동시 등을 발표하곤 했던 그는, 시야말로 신이 인간에게 준 은총이며 시로써 인간을 행복하게 하고 신에게 영광을 돌려야 할 것이라는 생각을 이 시기부터 강하게 가졌다 한다. 혜산은 우리 현대시가 너무 감상적, 퇴폐적이고 경박한 외래 취향에 물들어 있다고 생각하며 보다 더 스케일 크고 싱싱한 야성의 시를 쓰리라 마음먹는다. 서울 근교의 산을 오르내리며 금식, 기도, 명상, 시 창작의 생활에 전념하던 그는 1939년 『문장(文章)』에 정지용(鄭芝溶)에 의해 추천을 받아 본격적으로 시단에 발을 들여놓는다. 이때의 추천자인 정지용은 "박두진군. 박군의 시적 체취는 무슨 삼림에서 풍기는 식물성의 것"이라며, 시단에 하나의 '신자연'을 소개한다고 하였다. 혜산 스스로 가장 소중히 아꼈던 「묘지송(墓地頌)」(『문장』, 1939.6)도 그 추천작3) 중의 하나이다.

北邙이래도 금잔디 기름진데 동그만 무덤들 외롭지 않어이
무덤 속 어둠에 하이얀 촉루가 빛나리. 향기로운 주검윗 내도 풍기리
살아서 설던 주검 죽었으매 이내 안 서럽고, 언제 무덤 속 화안히 비춰줄 그런 太陽만이 그리우리
금잔디 사이 할미꽃도 피었고, 삐이 삐이 배, 뱃종! 뱃종! 멧새들도 우는데,
봄볕 포근한 무덤에 주검들이 누웠네

이 시에는 '죽음'이라는 물리적이고 현실적인 한계를 초월하려는 기독교적 상상력이 짙게 나타나 있다. 이 작품은 식민지 시대 전체를 통해서 인간의 존엄성을 해치던 일제의 폭력성을 역설적으로 초극하려는 의

---

3) 그의 등단작을 시인은 스스로 이렇게 밝히고 있다. "내 처녀작은 위에 말한 것 같이 통틀어 활자화한 작품의 처음 것으로 치면 『아이생활』지의 동요 「무지개」가 되고, 시로서의 최초의 것이라면 『아(芽)』지의 「북으로 가는 열차」가 된다. 그러나 어느 정도의 작품 수준을 고려에 넣고 또 문단적인 성격을 띤 본격적인 발표 활동을 기준으로 친다면 이 「묘지송」과 「향현」이 되는 셈이다." 박두진, 「처녀작·대표작」, 『생각하는 갈대』, 을유문화사, 1985, 215~216면.

지가 내포된 중의적(重義的)인 시편이기도 하다. 특히 어둡기 짝이 없는 '죽음'의 이미지를 밝고 생동하는 '생명'의 분위기로 환치시키는 역동적 상상력은 우리 시사에서 유례가 없을 정도로 독특한 것이다. 이러한 '죽음'에 대한 새로운 시적 해석은 그가 갖고 있는 기독교 의식의 핵심 중의 하나인 '부활사상'을 그 나름대로 시화한 결과로 얻어진 것이다.

이 시는 주지하듯 '묘지(墓地)'라고 하는 가장 음습하고 소멸지향적인 상징을 오히려 가장 밝고 생성(또는 부활)지향적인 성격으로 바꾸어놓은 작품이다. 그에게 무덤은 삶과 죽음이 조화롭게 공존하는 가상적 공간이다. 서정적 주체는 '북망(北邙)'의 어두운 성격을 이질적인 밝은 공간으로 전복시키는데, 그 안에서는 삶과 죽음의 연속성이 쉽게 화해하며 무갈등의 세계를 드러내고 있다. 따라서 이 시에 나타나고 있는 '태양'은 "죽음을 극복하고 미래의 새 삶을 위해 요청되는 힘의 원리"4)일 수 있는 것이다.

이를 두고 메시아니즘의 시적 육화라고 해석하는 것도 무리가 아닌데, 이러한 해석은 김동리(金東里)의 유명한 평론 「자연의 발견」으로부터 비롯되는 유구한 역사를 갖는다. 그가 "박두진의 특이성은 그의 究竟的(구경적) 歸依(귀의)가 다른 동양 시인들에서처럼 자연에의 同化法則(동화법칙)에 의하지 않는 데 있다. 그도 물론 항상 자연의 품속에 들어가 살기는 한다. 그리고 '영원의 어머니'라고 부르기까지 한다. 그러나 그는 거기서 다시 '다른 태양'이 솟아오르기를 기다리는 것이다. '메시야'가 재림하기를 기다리는 것"5)이라고 말한 이후, 혜산은 단 한 번도 기

---

4) 신동욱, 「박두진의 시에 있어서 저항과 그 지속의 의미」, 『우리 詩의 歷史的 硏究』, 새문사, 1984, 282면. 신동욱은 이 작품에 대하여 "죽음의 현실적인 한계를 종교적으로 초월하려는 의지를 보인 작품"이라고 평하여 '죽음'이라는 부정적 힘을 극복하려는 초극의지가 반영되었다고 본다. 위의 글, 281면.

5) 김동리, 「自然의 發見」, 『文學과 人間』, 백민문화사, 1948, 74면. 이 글에서 김동리는 이후의 혜산 시에서 점증(漸增)할 관념성을 경고함으로써 비평적 타당성을 얻고 있다. 위의 글, 79면.

독교적 프리즘에서 일탈한 바 없는 수직 상승의 시세계를 이루어왔기 때문이다. 따라서 그에게 자연은 스스로[自] 그러한[然] 세계, 곧 자족적인 물활성을 띠는 자율적 세계가 아니고, 신의 계시의 현장이자 신의 섭리가 착색된 우의적 세계인 것이다. 그것이 또한 시인 내면에 자리잡은 관념과 등가임은 물론이다.

당연히 '만가(輓歌)'가 되어야 할 '죽음'이라는 사건을 두고 송가(頌歌)라는 형식으로 바라보고 있는 시인의 창조적 시선이나, 계절을 겨울이나 가을이 아닌 '봄'으로 설정하는 안목이나, 싸늘한 무덤을 '향기롭고 포근한 유택(幽宅)'으로 느끼는 것이나, 그 배음(背音)으로 꽃들과 뭇새들의 화창(和唱)을 불러오는 상상력이나, 이 모두는 '죽음'이라는 물리적 사건을 관념적 차원에서 극복하려는 시인의 의지적 표상이 아닐 수 없다. 물론 그것은 현실적인 원리가 아니라, 신앙시 대부분이 그렇듯이, 낭만적 변증의 원리가 반영된 결과이다. 또 하나 그의 등단작인 「향현(香峴)」을 보자.

아랫 도리 다박솔 깔린山 넘어 큰 山 그 넘엇 山 안 보이어 내 마음 둥둥 구름을 타다

우뚝 솟은 山 묵중히 엎드린 山 골 골이 長松 들어섰고 머루 다랫 넝쿨 바위 엉서리에 얼켰고 삳삳이 떠깔나무 윽새풀 우거진데 너구리 여우 사슴 山토끼 오소리 도마뱀 능구리 等실로 무수한 짐승을 지니인

山, 山, 山들! 累巨萬年 너희들 沈默이 흠뻑 지리함즉 하매

山이여! 장차 너희 솟아난 봉우리에 엎드린 마루에 확·확 치밀어 오를 火焰을 내 기다려도 좋으랴?

핏내를 잊은 여우 이리 등속이 사슴 토끼와 더불어 싸릿순 칡순을 찾아 함

께 질거이 뛰는 날을 믿고 길이 기다려도 좋으랴?

— 「향현」(『문장』, 1939.6)

이 시의 핵심적인 계발적 이미지 '화염(火焰)'은 그 자체로 미래지향적인 밝은 암시를 주는 소재이다. 그것은 또한 침묵으로 누워 있는 무덤 속의 촉루가 아니라, 치솟는 융기(隆起)의 이미지를 띠는 활력의 매체이다. "장차 너희 솟아난 봉우리에 엎드린 마루에 확 확 치밀어 오를 화염"에 대한 강렬한 기다림과 "핏내를 잊은 여우 이리 등속이 사슴 토끼와 더불어 싸릿순 칡순을 찾아 함께 질거이 뛰는 날"에 대한 또 하나의 기다림은 사실 이질적인 요소의 동시적 공존을 의미한다. 전자가 모순을 혁파하는 파괴와 재생의 이미지를 띤다면, 후자는 모든 갈등이 해소되고 화해에 이른 어떤 상황을 암시하는 것이다. 이러한 '파괴-재생' / '무갈등-평화'의 양축은 혜산의 기다림의 내용이 매우 종교적이고 이상적인 것이지, 정치적이고 구체적인 대안적 이념을 염두에 둔 것이 아님을 명징하게 하고 있다. 다시 말해서 천상의 질서가 '화염'으로 지상화(地上化)되는 과정, 그리고 침묵으로 누워 있는 상태에서 화염으로 치솟는 상태에 대한 갈망은 기독교의 양축이라고 할 수 있는 피조물로서의 한계와 목숨을 부여받은 이로서의 존엄성을 각기 환유하고 있는 것이다. 이럴 때 '기다림'이란 불가항력적 운명의 수세적 승인과는 다른 능동적인 삶의 형식으로 탈바꿈되고 있다. 이러한 넓은 의미의 메시아니즘이야말로 철저한 기독교적 정서이자 정신이다. 그 기다림의 형상은 이어서 「청산도(靑山道)」의 '볼이 고운 사람'으로 나타나는 것 또한 췌언의 여지가 없다. 일제 말기를 '암흑기'라고 부르는 수사적 관행을 무색케 만들 정도로, 혜산의 이 시기 작품들은 일관되게 밝고 힘찬 기백을 보이고 있는 것이다.

사실 「향현(香峴)」과 「묘지송(墓地頌)」은 말 그대로 신앙적인 시는 아니다. 물론 「향현」의 마지막 부분은 "그때에 이리가 어린 양과 함께 거하며 (…중략…) 사자가 소처럼 풀을 먹일 것이며"(구약 「이사야」 11 : 6~9) 등으로 열거되는 평화와 궁극적 이상향으로 이루어져 있고, 「묘지송」의 '태양'은 정지용의 "新約(신약)의 태양"(「나무」)이나 "또 하나 다른 태양"(「또 하나 다른 태양」)처럼 메시아의 이미지로 쓰이고 있다. 그러나 「향현」의 호소의 대상이 신이 아니라 '산'이라는 점과 「묘지송」의 죽은 자가 죽었다는 사실 하나만으로 서럽지 않은 존재가 되어 있다는 점6)은 그것이 전통적 의미의 복음주의적 신앙을 표백한 것이 아니라는 것을 말해준다.

이와 같이 혜산의 초기시는 자연을 소재로 했으면서도 현실에 대한 도피처로서의 자연이나 심미적인 체관적(諦觀的) 자연이 아니라 역동적인 생명력의 원천으로서의 자연을 노래했다는 점이 특징적이다. 그뿐만 아니라 '어둠 / 빛'의 대립을 주조로 하는 이미지는 그의 시가 비극적인 시대를 관통해오면서도 미래에 대한 강한 희망을 노래하고 있음을 말해준다. 여기에는 기독교의 메시아 사상의 영향이 큰데, 그의 초기시는 현실의 고통을 참고 메시아가 올 것을 믿고 기다리는 자의 환희를 힘있게 표현하고 있다고 말할 수 있다. 이른바 완전무결한 질서에 의해 통어되는 이상향을 그리는 유토피아주의(utopianism)야말로 그의 기독교 의식의 핵심적인 심리적 기제이고, 그것이 구상화된 대상이 바로 자연인 것이다.

이러한 초기시적 특성은 그의 후기시로 가면서 '수석(水石)'을 통해 자연의 속성이 완전무결하게 응결 집약된 세계를 탐구하는 것으로 옮겨진다. 말하자면 초기시의 광활한 우주로 뻗어가는 원심력에 비해 후기시는 신의 속성이 응결된 수석으로 응집되는 구심력을 갖게 되는 것이다. 따라서 그의 자연은 신의 뜻(입김)을 매개, 체현하는 등가물로서의 일관성을 지니지만, 초기시의 다이나미즘(dynamism)과 후기시의 콰이어티

---

6) 신대철, 「시와 무한혁명」, 『별들의 여울』(박두진), 정음사, 1986, 25면.

즘(quietism)이 교체, 혼재하는 양상을 띠게 된다. 관념을 구상으로 드러내는 공통점에도 불구하고, 또 그것이 산이든 돌이든 모두 속기(俗氣)를 말끔히 벗어버린 격조(格調)를 지향하고 있다는 공통점에도 불구하고, 그의 시적 방법은 원심적 확장에서 구심적 응축으로 변이를 겪게 되는 것이다.

3. 혜산 시의 '현실인식'에 반영된 기독교 의식

이렇듯 그의 메시아니즘과 유토피아주의 그리고 자연의 구상성을 통한 이념의 육화는 초기부터 후기까지를 관통하는 일관된 그의 시의 기율이자 방법론이었다. 그러나 앞서도 말했듯이, 초기시가 그래도 자연 자체의 탐구에 공을 들였다면, 해방 이후의 시기부터 민족사적 현장에 내던지는 그의 목소리는 '현실'로 그 무게중심을 옮긴다. 그의 현실인식이라는 것이 과학적, 이념적, 정치적인 것이 아니라 다분히 윤리적, 지사적, 종교적인 것 또한 그의 기독교 의식의 한 첨예한 물증이 되고도 남는다. 그의 시에는 이렇듯 자연과 인간의 역사 그리고 신의 섭리가 중층적으로 내재해 있다. 그 대표작이 아마도 해방 후에 발표된 「해」일 것이다.

> 해야 솟아라. 해야 솟아라. 말갛게 씻은 얼굴 고운 해야 솟아라. 산 너머 산 너머서 어둠을 살라먹고, 산 너머서 밤새도록 어둠을 살라먹고, 이글이글 애띤 얼굴 고운 해야 솟아라.

> 달밤이 싫어, 달밤이 싫어, 눈물 같은 골짜기에 달밤이 싫어, 아무도 없는

뜰에 달밤이 나는 싫어……

　해야, 고운 해야. 늬가 오면 늬가사 오면, 나는 나는 청산이 좋아라. 훨훨훨 깃을 치는 청산이 좋아라. 청산이 있으면 홀로래도 좋아라.

　사슴을 따라, 사슴을 따라, 양지로 양지로 사슴을 따라 사슴을 만나면 사슴과 놀고,

　칡범을 따라 칡범을 따라 칡범을 만나면 칡범과 놀고……

　해야, 고운 해야. 해야 솟아라. 꿈이 아니래도 너를 만나면, 꽃도 새도 짐승도 한자리 앉아, 워어이 워어이 모두 불러 한자리 앉아 애띠고 고운 날을 누려보리라.

　역사 속에서 8·15가 왔을 때, 그가 희구하는 메시아의 형상은 '해'로 표상된다. 시집 『해』는 한국시사상 유례없이 밝고 희망적인 노래로 가득차 있는데, 특히 이 작품의 마지막 연 "해야, 고운 해야. 해야 솟아라. 꿈이 아니래도 너를 만나면, 꽃도 새도 짐승도 한자리 앉아, 워어이 워어이 모두 불러 한자리 앉아 애띠고 고운 날을 누려보리라"는 다짐과 희망의 목소리는 질곡의 역사를 이겨낸 지상의 유토피아를 열망하는 시인의 기독교 의식이 강하게 착색된 대목이다. 환희의 감정을 제어할 수 없어 그의 시에는 호격과 쉼표, 생략부호가 빈번히 등장하는데, 감정을 절제하지 않고 발산하는 그 특유의 유장한 산문시의 리듬은 풍요로운 자연의 이미지 및 독창적인 상징어들과 어울려 건강하고 활력에 넘치는 세계를 보여주는 데 기여한다. 그의 시가 아직도 다이나믹한 감각성을 강하게 지향하고 있음을 알려주는 예이다.
　이러한 혜산의 향일성 충동은, 원래 '빛'이라는 것이 밝고 힘찬 생명력과 남성적 수직 상승의 상징으로 쓰이고 있음을 고려할 때, 앞 시기

의 '산'과 마찬가지로 현실 극복의 구상적 표현이라고 해야 할 것이다. 마치 '물'이 부드럽고 여성적인 수직 하강의 이미지를 띠는 것에 비해 '빛'이나 '산'의 우뚝한 이미지는 혜산 시의 가장 이색적이고 강건하면서도 초월지향적인 이미지를 구축하고 있는 것이다. 물론 '빛'에 대해서는 시인의 언질이 이미 있었다. 이를 고분고분 그의 시에 적용하여 추인할 필요는 없다 하더라도, 그의 시가 빛과 어둠의 대위(對位)라는 가장 고전적인 기독교적 상징 체계에 의해 엮인 것만은 의심할 바 없다. 또한 '태양'이 남성적, 야성적이고 '별'이 여성적, 서정적이라는 점에서, 그의 시에서 '태양' 이미지가 우세한 것도 그의 남성적 톤과 의지를 방증하는 사례이다.

> 뿐만 아니라 내 시의 전 주제를 일관하는 사상이 빛의 사상인 것을 아는 사람은 훨씬 더 내 시세계의 중심을 파헤치기가 쉬울 것이다. 긍정, 낙관, 이상, 초월, 비판, 저항, 극복, 포용, 궁극적인 시 자체의 응결된 비유나 시적 실체의 상징이 이 햇볕으로 비유 상징되는 감각적이면서 동시에 형이상학적인 빛 그 자체인 것이다. 어느 시를 뜯어봐도 그 배면에 혹은 중심에 끓고 있는 강렬한 햇볕의 설정을 볼 수 있으며 이것은 나 자신도 얼마간 뒤에야 비로소 발견한 스스로의 한 놀람이었다.[7]

그러나 자연에 대한 맹목의 예찬과 그 안에 인간의 관념을 담는 두 편향을 통합한 것이 그의 시라 하더라도, 그는 자연을 자연 그 자체로 노래하지는 못했다. 대개의 근대주의자가 그러했듯이, 그 역시 인간 중심적인 자연의 의인화 또는 알레고리화를 초지일관으로 거든 것이다. 그러나 인간 진보가 이룩한 '눈부신' 프로메테우스의 세계를 등지고 또 다른 '눈부신' 신성(神聖)의 세계에 골몰했던 그의 시가 비록 사실적 구체성이나 자연 그 자체의 역동성을 노래하는 것과 멀어지는 경로를 밟

---

7) 박두진, 「자유, 사랑, 영원」, 『별들의 여울』, 정음사, 1986, 14면.

았다고 하더라도, 그의 시세계는 과학주의와 세속주의로부터 하나의 해 방의 출구를 열 수 있는 가능성을 준 것은 부인되기 힘들 것이다.

이처럼 그는 시인과 자연이 하나라는 신앙적 인식을 통해 성서의 형 식을 시적 코드로 채택하였다. 그것은 서정적 자아와 신앙적 자아의 역 설적 상호작용이며 동시에 가난한 시대의 시인의 수난이며 견딤이며 인내며 기다림이다.[8] 따라서 그의 현실인식에는 정치한 사회학적 상상 력이 매개되지 않고 오히려 지사적 열정과 품격이 개입함으로써 한층 추상도를 높이고 있으며, 반영의 미학이 아니라 태도의 미학을 불러오 고 있는 것이다. 그의 시가 알레고리적 편의주의에 부분적으로 침윤되 어 있는 것도 그 때문일 것이다.

그러나 혜산 시의 현실지향적 성격의 잠재적 가치는 실로 큰 것이다. 그는 의연한 저항적 정열과 초월적 견인 의지를 결합하여 무수한 시편 들을 쏟아내는데, 이때 그의 신앙과 지성은 하나로 결합되어 시의 율(律) 과 결을 이룬다. 그리하여 그는 기독교 의식과 윤리, 나아가 인간의 실 존적 의미를 묻는 작품들을 쓰게 되는데, 그러한 출발을 알리는 작품이 바로 「오도(午禱)」였다. 이때부터 혜산은 민족의식과 역사의식을 짙게 가진 시를 써나간다. 4·19를 전후하여 시인의 눈에 비친 현실은 시와 신앙에만 전념했던 시인의 목소리를 지상의 혼돈의 세계로 끌어내렸는 데, 이러한 혜산의 인간 역사와 현실에의 참여가 그의 시관(詩觀), 다시 말해 신앙을 바탕으로 한 인간애와 평화의 이상이 반영된 자연스런 귀 결임은 두 말할 나위 없다. 특히 「우리들의 깃발을 내린 것이 아니다」, 「갈보리의 노래 1·2·3」, 「예레미야의 노래」 같은 작품들은 그의 기독 교 의식과 현실 감각이 잘 어우러진 절편(絶篇)이라고 할 수 있다.

이러한 그의 시관은 1960년대에 발간된 『거미와 성좌』, 『인간밀림』, 『하얀 날개』 등에서 지속적으로 나타난다. 그러나 앞에서도 말했듯이,

---

8) 박철희, 「서정적 자아와 신앙적 자아」, 『박두진』(박철희 편), 서강대 출판부, 1996, 12면.

그 반응은 정치적, 이념적인 것이 아니라 윤리적, 종교적인 것이다. 마치 구약의 선지자들이 민족적인 죄악상을 폭로, 경고하듯이, 그 또한 예언자적 풍모를 강하게 띠며 세상을 질타하고 오롯한 정결성을 축조하는 데 시적 정열을 쏟는다. 이때 '거미'나 '별' 등이 알레고리적 외피가 되어 기독교 의식을 담는 그릇 역할을 하는 것, 이를테면 '거미'가 타락한 인간 군상이 되고 '성좌'가 신의 뜻을 매개하는 상관물이 되고 있는 점은 자연스러운 귀결이다.

그가 현실의 위기와 폐허됨을 증거하기 위해 자주 차용하는 '골짜기'나 '벼랑', '무덤' 같은 소재 역시 단연 구약적인 기원을 갖는 기독교적 이미지이다. 그것은 보편적인 인생론의 시각에서 볼 때 위기, 절망, 추락 등을 암시하지만, 현실에 그것을 대입할 때는 신성을 몰각한 타락한 사회라는 상징적 유추가 가능한 소재들이다. 또한 혜산 시에서 이것들은 성서적 인유(引喩)로 포섭되면서, 초월적 열망을 상징하는 언어로 화육(化肉, incarnation)하고 있다. 그는 이러한 물상 이미지들의 불멸성과 초시간성을 통하여 '시간으로부터의 탈출(escape from time)'을 시도9)하는데 이는 그의 현실 대응 방식이 '역사 안에서, 민중과 더불어'가 아니라 '역사 너머서, 신성의 회복을 통해'라는 도식을 띠고 있음을 증명하고 있다. 아무튼 그의 시는 서정적 주체의 공분(公憤)이 얼마나 중요한 서정시의 윤리적 몫인가를 예증해주면서, 자기에게 주어진 지상(至上)의 과제가 굴절되고 왜곡되었을 때 단호한 질정(叱正)과 고일(高逸)한 삶을 지속하는 것이 더없이 소중한 것임을 역설해주고 있다.

이러한 우의적인 방법이 현실인식과 감각적으로 결합된 수작이 1970년대에 발표된 「야생대(野生代)」일 것이다.

> 왕성한 혈기의 표범들이 밀림을 뛰고 있다.
> 쫓기는 사슴을 덮쳐서 골짜기에 뉘어 놓고

---

9) 임영주, 「박두진의 생애와 시적 편력」, 『문학과 의식』, 1998년 겨울, 85면.

뜨거운 선혈의 살점을 뜯고 있다.
영원을 무료히 내려 쬐는 한낮의 땡볕
한자락 바람도 숲에는 일지 않고
뻑 뻑구욱 뻑 뻑구욱
핏덩어리 토해내며 뻐꾹새만 울고 있다.

'처참한 살육―땡볕의 지속적 내리쬠―국외자로서의 관찰자의 울음'
이라는 3중의 과정과 시각이 담겨 있는 이 작품은, 약육강식의 현장 곧
바람조차 일지 않는 살육의 현장을 감각적으로 형상화하고 있다. 그러
나 이 또한 현실 재현의 원리에 의한 제시가 아니라 다분히 묵시록적인
상징적, 우의적 성격을 띠는 세계이다. 이 때문에 그의 시의 특징은 관
념 일변도의 추상의 미학[10]이라는 지적과 함께, 이데올로기적 성격이
아니라 실존적 본유 관념 같은 것에 시의 무게중심을 둔다는 평가가 가
능하게 된다. 그의 현실 지향의 상상력도 이러한 본유 관념을 왜곡시키
고 저해시키는 어떤 힘에 대한 거부의 한 표현이지, 핍진한 실재(實在)의
투사가 아니다. 그의 시에서 리얼리티보다는 현실과 맞서는 '자세'나
'태도'가 중요하게 나타나는 까닭도 바로 여기에 있다.

4. 혜산 시의 '신성' 탐구에 나타난 기독교 의식

혜산 시는, 그가 노경(老境)에 접어들면서부터, 좀 더 근원적인 질서에
대한 집착과 통찰로 그 초점을 이월한다. 관념을 넘어서면서도 관념 자

---

10) 유시욱, 「복잡성과 일관성에 얽힌 불사조의 이야기」, 『가을 절벽』(박두진), 미래사,
1991, 163면.

체를 배제하지 않고, 구체성을 획득하면서도 쇄사(鎖事)에 집착하지 않고, 영혼과 육체를 동시에 굴착하려는 시적 의욕을 보였던 그로서는 추상과 보편으로의 침잠이 불러올 구체성의 사상(捨象), 질감의 이완 그리고 초시간적 탈역사성의 시비로부터 자유롭기 어려운 영역을 지향하게 되는 것이다. 그가 후기의 신앙시집으로 기획한 『사도행전』과 『수석열전(水石列傳)』, 『포옹무한(抱擁無限)』은 그러한 변화와 지속적인 기독교 의식의 심화를 일러주는 소산인데, 『사도행전』은 인간의 구원과 부활과 영생을, 『수석열전』은 절대자의 섭리를, 『포옹무한』은 무한한 종교적 법열을 테마로 삼고 있는 일련의 신앙시집들이다.

이 시기에 그가 지향한 태초부터 영원까지, 꽃 한 송이(지상)에서 광활한 우주(천상)까지의 시공간의 성층(成層)은 그야말로 헤아리기 어려운 깊이와 너비를 지닌다. 어쩌면 그는 시를 통해 언어 자체가 갖는 물리적, 외연적 한계를 넘어서서 언어가 사라져버리는 신성의 세계로 잠입하고 싶은 욕망을 가졌는지도 모른다. 이러한 그의 근원과 신성에 대한 탐구를 구상적으로 가능케 한 이미지이자 매개체는 다름아닌 '수석(水石)'이다. 혜산은 이른바 '수석 연작시'를 쓰면서부터 자신의 시 안에 어떤 완강한 체계를 만들어간다. 그것은 시 자체에 관한 메타적 성찰로부터 자연관, 신관, 역사관 심지어는 우주관까지 포섭하여 보편화하려는 욕구의 반영이다. 이때 그의 시 안에 사실성보다는 상징성이, 구체적인 정황보다는 극히 일반화된 인간과 그 내면이 빈번한 소재로 채택되는 것도 무리가 아니다. 마치 성서가 장엄한 창조 사역에서부터 구체적인 이스라엘 민족사를 다루고 마지막 「계시록」에서 알레고리와 상징으로 가득찬 계시의 세계를 그리고 있듯이, 혜산 시 역시 성서의 궤적과 서사적 상동성(相同性)을 나타내고 있다. 그만큼 혜산의 기독교 의식은 소재적 차원에 머무는 것이 아니라 구조적인 차원에까지 걸쳐 있는 것이다. 시에서 성서적 인물보다는 성서의 서사를 차용하는 사례가 많은 것 또한 그러한 의지의 표현일 것이다.

혜산은 시를 '언어로 씌어진 시'와 '언어없이 씌어진 시(수석)'로 나누어 '언어로 씌어진 시'는 그의 현실적 삶의 가장 값진 것이기는 하나 인간이라는 한계를 가지고 쓴 시이기 때문에 신의 조화 능력을 최대로 실현한 '언어없이 씌어진 시(수석)'에는 미칠 수 없다는 결론에 이른다. 이는 시와 현실적인 행동을 분리하여 행동에서 얻어진 정신의 절대 경지를 노래한 만해(萬海)나 육사(陸史)와 달리 혜산이 시와 행동을 분리하지 않고 시가 곧 행동이라고 생각[11]하였음을 말해준다.

따라서 그의 시는 이를테면 수많은 실존적 조건의 상이함에도 불구하고 모든 인간을 하나의 테두리 안에 감싸안는 보편성의 결핍, 그리고 형이상학적 전율의 빈곤을 호소하는 우리 문학에 하나의 유력한 대안적 시사를 줄 수 있을 것이다. 구체적이고도 포괄적인 형상을 동시에 목표로 하는 그의 시적 의욕이 필연적으로 부를 결과가 관념의 과부하와 알레고리의 과도한 사용임을 십분 고려하더라도, 그의 시가 우리 앞에 일갈(一喝)하는 구원과 정화와 승화의 이미지는 그대로 값진 인생론적 가치이기 때문이다.

나무와 꽃은 그 아름다움이 순간적이지. 그러나 돌은 그 수억 년의 시련과 침묵으로 응결된 자연 중의 자연이지. 수석에 관심을 가지면서 나는 시에 대해 새로운 눈을 얻었어. 또 삶에 대해서도 돌이 꼭 시나 인생과 닮아 있거든. 수석은 수석, 시는 시의 경지에서 그 무구한 본성으로 서로 높고 순수한 일치와 구합(具合)이 가능해. 결국 시석일여(詩石一如)랄까 하는 경지, 지고지순한 경지에서 두 세계가 하나의 세계로 융합, 일체화되는 것이며 그것을 실현하는 하나의 표현자인 나는 전혀 거기에 개입할 여지가 없고 오직 그것을 매개하고 거기에 봉사할 뿐이지. 그만큼 수석은 내게 종교와 나, 시와 자연의 관계를 어떤 새로운 생명의 유대로 재결연시켰고 결국은 그 주재자인 창조주의 무궁영원한 사랑의 섭리에 새삼스러운 감동으로 손 모으게 한 거지.[12]

---

11) 신대철, 앞의 글, 26면.
12) 유성호, 「'당신의 사랑 앞에' 선 영원한 청록시인의 노래」, 『소금과 빛』, 1999.11.

자신의 회억(回憶)처럼 혜산은 '산'과 '새', '해'와 '돌'을 통하여 생명과 정열을 줄곧 노래하였고, 그것들을 통하여 보다 더 밝은 앞날을 예견한 예언자적 시인이었다. 그것은 한마디로 자유 의지의 실현이자 유토피아에 대한 강한 충동의 시적 형상화였다. 그가 타계하고 난 후 여기저기 산재되어 있던 말년의 작품들은 유족과 친지들에 의해 『당신의 사랑 앞에』라는 시집으로 단아하게 꾸며졌는데, 거기에는 우리를 영원과 믿음에 대한 사유로 이끄는 높은 정신의 언어가 하나의 완결된 화폭으로 담겨 있다.

> 비틀대는 탕자 하나
> 흔들리는 믿음,
>
> 당신께서 견디시며
> 기다리시는
>
> 스스로가 되돌아와
> 일어설 때까지,
>
> 겟세마네 피와 땀
> 다시 사신 사랑,
>
> 탕자 하나 다시 혼자
> 눈물 흘리네
>
> ──「탕자(蕩子) 탄(嘆)」 중에서

　자신을 성서의 탕자에 비유하고 있는 이 고백의 시편에서 우리는 그의 성찰적인 신앙의 자세를 보게 된다. 그것은 마치 이전에 자신이 노래했던 "다만 그 외로움, 외롬 속의 외로움에서 / 스스로 완전히 벗어날 때 / 그때사 나의 곁에 당신은 다가오네 / 눈물로 뜨겁게 나를 와서 끌어

안네"(「蕩子孤獨」)라는 고백의 시편을 연상케 하며, 그의 시세계에 이 같은 자기 성찰이 줄곧 뼈대로 자리하고 있음을 알려준다. 이처럼 그의 유고시집은 우리에게 영원에 대한 황홀한 체험을 주며 신과 인간의 올바른 관계에 대해 생각하게 해주고 있다.

그 스스로 "자연을 노래하는 것은 신에게 영광과 찬미를 돌리기 위해서요, 인간과 사회를 주제로 쓰는 것도 다 궁극적으로는 신의 긍휼과 자비와 그 빛을 증거하고 갈망하는 태세에서라야 한다"고 했듯이, 자연사와 인간사 그리고 신성사가 하나로 합치되는 시를 희구했던 혜산은 후기의 『수석열전』에서 '돌'의 상상력을 바탕으로 그것을 종합하였다고 할 수 있다. 그래서 그의 시는 우리 시사에서 밝고 힘찬 남성적 기상과 종교적 신앙의 깊이를 불어넣어 주었다는 독자적인 의의를 가지게 되는 것이다. 그렇기 때문에 형이상학적 전통이 척박하기 그지없는 우리 문학사에서 그의 자취는 결코 가볍지 않을 것이다. 시를 일종의 예언이라고 주장한 20세기의 철학자 자끄 마리땡은 "시는 시구를 쓰는 특수한 기술이 아니고, 좀 더 일반적이며 근원적인 하나의 과정, 즉 사물들의 내면적 존재와 인간적 자기(Human Self)의 내면적 존재 사이의 상호통교를 말하는 것"[13]이라고 하였는데 혜산의 시가 이에 해당되는 것은 전혀 무리가 아니다.

형이상학적 중심(전율)이 부재한 우리 시사에, 신비라는 것이 지성의 포기가 아니라 인식론적 한계를 넘어서는 한 방법임을 암시하고 있는 혜산의 시편들은 이성을 중요시하는 관념론적 차원과 감각과 육체를 중요시하는 경험론적 차원을 넘어, 그 스스로의 표현을 빌면, 이른바 '당시대적 대결'과 '영시대적 탐구'의 모순적 양립을 결합하여 추구한 시적 역정이었던 것이다.

---

13) 자끄 마리땡, 김태관 역, 『시와 미와 창조적 직관』, 성바오로출판사, 1982, 11면.

5. 나오면서

우리가 잘 알 듯이, 혜산의 시는 풍요로운 재해석의 여지와 해석의 난맥상을 불러일으키는 난해한 어떤 것이 아니다. 그의 시는 그 동안 한국 사회를 긴박했던 첨예한 이념적 고투와 대상을 향한 선명한 적의 (敵意)의 산물이 또한 아니다. 그의 시는 일관된 반속주의(反俗主義)에 바탕을 둔 채, 미메시스적 핍진성이나 적확한 현실 반영과는 무관한, 윤리적이고 종교적인 '태도'와 '자세'를 강조하고 있을 뿐이다. 그가 민족사의 현장에 뛰어드는 것도, 불의와 부패를 난타(亂打)하는 것도, 과학적인 리얼리스트여서가 아니라 예의 예언자 의식과 깊이 관련되는 것이다.

그런데 그의 시에 나타나고 있는 심미적 격조 또한 그리 간단한 것이 아니다. 그의 시는 비유컨대, 감각적인 언어적 재치와 육화된 언어 능력이 얼마나 다른 것인가를 실증하는 사례일 것이다. 이러한 격조가 권문 (權門)에 기웃거리는 것을 한사코 부정한 그의 삶과 관련되면서, 더욱 높은 평가를 받을 수 있었다. 결국 혜산 박두진의 시는 그의 철저한 우리말에 대한 자의식과 신에 대한 변함없는 사랑, 그리고 '돌'로 상징되는 영원성에 대한 집요한 추구의식이 낳은 '고산식물(高山植物)'의 그것이었다. 속기(俗氣)로부터의 단호한 절연을 추구하면서도, 윤리적 치외법권을 만들어 칩거하지 않고, 끊임없는 신성 지향의 영역을 굴착한 그는 그런 면에서 끝까지 젊은 시인이었다.

결국 그에게 '기독교 시'란 "기독교 신앙생활의 절실한 체험을 그만큼 절실하게 시적 체험으로 승화시킨 것"14)이었는데, 이 범박하고 포괄적인 정의야말로 그의 시를 전략적인 '종교시(poem of religionism)'가 되지 않고 오히려 내포가 넓은 '신앙적 시(religious poem)'로 만들고 있는 그의

---

14) 박두진, 「自序」, 『나 여기에 있나이다 주여』, 홍성사, 1982.

무의식의 반영이기도 하다. 치솟은 '산', 흐르는 '강'과 '꽃' 피는 '마을'은 그의 이러한 종교 의식이 추구한 무궁한 피안성(彼岸性)의 감각적 가상이고, '해'와 '별'은 그의 시에 있어서 종교적 진리를 상징하는 일반 계시의 위치에 서고 있는 것이다. 그의 시에 원형적 이미지가 압도적인 것도, 알레고리라는 문학적 양식이 많이 채택되는 것도 이와 같은 종교 의식과 긴밀히 연관된다.

또한, 우리가 많이 주목하지는 못했지만, 인간의 정신 과정에서 언어의 형성적 기능이 주목되고 특히 세계상 형성력이라는 개념이 강조[15]될 때, 민족어의 보존과 회복과 풍요와 세련에 바친 생애는 가장 치열한 저항적 실천의 하나[16]일 수 있다는 점에서, 혜산 시의 모국어에 대한 열정과 기여는 높이 평가되어야 한다. 특히 감각적 구체성을 견지하면서도 모국어의 기층언어적 자질을 십분 활용한 그의 시는 관념의 극치인 '기독교 의식'을 시적으로 일관되게 구현하면서도 개념어를 최소화하는 장인 정신을 지속하였다.

물론 그러한 그의 시를 일러 "정신과 육체, 현재와 과거, 유와 무, 영원과 순간, 질서와 무질서 같은 본질적으로 영원히 갈등을 일으키는 이원 세계의 그 복잡 미묘한 실재상을 지나치게 단순화"[17]했다는 지적은 부분적으로 온당한 것이지만, 그 특유의 시적 어조 그리고 의성어와 의태어의 풍부한 재현은 혜산 시에 풍요롭게 사용되고 있는 원형적 이미지들과 함께 그의 시의 우수한 형상적 자질을 암시하는 강력한 물증이

---

15) 유종호, 「시인과 모국어」, 『사회역사적 상상력』, 민음사, 1995, 172면. 유종호는 이 글에서 기층적 심상에 바탕한 생활적 구체를 보여주는 언어를 통해 시작품이 얼마나 효과를 거둘 수 있는가에 주목하여, 박두진의 초기시 중 「香峴」이나 「雪岳賦」가 관념에서 출발하여 구체 없는 추상으로 끝나고 있다는 미흡함을 느끼게 한다고 한다. 그는 이어서 「어서 너는 오너라」 같은 해방 후의 작품에서 일상적인 경험을 환기할 수 있는 구체성을 찾고 있다. 위의 글, 192~186면.

16) 유종호, 위의 글, 193면.

17) 김현자, 「박두진의 순수 감각과 생명 인식」, 『한국시의 감각과 미적 거리』, 문학과지성사, 1997, 69면.

된다. 지루할 정도의 반복과 감탄부호의 빈발도 단시적 완결성을 시학적 미덕으로 생각하는 우리 풍토에는 안 맞는다는 면에서 새롭게 가치 평가 받아야 할 대목이다.

따라서 혜산 시를 말할 때 이제 '인간적 절조' 같은 성정이나 품성은 극소화되어 강조되어야 한다. 새삼스럽지만, 작품들 사이의 내적 형식이 중요한 위상을 부여받아야 하기 때문이다. 앞으로도 혜산의 시는 이미지, 운율, 어조, 상상력, 상징 체계, 정신사적 위상 등 숱한 연구 과제를 요청할 것이다.

결국 문학은 인간의 상상적 결과물일 뿐만 아니라 상징적 언어 체계에 의해 구축되는 형상이다. 기독교에서 낙원의 창조와 상실 그리고 그리스도를 통한 그의 복원은 하나의 일직선상의 사관을 낳는다. 그것은 「창세기」로부터 「계시록」에 이르는 성경의 편집 사관과도 일치한다. 창조의 질서는 카오스에서 코스모스로 변환, 이행하는 신의 주권을 의미하는데, 이러한 역사관에서 배태되는 인간관, 우주관, 가치 중심, 이념 등이 '기독교 문학'이라는 수사(修辭)에 응집되어 있다고 할 수 있다. 그리고 그것은 실존적인 자기 각성이라는 메커니즘과 윤리적 완성이라는 또 하나의 목적을 가지게 되는데, 따라서 '기독교 문학'에서는 심미성(審美性)이 부차화되고 종교가 지향하는 관념의 형상이 우세하게 나타난다. 사랑, 소명의식, 희생정신, 부끄러움, 죄의식, 구원, 소망, 종말론, 실존의식 등이 이른바 종교적 상상력에서 배태될 수 있는 정서적 세목(細目)들이라고 할 수 있는데, 예의 '기독교 문학'이란 그러한 여러 성격이 담겨 있는 문학을 통칭하는 것이다.18) 혜산 시가 이러한 범위에 가장 대표적이고 격이 높은 위상을 차지하고 있음은 두 말할 나위 없다.

---

18) 유성호, 「한국 현대시에 나타난 종교적 상상력의 의미」, 『문학과 종교』 2집, 한국문학과종교학회, 1997, 6~7면 참조.